Eva Gesine Baur

AMOR IN VENEDIG

Eva Gesine Baur

AMOR IN VENEDIG

Auf den Spuren der Liebenden

C.H.Beck

Mit 55 Abbildungen

© Verlag C.H. Beck oHG, München 2009
Satz: Janß GmbH, Pfungstadt
Druck und Bindung: Pustet, Regensburg
Gedruck auf säurefreiem, alterungsbeständigem Papier
(hergestellt aus chlorfrei gebleichtem Zellstoff)
Printed in Germany
ISBN 978 3 406 58230 1

www.beck.de

Inhalt

Venedig & die Liebenden
Die Macht der Suggestion

«Venedig, das ist *meine* Stadt», sagen Millionen von Menschen und sie sagen es meist mit einem leisen Seufzer oder legen dabei die Hand aufs Herz.

Venedig scheint eine Kurzform für Romantik und Liebe zu sein.

Warum?

Die Frage klingt gotteslästerlich. Doch sie ist berechtigt: weder die Stadt noch ihre Bewohner rechtfertigen den Nimbus der *Serenissima* als Stadt der Liebe.

Romantisch waren die Venezianer nie. Sie haben im Ausland im großen Maßstab Kunstschätze geraubt und wurden zu Hause für den Diebstahl gefeiert. Sie haben die Einkommensteuer, die Börse und die Statistik erfunden, die Ausgabe von Staatsaktien, die staatliche Bücherzensur und die anonyme Denunziation. Sie besaßen ein System von Spitzeln und Spionen, das der DDR-Staatssicherheit Ehre gemacht hätte, und heizten die Spielsucht der Einheimischen wie der Fremden an, weil schon vor dreihundert Jahren der Staat die Lotto-Erlöse kassierte. Den Männern, die den Mechanismus der Uhren im *Torre dell' Orologio* am Markusplatz im späten 15. Jahrhundert ausgeklügelt hatten, wurden die Augen ausgestochen, damit die Uhrmeister ihr technisches Wunderwerk nicht an andere Städte verkaufen konnten, und der viel beschworene venezianische Erfindungsgeist zeigte sich besonders deutlich in den Folterkammern des Dogenpalastes.

Wer in Venedig nicht über Beziehungen verfügte, hatte keinerlei Chancen, hat sie bis heute nicht. Sogar die Lizenzen für Gondelfahrer werden vererbt.

Nicht Liebe, Macht und Geld waren zentrale Themen der Venezianer. Der *Ponte di Rialto*, die Wallstreet des Mittelalters, zog Menschen an, die tagsüber Geschäfte machen und sich abends davon erholen wollten. Berühmt war Venedig folgerichtig ein halbes Jahrtausend lang vor allem für eine Form der Liebe: die käufliche. Damit Geschäfte zu machen, fanden Patrizierdynastien keineswegs ehrenrührig. Der Familie Rampani gehörten fast alle Freudenhäuser im *Sestiere San Polo*, weshalb nicht nur diese Etablissements *Ca' Rampane* hießen; das gesamte Rotlichtrevier nannten die Venezianer *Carampane*, woran der Straßenname eines eines mittlerweile zugeschütteten Kanals *Rio terà Rampani* erinnert. In dieses Vergnügungsviertel führte eine Brücke, die ebenfalls noch ihren alten Namen trägt: *Ponte delle tette*. Von dort aus konnten Interessenten an den offenen Fenstern der umliegenden Häuser die Damen begutachten, die ihre nackten Brüste vorzeigten. Das allerdings waren Sonderangebote, einfache Dirnen, denn die Kurtisanen pflegten einen anderen Stil und hatten andere Preisvorstellungen. Ihren Namen hatten sie frech abgeleitet vom *cortegiano*, dem vollkommenen Edelmann, dem formvollendeten Höfling.

In gewisser Hinsicht war ihr Selbstbewusstsein berechtigt. Viele von ihnen sind zu Museumsreife gelangt. Große Maler porträtierten sie offiziell, denn die Damen zahlten gut. Wie teuer sie sich aufputzen konnten, belegt Vittore Carpaccios Gemälde *Le Cortegiane* im *Museo Civico Correr*. Doch inoffiziell kamen sie zu größeren Ehren, zu olympischen: als nackte Göttinnen der Schönheit, der Weisheit, der Jagd bei Tizian, Veronese, Tiepolo oder Tintoretto.

Immerhin suggerierten die Kurtisanen der oberen Preiskategorie ihren Kunden Romantik, denn sie hatten tanzen, singen, Mandoline spielen oder dichten zu können, über einen geschulten Geschmack, eine gediegene Einrichtung und über Umgangsformen zu verfügen, wie sie der Hochadel erwartete. Kenntnisse in Latein und Altgriechisch waren willkommen.

Als Heinrich III. von Valois, König von Polen, auf dem Weg in die Heimat zu seiner Krönung als König von Frankreich war, äußerte er bei seinem Staatsbesuch in Venedig den Wunsch, ein paar intime Stunden mit Signora Veronica Franco zu verbringen, der berühmtesten Kurtisane der Stadt. Er überschüttete sie danach mit Geschenken, sie dichtete für ihn ein Sonett und legte als Souvenir ein Porträt bei, das Tintoretto von ihr gemalt hatte.

Doch Geschäft bleibt Geschäft.

Liebende vergessen sich, Liebesdienerinnen niemals. Die Konditionen ihrer Hingabe waren in Venedig von jeher fest umrissen. 1566 erschien ein *Katalog der wichtigsten und ehrenwertesten Kurtisanen Venedigs, ihr Name, der Name der Zuhälterin, ihre Adresse, desgleichen die Summe der Geldstücke, die jene Edelleute und andere zahlen müssen, die in den Genuss ihrer Gunst zu kommen wünschen.* Der Spitzensatz lag bei 25 Goldtaler pro Besuch. Dafür musste ein Arzt einen ganzen Monat arbeiten. Der Katalog umfasste, als Michel de Montaigne 1580 bis 1581 seine Italienreise unternahm, immerhin 1654 Einträge, führte genau auf, welche der Damen sich eine Kupplerin hielt und welche nicht, was sie außer körperlichen Vorzügen noch zu bieten hatte, wo, wie und mit wem sie wohnte.

Das Kurtisanenwesen ging zwar im 17. Jahrhundert zu Ende, das einfache Gewerbe aber hielt sich, auch was die homophilen Dienstleistungen anging, und gilt bis heute als eine der sicheren Einnahmequellen.

Wo also bleibt die Romantik, das Elixier der Liebenden?

Wer meint, diese liege in der baulichen Schönheit Venedigs, wird von Fachleuten eines Besseren belehrt.

Massimo Cacciari, Professor für Ästhetik, 1994 das erste Mal zum Bürgermeister von Venedig gewählt, nun erneut Stadtoberhaupt, erwies sich keineswegs als werbewirksam. «Venedig ist nicht schön», erklärte er. «Venedig ist eine Stadt voller Scheußlichkeiten. Neunzig Prozent der Bauten stammen aus den letzten zwei Jahrhunderten.» Schön seien ganz andere Städte im Land, San Gimignano oder Gubbio. Den Dogenpalast schön zu finden, sei reine Konvention. Der Markusplatz ist in Cacciaris Augen eine ästhetische Katastrophe, verschandelt vor allem durch die napoleonischen Prokuratien. Schuld an der mangelnden Harmonie des Stadtbildes sei der Hochmut der Patrizier gewesen, die nicht daran gedacht hätten, sich einem einheitlichen Stil zu fügen. Jeder stellte sich selbst dar, so prächtig und mächtig er konnte. «Venedig ist Konflikt. Hier passen keine zwei Steine zusammen», sagt Cacciari. Schön seien die Synagogen im *Ghetto*, denen Toledos ebenbürtig, schön sei der Zweckbau des einstigen *Mulino Stucky*, schön seien *San Pietro di Castello* und die Friedhofsinsel *San Michele*.

Cacciari befindet sich als Skeptiker, der die Venedig-Euphorie für Verblendung hält, in guter Gesellschaft. Michel de Montaigne, Venedigfahrer des 16. Jahrhunderts, empörte sich über die Unverschämtheit, dass diese stinkende Stadt so teuer sei wie Paris, aber sehr wenig biete fürs Geld. Dem englischen Historiker Edward Gibbon, Tourist des 18. Jahrhunderts, wurden nach eigenen Angaben «einige Stunden des Staunens und einige Tage des Ekels durch den Anblick von Venedig beschert». Unter den Reisenden des 19. Jahrhunderts finden sich besonders viele prominente Venedigverächter. Herbert Spencer, Philosoph und Soziologe, erregte sich über die Plumpheit des Dogenpalastes und erklärte die Markuskirche schlicht für «ein prächtiges Beispiel barbarischer Architektur». D. H. Lawrence, den Lesern von *Lady Chatterley's Lover* bekannt als ein Mann mit Sinn fürs Delikate, wurde von Venedig ebenso wenig animiert. Eine «scheußliche grüne, schlüpfrige Stadt», nannte er die *Serenissima*. Sein Landsmann John Ruskin zeichnete nicht etwa deswegen jeden Stein der Stadt ab, weil ihn Venedigs Erlesenheit hingerissen hätte. Angereist war der besessene Kunsthistoriker und Architekturtheoretiker, weil er sich verpflichtet fühlte, ein letztes Porträt der moribunden Stadt zu schaffen, vielleicht sogar, um ihr die Totenmaske abzunehmen. Als Mr. John und Mrs. Effie Ruskin im November 1849 in Venedig eintrafen, vermeldete John alarmiert: «Was mit Venedig derzeit geschieht, grenzt an Vernichtung.» Es sei kein Vergnügen, hier zu sein, jammerte er. Der käsige Kauz mit Backenbart, Sohn eines reichen Weinhändlers, war verwöhnt und schon weit gereist; seine Frau, eine zweiundzwanzigjährige Schottin mit Engelsgesicht, war eines von vierzehn Kindern und hatte noch fast nichts von dieser Welt gesehen. John Ruskin katalogisierte, vermaß, zeichnete, beschrieb, aquarellierte und fotografierte. Er fühlte sich als Kronzeuge der venezianischen Apokalypse und als Wahrheitsfanatiker dazu verpflichtet, alles, was er an Attrappen, Schlampereien, Unproportioniertem, an hässlichen Abseiten und Rückseiten entdeckte, kundzutun. Ruskin entlarvte einen Großteil von Venedigs architektonischem Glanz als Heuchelei. So etwas strengt an. Während John, wenn er nicht arbeitete, in Briefen nach Hause Schimpftiraden über die Venezianer abließ, versuchte Effie, sie kennen zu lernen. Ruskin beschimpfte seine Gastgeber summarisch als ein Volk, das zwar die größten und herrlichsten Anlagen in sich trage, aber verkommen sei zu einem Gebilde, «das nun träge, ignorant, unfähig, sich Wahrhaftigkeit und Ehrlichkeit auch nur vorzustellen, blasphemisch, mordlustig, wollüstig, feige» sei.

Effie begegnete in Venedig weniger der Mordlust als der Bewunderung.

Sie war eine Schönheit und wusste es. Befriedigt vermeldete sie, wie viele Zigarren aus dem Mund genommen wurden, wenn sie ihre tägliche Tour absolvierte, in welche der renommierten Häuser sie hier eingeladen wurde, fast alle von österreichischem, deutschem, englischem oder französischem Adel belegt. Effie hatte zwar auch hier keinen Sex mit John und daran sollte sich bis zur Scheidung dieser Josefsehe nichts ändern, aber in Venedig erotisierten sie die beifälligen Blicke, die Flirts auf den Plätzen, in den Salons, den Kaffeehäusern, von Gondel zu Gondel.

Effie genoss, John jammerte.

Sie verfiel dem Charisma von Venedig, er verabscheute es täglich mehr.

11

Wie kam es, dass zwei Menschen, die sich zur selben Zeit in derselben Stadt aufhielten, sie völlig unterschiedlich erlebten? Ähnlich wie John Ruskin ging es vielen anderen, vorwiegend männlichen Venedigreisenden. Stendhal verließ Venedig enttäuscht in Richtung Padua, das ihm gefiel und eine Liebschaft bescherte. Carl Gustav Carus nannte 1828 die *Serenissima* «eine große Ruine». «Welch Gesindel auf diesen Barken und diesen Ufern!», zeterte er. «Welche Menge Kirchen und welch elendes Aussehen der Wohnungen!» Als ein paar Jahrzehnte später Charles Gounod nach Venedig kam, war er ebenso angewidert. «Diese schlafenden Wasser, deren düstere Stille den Fuß all der alten Paläste benetzt», grauste es dem Komponisten, «dieser schaurige Schatten, aus dessen Grunde man die Schmerzensschreie irgendeines berühmten Opfers zu hören glaubt, machen aus Venedig eine Hauptstadt des Schreckens».

Eines ist den enttäuschten Venedig-Touristen gemeinsam: sie erlebten in Venedig keinerlei Liebesabenteuer. Ist es zu kühn, hier eine Wechselwirkung auszumachen? Kann es sein, dass die Liebe zu und in Venedig etwas miteinander zu tun haben? Kann diese Stadt nur lieben, wer in ihr der Liebe begegnet und liebt dort nur, wer auch die Stadt selbst liebt?

Sicher ist, dass es nicht die architektonische Schönheit ist, die Venedig die amouröse Aura verleiht. Sonst trüge Prag einen größeren Nimbus.

Seinen Ruf als Stadt der Liebenden verdankt Venedig nicht seinem Äußeren, sondern seinem Wesen, einem Wesen, das mit der Liebe vieles gemeinsam hat.

Liebende spüren das vermutlich.

Venedig ist eine wankende Stadt, ins Wasser gebaut, verführerisch durch ihre Instabilität: kann es eine bessere Bühne für Verliebte geben?

Dass es gefährdet ist, sein nahes Ende immer wieder beschworen wird, und doch jeder wünscht, es möge niemals untergehen, macht Venedig aus – und jede Liebe. «Denn alle Lust will Ewigkeit», sagte Nietzsche, wohl wissend, dass dieser Wunsch so unerfüllbar ist wie der, Venedig möge niemals untergehen.

Nach Venedig zu reisen, um der Stadt zu verfallen, ist eine Flucht aus der Rechtwinkligkeit des Vernünftigen.

Was ist das Verliebtsein anderes?

Alles, was in Venedig geschieht, changiert, irisiert, schillert. Wirklichkeit und Illusion sind nicht zu scheiden. Die Grenzen zwischen Festland und Wasser verschwimmen.

Verliebten ergeht es ähnlich, wenn sich die Konturen des Ich aufzulösen beginnen und zwei Menschen sich vermischen.

Dass selbst Venedig-Kenner sich immer wieder verlaufen, trägt ebenfalls zum Ruf dieser Stadt bei, Metropole der Liebenden zu sein. Wer sich in Venedig zurechtfinden möchte, muss sich von den herkömmlichen Methoden der Orientierung verabschieden. Nur die Aufmerksamkeit fürs Detail kann den Weg weisen durch das Labyrinth der Gassen, Brücken, Durchgänge, *Fondamenta* und Plätze.

Wer sich die Kalligraphie der Mauerrisse, die RorschachTestbilder von Mauerflecken, die oft schäbigen Seltsamkeiten einprägt, kann sich erinnernd durch diesen Irrgarten tasten.

In der Liebe helfen Gebrauchsanweisungen ebenfalls nicht weiter; die können bestenfalls sexuelle Orientierungshilfen leisten. Doch eine Frau, die sich ein Sexualberatungsbuch kauft, braucht kein Sexualberatungsbuch, sondern einen Mann (oder eine Frau).

Wer in Venedig mit einem Stadtplan durch die Gassen zieht, wird es nicht verstehen. Im Labyrinth der Liebe führt wie in Venedig nur eines ans Ziel: sich einzulassen und erkundend zu erleben.

Es gibt noch etwas, das jedes Verliebtsein so begehrenswert erscheinen lässt: es verwandelt uns und die Welt um uns herum. Venedig ist die Hauptstadt der Verwandlung.

Auch wenn der *Carnevale* von heute mit dem einstigen nicht mehr viel gemeinsam hat, ist er doch noch immer mehr als ein touristisches Großereignis. Die Lust am Verkleiden war jahrhundertelang typisch venezianisch. Die Maskerade bestimmte früher das Leben der Stadt. Fünf Monate des Jahres war es den Venezianern erlaubt, sogar geboten, sich zu maskieren. Der *Contessa* wie der Gemüsehändlerin, dem *Abate* wie dem *Gondoliere*. Und die Maske erlaubte jede Art von Freiheiten. Nicht nur den Männern, auch den Frauen, die davon umso weniger besaßen, je höher sie in der Hierarchie standen.

Maskiert konnten Patrizierinnen zu jeder Tages- und Nachtzeit ausgehen, maskiert durfte die höhere Tochter ihren Geliebten empfangen, auch wenn er Bootsbauer oder Fischer war, maskiert konnten Ehebrecher einander begegnen, sich vielleicht sogar erkennen, und dennoch die Abwege des anderen tolerieren, weil die Maske ihr Gesicht wahrte. Das entging, wie manches andere, was Venedig zur Stadt der freien Liebe machte, dem Fremden freilich. Auch heute erfährt er viele erotische Dimensionen Venedigs nicht, denn selbst Reisende, die des Italienischen mächtig sind, beherrschen nicht den venezianischen Dialekt, diese genuschelte, lispelnde Sprache, die das scharfe g in ein weiches z verwandelt, die Wortkonturen verwischt, aus *Giovanni e Paolo* «Zanipolo» macht und aus einer *Giovanetta* eine «Zanetta», die keine Kanten kennt und fürs Liebesgeflüster erdacht zu sein scheint. Dass sie sich auch zur Intrige eignet, widerspricht dem nicht. *Cicisbeare* heißt das venezianische Wort für flüstern und *Cicisbeo* wurde ein Mann genannt, der einflüsterte und zuflüsterte. Er war Liebhaber, Gigolo oder Begleiter der verheirateten Frau, außerdem ihr Berater in allen Stilfragen; vom Gatten wurde er nicht nur geduldet, sondern gewollt. War es doch der *Cicisbeo*, der ihm Freiraum für die eigenen Affären verschaffte und die Gattin bei guter Laune hielt. Mit der eigenen Ehefrau zu promenieren war peinlich, mehr noch: herabwürdigend.

Venedigbesucher, die von solchen Sitten wussten, konnten leicht dem Irrtum anheimfallen, die Venezianer für grenzenlos freizügig zu halten. Sir Henry Wotton, 1604 zum englischen Botschafter in Venedig ernannt, wurde vor diesem Fehler rechtzeitig bewahrt. Auf seinem morgendlichen Spaziergang über *Piazzetta* und Markusplatz entdeckte er Antonio Foscarini. Der Patrizier, dessen Palast bei *San Stae* Wotton gern besucht hatte, hing wie ein Stück Schlachtvieh an einem Bein, das am Galgen befestigt war. Seinem Hals war anzusehen, dass der *nobile* vor dem Aufhängen erdrosselt worden war.

Von den Einheimischen verwunderte das keinen. Foscarini gehörte zum Rat, zum Adel der Stadt, und damit war es ihm verboten, mit einer Ausländerin intim zu verkehren. Das Aufhängen an einem Bein war die übliche Strafe bei Hochverrat. Dass Foscarini mit der Dame, der englischen Lady Alathea Arundel, angeblich gar nicht bis zum Äußersten gegangen, sondern nur in sie verliebt gewesen war, hatte das Gericht nicht überzeugen können.

Die Freizügigkeit in der Liebe unterlag in Venedig eigenen Gesetzmäßigkeiten, die sich dem Fremden meistens nicht erschlossen. Beim Verwandlungsspiel der Venezianer aber machten die Gäste der Stadt seit Jahrhunderten mit.

Heute sind die Amerikaner, die Engländer und die Deutschen in der Überzahl als Zuschauer bei der *Regatta storica,* der *Festa del Reddentore, della Salute* oder *di San Marco,* vor allem aber beim *Carnevale.* Ihr Wunsch, sich Venedig anzuverwandeln, wie ein Venezianer zu wirken, lässt sich im Faschingskostüm gut ausleben. Zwar würden sie eher für einheimisch gehalten, liefen sie in Anzug oder Kleid mit gepflegtem Schuhwerk durch die Stadt, anstatt in halbnacktem Zustand und Plastiksandalen über das Pflaster zu schlurfen, doch etwas Richtiges ist am falschen Spiel.

All diese Festivitäten, früher wurden einundvierzig im Jahr gefeiert, sind Indizien für Venedigs Lust an der Verwandlung. Die ganze Stadt legt damit ein anderes Gewand an, das die Armut, die Dekadenz, das Verwahrloste, den Niedergang verhüllt und an den Glanz Venedigs glauben lässt.

Das war vor einem halben Jahrtausend so und gilt noch immer.

Dass Venedig zur Stadt der Liebe stilisiert wurde, hat noch einen anderen Beweggrund: es befand sich in einem dauernden Erregungszustand. Bereits zu Lebzeiten Goldonis brannten die ganze Nacht durch Straßenlaternen, finanziert aus besagten Lottoerlösen. Venedig schlief nicht. Die Läden blieben bis weit in den Abend hinein geöffnet, die Kaffeehäuser und Weinschenken waren um Mitternacht so gut besucht wie am Tag, in den *Ridotti* und *Casini* wurde bis in die frühen Morgen hinein gespielt. Erst um Mitternacht erreichte das Treiben auf dem Markusplatz seinen Höhepunkt.

Auch die rasche Abfolge von Festen, Feiern, Zeremonien, Prozessionen trug dazu bei, dass Venedig ständig zu fiebern schien.

Bis heute ist der Stadt etwas von dieser nie ganz befriedigten Begehrlichkeit geblieben. Nach ein paar Tagen bereits spüren die meisten Besucher, wie sich diese Unruhe auf sie überträgt.

Venedig macht die, die es lieben, lüstern und vielleicht lieben sie es deshalb.

Damit sind sie hier durchaus zu Hause.

Ein Venezianer, Geistlicher, zugleich promovierter Jurist, Freimaurer und Okkultist, gab ein Bekenntnis ab, das auch dem Wahlvenezianer anstünde: «Die sinnlichen Genüsse zu kultivieren, bildete die Hauptbeschäftigung meines ganzen Lebens. Niemals hat es für mich etwas Wichtigeres gegeben.»

Dieser Venezianer hieß Giacomo Casanova.

Abb.: Neben den vielen privaten Spielcasinos gab es in Venedig ein großes öffentliches Etablissement für Glückssucher. Wo es lag, verrät der Stadtplan: Vom *Campo San Moisè* verläuft eine Gasse Richtung *Canal Grande*, die sich noch heute *Calle del Ridotto* nennt. Sie führt zu einem Gebäude, das früher der Familie Dandolo gehörte. Die Vornehmheit ihrer Dynastie, aus der einige Dogen hervorgegangen sind, hielt die Dandolo nicht davon ab, diesen Palast in einen *Ridotto Pubblico*, ein öffentliches Clubhaus mit Spielcasino zu verwandeln, das härtere Währung als Ruhm einbrachte. Marco Dandolo, ein Freund Casanovas, schuf so sein eigenes Freizeitparadies, er war ein besessener Spieler. 1774 verfügte der Große Rat der Republik Venedig die Schließung dieses *Ridotto*, weil sich zahlreiche Adelsfamilien dort in den Ruin gespielt hatten.

Heute befindet sich in diesem 1768 von Benedetto Maccaruzzi umgebauten Palast eines der elegantesten Hotels der Stadt, das *Monaco & Grand Canal*. Es liegt im Sestiere San Marco, Calle Valaresso, unweit des Markusplatzes. FON 041/5 20 02 11. www.hotelmonaco.it

Wer auf den Spuren der käuflichen Damen im Viertel *Carampane* wandert, kann sich dort mit eiweißreicher Kost stärken. *Antiche Carampane* nennt sich eine Trattoria mit ausgezeichneter traditionell venezianischer Küche, die sich zu Recht mit vollbusigen Damen im Hausprospekt brüstet. *Antiche Carampane, San Polo 1911, Rio Terà delle Carampane,* FON 041/524 01 65. <u>www.antichecarampane.com</u>

Abb.: Rund um den *Ponte di Rialto* finden sich die ältesten Wirtshäuser Venedigs, weil dort, zu Füßen des Rialto, schon immer der Markt lag. Der *Rialto* war Herz und Magen der Stadt.

Bàcari sind eine typisch venezianische Einrichtung. Manche sind identisch mit den *Malvasie,* die bei Casanova vorkommen werden. Dort wird in kleinen Gläsern Wein ausgeschenkt, meist ein Achtel, *ombra,* der Schatten genannt, weil der Weinausschank immer im Schatten der Kirchen stattfinden musste. Zu essen gibt es einfache, einheimische Spezialitäten, deren Bezeichnungen im Dialekt ein Reisender schwerlich versteht. Während die *Malvasie,* die Casanova erwähnt, ihren Namen vom dort ausgeschenkten Malvasier hatten, nennen sich die *Bàcari* nach dem Weingott Bacchus.

Der *Bàcaro Do Spade,* was auf Venezianisch «zwei Schwerter» bedeutet, wurde wie auch der Durchgang, an dem er liegt, so genannt, nachdem sich dort auf der Brücke zwei *nobili;* wegen einer Kurtisane duelliert hatten. Direkt hinter dem *Do Spade* liegt die noch heute *Carampane* genannte Gegend, das einstige Lustviertel der Stadt, mit dem *Ponte delle Tette.* Naheliegend, dass Casanova hier oft verkehrte. Nachgewiesen ist, dass er 1744, mit neunzehn Jahren, in einem Nebenzimmer des *Do Spade* eine Nacht zubrachte. Den Namen seiner Gefährtin wissen wir nicht; zu vermuten ist, dass auch sie ein Duell wert gewesen wäre. *Carampane* werden bis heute zudem die käuflichen Damen genannt, wenn sie verblüht sind. *Do Spade,* Sottoportego de le Do Spade 860, Sestiere San Polo, FON 041/5210574.

Casanova, C. C. & M. M.

Die Grammatik der Verführung

Das Kloster *Santa Maria degli Angeli* auf der Insel Murano ist ein stiller Ort. Die zugehörige Kirche besuchen die Bürger von Murano, niemand von Rang. Wenn nicht einer aus der Familie Venièr gestorben ist, die dieses Kloster als Begräbnisstätte nutzt, ist von der venezianischen Gesellschaft hier niemand zu sehen. Dabei lassen sich im Sommer viele, die keinen zweiten Wohnsitz in den Hügeln von Asolo oder an der Brenta haben, nach Murano hinüberfahren, wo die Luft besser ist als in der Stadt. Aber wenn sie hier in die Kirche gehen, dann in die des Bischofs von Murano und Torcello, die *Basilica di Santi Maria e Donato,* nicht in die des Nonnenklosters. Zu wenig spektakulär, zu wenig Ausstattung und heilige Oper.

Die Abgeschiedenheit von *Santa Maria degli Angeli,* ganz am Ende der *Fondamenta Venièr* im Südwesten der Insel gelegen, wissen nur wenige Kenner zu schätzen. Kenner wie dieser Jurist, der eben erst, im Mai des Jahres 1753, nach einem längeren Parisaufenthalt und einer anschließenden Reise über Dresden, Prag und Wien in seine Heimatstadt zurückgekehrt ist. Die Exkursion war eher eine Flucht gewesen, das Pflaster von Venedig war ihm zu heiß geworden.

Erst achtundzwanzig ist er, aber er hat mehr hinter sich als andere im doppelten Lebensalter. Fast jeder kennt ihn in der *Serenissima.* In den Salons, im *Ridotto,* in den Theatern, den Weinstuben und den Sakristeien, überall wird über Giacomo Casanova geklatscht.

Einigen tut er leid, weil sie wissen, wie seine Kindheit und Jugend in der *Calle della Commedia* ausgesehen hat. Sein Vater, der offiziell eingetragene jedenfalls, ein Schauspieler aus Parma, war gestorben, als Giacomo achteinhalb Jahre war. Die Mutter, Zanetta Farussi, auf Burano als Tochter eines Schuhmachers geboren, Schauspielerin von Beruf, hatte für das Familienleben weniger übrig als für das Berufsleben und ihre Neigung zu den jeweiligen Chefs war stärker als die zu ihren Söhnen. Am Theater *San Samuele*, das den Grimani gehört, wurde gemunkelt, sie habe mit Michele Grimani, einem der einflussreichsten *nobili*, ein Verhältnis gehabt. Dass Micheles Bruder, der Abate Alvise Grimani, Vormund von Zanettas Söhnen wurde, nährte dieses Gerücht, auch wenn sich die Theaterdirektoren oft um die Probleme ihrer Schauspieler kümmerten. Frisch verwitwet war Zanetta dem Ensemble von Giuseppe Imer beigetreten und dessen Geliebte geworden. Für die Kinder sorgte ihre Mutter Marzia. Als Giacomo Casanova in Padua im Pensionat wohnte, kein Geld für die Kost besaß und halb verhungert bettelte, zu seinem Lehrer Abate Gozzi umziehen zu dürfen, war Zanetta auf Tournee; als er, noch keine siebzehn, seinen Doktor in kirchlichem und weltlichem Recht machte, ließ Zanetta sich ohne Imer in Dresden nieder, weil der sächsische Kurfürst es wünschte.

Einen Vater hatte dieser Casanova kaum, eine Mutter nie gehabt. Doch die Zahl der Mitleidigen hält sich in Grenzen.

Sehr viel mehr spotten über Casanova, weil sie seinen selbstsicheren Auftritt lächerlich finden und wissen, wo er überall versagt hatte. Geistlicher hätte er werden sollen, wäre es nach dem Willen seines Vormunds Abate Grimani gegangen. Er war knapp fünfzehn gewesen, als sie ihm den Kopf so rasierten, dass er selbst als Abate gezeichnet war, kein Jahr später hatte er die vier niederen Weihen erhalten, aber als er dann kurz vor seinem sechzehnten Geburtstag in *San Samuele* seine Antrittspredigt hätte halten sollen, fiel ihm sein Text nicht mehr ein, ihm, der alle Werke von Ariost und die meisten von Horaz auswendig konnte. Casanova hatte davor zu viel gegessen und getrunken. Ob seine Ohnmacht dann echt oder gespielt war, darüber stritten sich die Gerüchteköche, sicher war, dass Casanova aus der Sakristei geflohen war. Zwei Jahre später hatte er sich die geistliche Karriere endgültig aus dem Kopf geschlagen. Was er stattdessen ausprobierte, war nicht erfolgreicher gewesen. Der Dienst als Sekretär von Giacomo Riva, Gouverneur der venezianischen Galeeren auf Korfu, hatte ihm nur Scherereien eingebracht; vier Monate hatten sie ihn im *Fort Sant' Andrea* eingesperrt, dem Gefängnis nahe der Spitze des Lido. Entlassen worden war er nicht, sondern geflohen. Darüber, was Casanova in den Jahren darauf in Rom und Kalabrien, in Konstantinopel und auf Korfu, in Mailand und Mantua, Paris, Genf und Wien getrieben hatte, wurde in Venedig ebenfalls gerne geklatscht. Geld hatte es ihm jedenfalls keines gebracht. Zurückgekehrt hatte er für eine Karnevalssaison eine Stelle als Geiger am *Teatro San Samuele* gehabt, war dann wieder auf unsicheren Posten herumvagabundiert und nun, mit Ende zwanzig, schlägt er sich noch immer mit mehr oder weniger langfristigen Gelegenheitsarbeiten durch und mit dem Gewinn aus Spielcasinobesuchen. Die einzig sichere Einkunft, die er seit sieben Jahren bezieht, hat Casanova dem Zufall zu verdanken. Da hatte er dem Senator Matteo Bragadin das Leben gerettet, war von ihm zum Dank adoptiert und mit einem Taschengeld auf Lebenszeit versehen worden.

Viele gönnen es dem Abenteurer nicht, dass er durch diesen Adligen Eingang in die besten Kreise gefunden hat, wo er mit Witz und Wissen gelangweilte Venezianer für sich erobert. Es empört sie, dass er sich mit den drei Söhnen der Familie Memmo herumtreibt, die zu den mächtigsten und wichtigsten der Stadt gehört. Jeder weiß doch, dass Casanova sich in solchen Häusern bedient. Ganz jung schon hatte er die Sympathien seines Gönners Malipiero verscherzt, weil er mit der Altersliebe des gichtkranken Senators, der Schauspielerin Teresa Imer, wie Casanova selbst es ausdrückte, die Unterschiede ihrer leiblichen Beschaffenheit verglichen hatte. Dass Casanova sich Teresa irgendwie verwandt fühlte, nachdem ihr Vater mit seiner Mutter liiert war, konnte Malipiero nicht überzeugen. Damals war Casanova mit Prügeln und Hausverbot davongekommen, manches andere Mal war es gefährlicher geworden.

Vor drei Jahren hatte Casanova die junge Marchetti aus dem Haus ihres Vetters, eines Abate, gelockt, der sie dort wie eine Gefangene hielt, hatte ihr wohl die Ehe versprochen und war schließlich von Zorzi Contarini dal Zaffo zur Brust genommen worden, im Hauptberuf Inquisitor. Doch die Hoffnung von Casanovas Feinden, der erfolgreichste Nebenbuhler Venedigs werde unter den Bleidächern landen, hatte sich nicht erfüllt.

Über die Anzahl seiner Affären wird selbst in dieser Stadt, in der die Aufforderung zum intimen Verkehr so selbstverständlich ausgesprochen wird wie die zum nächsten Contretanz, gestaunt. Es ist ein Sport, hochzurechnen, was an Aktivitäten auswärts noch hinzugekommen sein könnte auf Casanovas Verführungskonto. Ein Sport, den auch die Damen gern betreiben.

Gewiss ist nur eines: kaum eine Frau in Venedig behauptet, Casanova habe sich an ihr vergriffen. Keine, mit der er jemals ein Verhältnis gehabt hatte, redet schlecht über ihn, höchstens um damit ihren Bewacher oder Ehemann über ihre wahren Gefühle für diesen Mann hinwegzutäuschen. Die Konkurrenten wüssten zu gerne, wie dieser Kerl es anstellt, an die begehrenswertesten Mädchen heranzukommen, sie elegant abzuservieren und nicht von übler Nachrede verfolgt zu werden. Er sieht zwar gut aus, überragt mit seinen einssiebenundachtzig die meisten hier, wirkt mit seinem olivbraunen Teint und der muskulösen Statur sehr männlich, zieht sich aufwändig an und macht großzügige Geschenke. Aber es gibt genügend *nobili*, die weit mehr zu bieten haben. Eingeweihte fragen sich ohnehin, wie Casanova seinen Lebensstil finanzieren kann.

Auf Gewinne beim *Bussette*, *Martingale* und anderen Spielen im *Ridotto* kann sich auch ein routinierter Glücksjäger wie er nicht verlassen. Aber er verkündet offen: *Einen Dummkopf zu betrügen, ist eine Handlung, die eines geistreichen Menschen würdig ist.* Diese Würde spricht er sich selbst zu.

Es sei das Halbseidene, lästern die einen, das die Frauen an Casanova reize.

Es sei sein Ruf als Weiberheld, behaupten die anderen.

Die Frauen schweigen und lächeln.

Im Umgang mit ihnen beweist Casanova mehr Stil als die meisten Herren, die einen *Palazzo* am *Canal Grande* besitzen. Nicht nur, weil er mehr von der Welt gesehen, mehr gelesen, mehr gelernt hat als der Großteil seiner Geschlechtsgenossen. Er kennt die weibliche Seele besser. Dass keine sagt, was sie will, und der Liebhaber es mit den Händen erfragen, aus Untertönen heraushören, an einer Bewegung, einem Blick erkennen muss, was sie erregt und was nicht, könnten die anderen von ihm lernen. Casanova will der vollkommene Liebhaber sein und arbeitet hart daran. Seine Sammlung an erotischer und pornographischer Literatur darf die Inquisition nicht zu Gesicht bekommen. Den Widerstand zu überwinden macht für ihn die Eroberung reizvoll. Je klüger, belesener, gewitzter, spröder, sogar abweisender eine Schöne ist, desto stärker fühlt er sich animiert. Eine Frau mit Alkohol gefügig zu machen, findet er geschmacklos. Er will sie wach und wehrhaft erobern. Die Grammatik der Verführung beherrscht Casanova so gut wie die lateinische, französische oder spanische Sprache. In jeder Lage vermag er die Liebe zu deklinieren. Er ist ein Liebhaber, der nicht zwei, sondern zweihundert Positionen und Präpositionen kennt, der einer Frau zeigt, wie viel er von Steigerungsformen versteht, wie gekonnt er mit Aktiv und Passiv umgeht. Dass er seine Erlebnisse gewissenhaft aufzeichnet, wissen die Geliebten wohl kaum, doch wie genau er sich Rechenschaft darüber ablegt, ob es ihm gelungen ist, eine Frau zu befriedigen oder nicht, spüren sie. Vormachen kann ihm kaum eine etwas, er kann die falschen Lustschreie von den echten unterscheiden und es ist ihm anzumerken, wie er unruhig wird, wenn all seine Bemühungen eine Schöne kalt lassen. Glücklich ist er, wenn sie ihm mündlich oder schriftlich gesteht, er habe ihr das Gefühl geben, einzigartig zu sein. Casanova weiß, was eine Frau hören will. Nichts Vulgäres, sondern Poesie. Er feiert die Liebe wie ein Fest und die Geliebte wie eine Liebesgöttin, denn er ist ein Zeremonienmeister. Mit der hellen Welt des aufklärerischen Geistes ist er ebenso vertraut wie mit der dunklen des Okkultismus. Aus beiden bedient er sich, wenn er eine Liebesnacht inszeniert.

Casanova verfügt über die Kunst, sich Zeit zu lassen. Und er lässt nicht locker, hat eine Frau ihn verzaubert.

Bei fast jedem Wetter macht er sich nun seit Mitte Juni regelmäßig auf den Weg hinüber zur Glasbläserinsel; nur wenn der Nebel zu dicht wird, wartet er ab. Der Grund seiner Exkursionen ist weiblich und wird in den Aufzeichnungen diskret mit C. C. abgekürzt. Schlank die Gestalt, die Hüften zu seiner Freude breit, weiß und opak die Haut. Die großen Augen können schmachten und blitzen. Das ebenholzschwarze Haar ist lang und schwer. Im Kloster ist von der Schönheit der Caterina Capretta nichts zu sehen. Die Tracht einer Novizin verbirgt sie. Als Casanova seine C. C. im Mai dieses Jahres entdeckt hat, war sie aber noch freilaufend. Doch es war ihm kaum Zeit geblieben, diese Entdeckung auszukosten. Ihrem Vater war noch im selben Monat das Verhältnis verraten worden. Sofort hatte er die Tochter eingeschlossen und dann in einer Nacht- und Nebelaktion nach Murano ins Augustinerinnenkloster *Santa Maria degli Angeli* verfrachten lassen. Dort soll sie hinter Schloss und Riegel warten, bis sie achtzehn und reif für eine Heirat ist.

Jetzt ist Caterina vierzehn, halb so alt wie ihr Liebhaber, der sie am Pfingstmontag im Zimmer einer Gartenwirtschaft auf der Giudecca, direkt beim Kloster *San Biagio* gelegen, entjungfert hat und seither als seine Frau bezeichnet. Dass Casanova um Caterinas Hand angehalten hatte, verschlimmerte das Ganze nur. Der *nobile* Signor Bragadin persönlich war als Brautwerber aufgetreten, was Caterinas Vater imponierte, aber nichts an seiner Entscheidung änderte. Er hatte erfahren, wie Casanova an seine Tochter herangekommen war: über Pietro, ihren Bruder. Nicht zufällig hatte Signor Capretta diesen Sohn aus dem Haus gejagt. Er kann sich denken, was Casanova sofort durchschaut hat: Pietro hat die kleine Schwester verkauft, um dann mit dem Liebhaber ins Geschäft zu kommen. Pietro Capretta ist eine zwielichtige Gestalt, ein Lügner, Betrüger und nicht nur in Casanovas Augen ein schamloser Kuppler. Er spekulierte mit Ochsen, dann mit Zypernwein, danach mit Juwelen. Ob es sich um Hehlerware handelte oder nicht, Casanova witterte Unrat. Das erste Geschäft hatte er abgelehnt, doch auf das nächste hatte er sich sehenden Auges eingelassen. Caterinas wegen. Dass die Wechsel des Pietro Capretta nicht gedeckt waren, ahnte er. Wie schon oft hatte er seinen eigenen Ruin für eine Geliebte riskiert, was diese nicht erfuhr. Aber vielleicht spürte sie Casanovas Lebensbekenntnis, dieses Alles oder Nichts. Und vielleicht hatte sie gerade das gereizt, sich ihm bedingungslos auszuliefern.

Nun ist Caterina weggesperrt von der Oper, vom Theater, von den Bällen, von den Ausflügen. Mit Casanovas Geschenken, den zwölf Paar Handschuhen, dem Dutzend seidener Strümpfe und den Strumpfbändern mit goldenen Schnallen kann sie dort wenig anfangen. Der Freuden ihrer Jugend ist sie beraubt.

Caterinas Bruder müsste sich schuldig fühlen am Schicksal der Schwester. Schuldig fühlt sich jedoch Casanova. Über Laura, die Gärtnerfrau des Klosters, hat er überhaupt erst erfahren, wohin sie verschwunden ist. Gewitzt hatte Caterina es geschafft, eine Botschaft an ihren so genannten Vetter Casanova aus den Mauern zu schleusen. Seither tauscht sie mit ihm einmal die Woche Briefe aus. Anfangs sind sie erregt, vorfreudig, verschwörerisch, dann schlägt der Ton um: Die Vierzehnjährige ist schwanger. Sie freut sich darüber, denn sie redet sich ein, werde der Bauch sichtbar, müsse die Äbtissin sie aus dem Kloster werfen. Und sie wirkt gut gelaunt, denn die schönste der Nonnen, acht Jahre älter als sie, ist reich, freigiebig, aus adliger Familie und verliebt in den Neuzugang. Dass Caterina bei ihr nicht nur Französisch lernt, sondern auch das, wofür die Franzosen berüchtigt sind, ist Casanova nur recht. Er ist entschlossen, auf Caterina zu warten, und eine junge Frau, die alle Finessen des Liebesspiels gelernt hat, ist ganz nach seinem Geschmack.

Das Spielerglück kehrt zu ihm zurück, den Gewinn gibt er sofort für Caterina aus: er lässt sich von einem piemontesischen Miniaturisten porträtieren, ein gleich großes Bildnis von Caterinas Namenspatronin anfertigen und das Ganze zu einem Ring verarbeiten. Im Kasten ist nur die Heilige sichtbar. Doch wird mit einer Nadel auf einen winzigen blauen Punkt im Email gedrückt, löst das eine Feder aus und Casanovas Konterfei erscheint.

Einer, der wie er über die Regeln der Grammatik souverän verfügt, kennt die Methoden des Indirekten, er versteht es, aus der Ferne die Leidenschaft anzuheizen. Er weiß, wie eine Frau sich in der Einsamkeit hineinsteigern kann in die Zweisamkeit.

Ahnungslos überreicht Caterinas Mutter, die sich jeden Sonntag zur Frühmesse in die Klosterkirche nach Murano rudern lässt, ihrem Kind den frommen Ring. Die Gebrauchsanweisung stellt Casanova dem Kind mit getrennter Post zu.

Die Gabe erfüllt ihren Zweck. Der Anblick des Geliebten berauscht Caterina täglich mehr.

Dann die Ernüchterung: ein Abgang.

Die Blutungen enden nicht. Verzweifelt bittet C. C. den Liebhaber, den sie ihren Mann nennt, um Weißzeug. Casanova kauft im *Ghetto* Stapel von Bettlaken und Handtüchern, fährt nach Murano, mietet sich in einer Kammer bei Laura ein und lässt Caterina über die Botin ausrichten, er werde in ihrer Nähe bleiben, bis alles überstanden sei. Als er die Wäsche sieht, die Laura zurückbringt, kippt er beinahe um. *Eine wahre Schlachterei*, stöhnt er. Es sieht aus, als werde Caterina verbluten und sterben. Casanova wird von Lauras Töchtern Tonina und Barberina versorgt, aber er hat keinen Sinn fürs Essen, nicht einmal für die Reize der Mädchen. Er verzichtet auf alles und genießt es, sich damit selbst die Ernsthaftigkeit seiner Liebe vorzuführen.

Nach acht Tagen ist Caterina dem Tod entkommen und befiehlt dem Geliebten, die Insel zu verlassen. Er folgt ihr bereitwillig, denn er muss seinen täglichen sexuellen Bedarf endlich wieder decken. Er hält sich eine Frau fürs Körperliche und schlürft als Aphrodisiakum Caterinas Briefe. Sie verzehrt sich nach ihm, träumt davon, entführt zu werden, bettelt um eine Visite. Er besucht die Messe, sieht sie hinter dem Gitter, weiblicher, schöner, verlockender geworden, verspricht, jeden Feiertag in den Gottesdienst zu kommen und hält Wort.

Draußen auf Murano hat er sich damit zu begnügen, ihr beim Beten, Singen, Beichten zuzusehen. Reden kann er nur in Briefen mit ihr. Darin beschwört er etwas, wofür er nicht gerade bekannt ist: seine Treue. Mit seinen Besuchen will er sie Caterina beweisen. Sie ahnt nicht, dass dieser Beweis ihn jedes Mal Überwindung kostet. Zu widerwärtig sind die Erinnerungen an Murano, als er hier von seinem Vormund, dem Abate Grimani, nach dem Fiasko der vergessenen Predigt im Kloster *San Cipriano* bei den Benediktinern untergebracht worden war, wo der Präfekt die ganze Nacht über den Schlafsaal der Seminaristen kontrollierte, damit keiner sich mit eigener Hand Erleichterung verschaffen konnte.

Doch allmählich fallen die Besuche dieses Mannes, der sich pompös anzieht, zu viel Spitze trägt und zu viel Parfum, den anderen Nonnen auf. Caterina berichtet stolz, alle zerbrächen sich den Kopf über ihren Geliebten. Ob ihn ein tiefer Schmerz in diese Kirche treibe, ob er ein Menschenfeind sei oder von Schwermut geplagt werde.

Am Allerheiligentag macht sich Casanova nach der Messe auf den Rückweg. Wer an den *Fondamenta Venièr* anlegt oder ablegt, bleibt üblicherweise unbeobachtet. An diesem Tag nicht. Als Casanova im Begriff ist, seine Gondel zu besteigen, lässt eine Dame direkt vor ihm einen Brief fallen. Er stammt nicht von Caterina. Kaum auf dem Wasser, reißt er ihn auf. Eine Madre, eine Nonne des Klosters, bietet Casanova ein Rendezvous an. Unter drei Möglichkeiten solle er auswählen: er könne sie im Sprechzimmer von *Santa Maria degli Angeli* sehen, zu einem Abendessen in Venedig einladen, wo er wie sie selbst maskiert zu sein habe, oder sie in einem *Casin*,* einem intimen kleinen

---

* *Casin* heißt auf Venezianisch jener Typus des kleinen Hauses oder diskret abgeschirmten Appartements, das sich auch innerhalb eines großen Palastes befinden kann. Im einheimischen Dialekt wird bei Worten, auch Namen, oft die letzte Silbe gestrichen. Aus Bragadino wird Bragadin, aus *Casino Casin,* aus *Canale Canal,* aus *Casa* wird Ca'.

Haus auf Murano treffen, dessen Adresse sie ihm noch verraten werde.

Casanova mutmaßt sofort, die Frau, die auf ihn brennt, könnte die Französischlehrerin seiner kleinen Frau sein. Am ersten Seitenaltar rechts in der Kirche *San Casciano* soll er um Mitternacht der Botin, einer Gräfin, sein Antwortschreiben aushändigen. Casanova ist lüstern, aber vorsichtig und verabredet sich im Sprechzimmer des Klosters. Die gräfliche Mitwisserin fährt mit ihm hinaus und lässt Marina Maria Morosini rufen. Casanova weiß, was der Name Morosini bedeutet: eine Patrizierdynastie, die Dogen, Patriarchen und Prokuratoren gestellt hat. Anspruch reizt ihn, Frauen die ihm vieles abfordern.

M. M. erscheint hinter dem Gitter, redet nur mit der Gräfin, muss aber Casanovas Blicke spüren. Die Haube und das Kleid verbergen viel. Was Casanova sieht, reicht, um ihn verrückt zu machen. M. M. ist groß, weit über dem Durchschnitt. Zähne wie Perlen, himmelblaue Augen, feuchte, sinnliche Lippen, ein heiteres Gesicht, hellbraune Brauen, die ihn auf hellbraunes Haar schließen lassen. Haar? Nein, sie ist keine Anwärterin mehr, sie ist schon Nonne. M. M. wird kahl geschoren sein. Davor graust ihm, er schiebt die Vorstellung zur Seite und fragt die Gräfin über diese Nonne aus. Sie sei gebildet, belesen, witzig und freigeistig, erfährt er. Eine Laune habe sie dazu getrieben, den Schleier zu nehmen.

Ob sie die Laune bereue oder glücklich sei, will Casanova wissen. Die Antwort der Mitwisserin lässt ihn vermuten, dass sich die schöne Nonne bereits einen Liebhaber hält. Dieser Gedanke verletzt Casanovas Ehrgefühl, seine Begehrlichkeit leidet nicht darunter. Eifersucht? Nein, gekränkter Erobererstolz. Ein Treffen am Hinterausgang des Klosters wird vereinbart, doch Mutter Marina Maria lässt sich verleugnen. Casanova ist getroffen und beschließt, seine Messebesuche, die Caterina versprochen sind, einzustellen, damit Marina Maria sich nicht einbildet, er komme weiterhin ihretwegen und lasse sich beliebig demütigen. Er schreibt ihr, beleidigt und wütend.

Ein bezahlter Mittler überbringt M. M. den Brief und danach ihre Antwort Casanova. M. M. beschwert sich, Casanova habe ihr Unrecht getan und erklärt alles überzeugend. Er bereut. Die Kirche *San Casciano*, nahe an den *Fondamenta Nuove* gelegen, wo die Boote von Murano anlegen, wird zur Poststation. Die Korrespondenz beginnt, hitziger, raffinierter, schlüpfriger als die mit Caterina. M. M. besitzt mehr Erfahrung als die junge C. C. Casanova meint, er beherrsche Grammatik und Rhetorik der Verführung besser als jeder andere. Hier hat er seine Meisterin gefunden. Wie diese Frau mit Doppeldeutigem jongliert, erregt ihn. Nüchtern legt er sich Rechenschaft darüber ab, dass er bereits dabei ist, C. C. zu betrügen. *Das Neue ist der Tyrann unserer Seele*, sagt er selbst. «Neues Haus» bedeutet sein Name – *casa nova*.

Im Kloster händigt M. M. ihm den Schlüssel zu einem *Casin* auf Murano aus, erklärt ihm, wie er es findet, besänftigt Casanovas Angst vor ihrem kahlen Schädel und erklärt, ihre Perücke sehe aus wie echtes Haar. Offen bekennt sie, dass dieser *Casin* ihrem Liebhaber gehört.

Ich denke mir, er ist alt, hofft Casanova.

Sie irren, sagt sie. *Da würde ich mich schämen. Er ist keine vierzig und hat alles, was ein Mann braucht, um geliebt zu werden.*

Vor einem Jahr habe er sie erobert und er sei der erste Mann in ihrem Dasein. Aber Casanova sei der Erste, der ungeahnte Wünsche in ihr wach kitzle.

Casanova findet das Haus, findet den Weg in den Salon. Sie erwartet ihn schon in Abendgarderobe. Champagner und Burgunder stehen bereit, Sèvresporzellan, silberne Wärmepfannen, alle Zutaten für ein Menü. Ein aphrodisierendes Menü, unverkennbar französisch. Casanova ist überzeugt davon, dass die Auswahl der Zutaten die Lust steigere. Sie selbst legt letzte Hand an, gekonnt. Wer hat ihr das beigebracht? Das Kanapee verwandelt sie mit ein paar Griffen in ein breites Lustlager – wie oft hat sie das geübt? All die französischen Kenntnisse, kulinarisch, erotisch, stilistisch – wo hat sie die her?

Casanova brennt. Nur die Angst, ihre Perücke mit dem prallen Nackenknoten könne verrutschen und eine Glatze freilegen, hemmt seinen Drang.

Doch auf einmal spürt er ihr Haar in seiner Hand, das sich löst und bis in die Kniekehlen fällt, seidig und von diesem delikaten aschigen Hellbraun, das er liebt. Seine Erleichterung amüsiert sie. Behalten dürfe jede Nonne hier ihr Haar, nur verbergen müsse sie es.

Die beiden treiben es, aber nicht zum Äußersten. Und Casanova beweist seine Gabe, warten zu können.

Sie schlafen nicht miteinander, nebeneinander schlafen sie ein, bis ein Wecker die Nonne ins Kloster ruft. Casanova bleibt noch ein paar Stunden liegen, kehrt dann in seine Kammer bei Laura zurück und findet dort einen Brief von Caterina.

Sie weiß Bescheid. Sie hat ihn belauscht und durch eine Ritze beobachtet beim letzten Treffen mit M. M. im Kloster. C. C. ist nicht eifersüchtig, im Gegenteil: sie behauptet, sich zu freuen. M. M. habe sie gedeckt bei dem blutigen Abgang, M. M. habe sie eingewiesen in die Finessen der Liebe, M. M. sei die beste aller möglichen Freundinnen und Lehrmeisterinnen.

Casanova ist beeindruckt. Es drängt ihn, sich bei der großzügigen kleinen Frau zu bedanken; am Namenstag der Heiligen Caterina besucht er die Messe, um von seiner weniger heiligen Caterina gesehen zu werden und bemerkt, dass er verfolgt wird. Der Mann, der sich hinter ihm drein zurück in die Stadt rudern lässt, muss abzuschütteln sein. Casanova steigt nicht dort aus, wo er aussteigen will, sondern beim *Palazzo Morosini*, dem Palast, in dem die Sippe der M. M. wohnt. Sein Verfolger steigt ebenfalls dort aus. Casanova geht durch den Palast, der andere auch. Er wendet sich Richtung Poststation Flandern, der andere auch. In einer engen Gasse bleibt Casanova stehen, dreht sich um, setzt dem Spion das Messer an die Kehle, verlangt, er solle die Wahrheit ausspucken. Da verhindert ein Passant das Geständnis. Der Verfolger flieht, Casanova ist gewarnt.

Das Treffen, das er mit M. M. hier in Venedig plant, muss unter strengsten Sicherheitsvorkehrungen stattfinden.

Casanova lechzt nach Erlösung. Er will der Nonne endlich

zeigen, was er kann. Die Vorbereitung lässt er sich viel kosten, Geld, Zeit, Sorgfalt in jedem Detail. Vollkommene Sprache fordert Präzision. Die vollkommene Verführung genauso.

Er hat sich eines der möblierten Häuser für intime Treffen gemietet, das teuerste in ganz Venedig, Eigentum eines Kochs, der es von einem Gönner erbte. Fünf Zimmer hat dieser *Casin,* keine hundert Schritte von der Kirche *San Moisè* entfernt. Er ist perfekt für seine Zwecke ausgestattet. Betten, Sofas, Diwane, ein Boudoir mit niedrigen Sesseln, eine Ankleide, ein Badezimmer mit ausreichend großer Wanne, ein Kabinett mit englischem *water closet.*

Das Beste an seinem *Casin:* der achteckige Spiegelsaal. Spiegel an der Decke, an den Wänden, auf dem Boden. In der Wand eine drehbare Anrichte, auf die jener Koch, der sich nicht zeigen soll, die Speisen stellen wird.

Zu trinken solle es nur Champagner und Burgunder geben, hat Casanova dem Koch erklärt, die Auswahl der maximal acht kleinen Gänge für zwei Personen überlasse er ihm, egal was es koste. Vorher isst er einmal das ganze Menü zur Probe. Von den Austern über den Stör bis zum Wildbret und Früchten mit Eis.

Kurz vor acht steht er maskiert beim Standbild des Condottiere Colleoni und beobachtet die Anlegestelle. Ihr Liebhaber werde sie herbringen und dann allein lassen, hat Marina Maria Morosini behauptet.

Es ist kalt. Pünktlich um acht gleitet eine Gondel heran, zwei Maskierte darin. Der Fahrgast spricht mit dem Ruderer am Bug, steigt aus. Bis jetzt hat Casanova von dem Frost nichts gespürt. Jetzt friert es ihn. Der Passagier ist ein Mann. Casanova ist unbewaffnet. Der Fahrgast geht auf das Denkmal zu, umrundet es einmal. Casanova steht unbewegt. Der andere macht einen Schritt auf ihn zu, die Rechte fährt aus dem Ärmel.

Es ist eine glatte weiße Hand. Ihre Hand.

Als der Männermantel abgelegt ist, vibriert Casanova. Guter Geschmack ist jene Prise, die eine kluge Schönheit unwiderstehlich macht für ihn. Rosafarbener Samt, mit Gold bestickt, unter dem Rock eine enge Kniehose aus schwarzer Atlasseide.

Ihr Parfum riecht teuer. Sie stellt sich vor ihn, abwartend. In ihren Taschen, die er durchsuchen darf, eine Pistole. Wieder erschrickt er. Nein, es ist ein Feuerzeug aus poliertem Stahl.

Sie hält ihn in Spannung, entzieht sich nach nebenan, um die Maske abzulegen, kehrt zurück als Mann gekleidet und frisiert, das Haar wie seines mit einem schwarzen Band zusammengehalten.

Er sagt das Richtige: *Du bist nicht meine erste Leidenschaft, aber du wirst meine letzte sein.*

Sie sagt das Richtige. *Mein Liebhaber ist freundlich, gut und liebenswürdig. Trotzdem ist mein Herz immer leer geblieben, so lange ich ihn kenne.*

Die Ekstase verdient diese Bezeichnung: beide geraten außer sich.

Sieben Stunden haben sie Zeit. Sie nutzen jede Sekunde. Um zwei Uhr nachts bringt er sie zurück zur Anlegestelle an der *Piazza San Giovanni e Paolo.* Sie steigt ein. Ein Gondoliere fährt sie zurück.

Das nächste Treffen wird heikel, die Zeit drängt. Nach Venedig zu kommen, wird für die Nonne riskant, denn neun Tage vor Weihnachten beginnt die Festtagszeit, in der keine Masken erlaubt sind.

Casanova muss sie auf Murano besuchen, im *Casin* ihres Liebhabers. Sie wünscht es so.

Casanova ist zu allem bereit. Der Verführer ist der Verführte. Ihre Argumente könnten von ihm sein und ihre Rhetorik verhext ihn: *Wenn Gott den Menschen so geschaffen hätte, dass er ihn beleidigen könnte, dann hätte der Mensch Recht, wenn er alles täte, was Gott ihm verboten hat, denn seine mangelhafte Anlage wäre Gottes Werk. Kann man sich vorstellen, dass Gott während der Fastenzeit traurig ist?*

Im Nonnengewand betritt sie den *Casin* auf Murano, wo er sie schon erwartet. Sie will sich umziehen, er will es nicht. «Fiat voluntas tua!» sagt sie. Dein Wille geschehe.

Und er geschieht. Stundenlang, bis beide entkräftet aufs Lager sinken.

Zurück in Venedig, eingekehrt beim Senator Bragadin, erhält Casanova einen Brief mit dem vertrauten Siegel. M. M. gesteht: Ihr Geliebter habe alles, was sie mit Casanova im *Casin* trieb, aus einem Versteck beobachtet. Mit ihrem Wissen und ihrer Erlaubnis. Der Dauermieter sei begeistert von Casanova. Die Vorstellung sei erstklassig gewesen, körperlich wie sprachlich auf höchstem Niveau. Casanova lacht. Die Rolle gefällt ihm. Er ist ein Schauspielerkind und liebt das Theater. Schnell hat Casanova erkundet, wie hochkarätig das Publikum war. Der Geliebte von M. M. ist reich, berühmt, gebildet und mächtig: Kardinal François Joachim Pierre de Bernis, französischer Botschafter in Venedig.

In der Neujahrsnacht gönnen ihm die Liebenden eine Galavorstellung. Casanova kennt das Versteck, weiß, dass in dem Kabinett ein Bett steht und ein Tisch, an dem der Zuschauer tafelt, weiß, wo sich die zwanzig Löcher befinden, durch die der Kardinal jede der Bewegungen verfolgen kann, die ihm seine Liebesathleten vorturnen. Tagsüber nimmt Casanova an diesem Sylvestertag nur eine Tasse Schokolade und einen Salat zu sich, den er für den besten Kraftspender hält: klein geschnittene hart gekochte Eier, nur das Weiße, kein Dotter, mariniert mit Olivenöl aus Lucca und etwas Kräuteressig.

Der Abend beginnt mit Champagnerpunsch, den M. M. bereitet, und mit Austern, die sie teilen: Er schlürft sie aus ihrem Mund, sie aus seinem. Die Ouvertüre ist vorbei, sie zieht sich um zum ersten Akt, er durchstöbert ihren Schreibtisch, findet eine Schachtel mit Kondomen aus Tierdarm, steckt sie ein, schreibt ein Gedicht auf Französisch, legt es in die Schachtel.

Göttliche Braut, fürchte nicht,
Mutter zu werden.
Denn wenn du es wirst,
ist Gott allein der Vater.

Sie kehrt zurück, als Nymphe verkleidet, entdeckt den Diebstahl, fordert das Gestohlene ihrerseits mit einem Gedicht zurück, einem französischen.

Geschützt vor Gefahr und darum zufrieden,
schwelgt meine Seele in höchster Lust.

Die Grammatik der Verführung weckt in beiden den Ehrgeiz, dem anderen die Überlegenheit zu zeigen. Ein Wettstreit, bei dem sich nicht nur die Körper, sondern auch die Geister aneinander reiben.

Beide hören erst auf, als sie nicht mehr können. M. M. legt die Nonnentracht wieder an, sagt, sie müsse gehen, aber er weiß, dass sie nun im Kabinett verschwinden wird, um die Wirkung des Schauspiels auf den Kardinal auszukosten.

Mit dem neuen Jahr werden die Regeln und Gesetze zunehmend komplizierter.

Neue Komparative, neue Superlative, neue Regeln für die Syntax.

Der Kardinal wünscht das Rezept für den Eiweißsalat und die persönliche Bekanntschaft mit Casanova. M. M. schenkt Casanova eine Tabaksdose, unter deren doppeltem Boden sich ein Porträt von ihr verbirgt. Nackt, in voller Figur, neben ihr ein Amor mit Köcher, der auf den abgelegten Nonnenkleidern sitzt. Als Gegenleistung erwartet sie von Casanova ein Medaillon, das unter einem frommen Bild sein Porträt verbirgt. Er lässt die Ovale beim selben Maler fertigen wie die Miniaturen für Caterinas Ring. Am Dreikönigstag 1754 überreicht er es seiner maskierten Geliebten, wagt sich mit ihr in den Spielsalon und beschließt, nicht C. C., sondern M. M. nach England zu entführen und dort zu heiraten. *Das Neue ist der Tyrann unserer Seele.* Und die zunehmenden Komplikationen sind das beste Mittel, um die Begehrlichkeit der Beteiligten zu steigern.

M. M. berichtet Casanova, eine Novizin im Kloster besitze einen Ring, der die Heilige Caterina zeige, dahinter verberge sich aber sicher, wie bei ihrem Medaillon, etwas anderes, denn die Kleine fummle dauernd an dem Schmuckstück herum. Auch der Miniaturist müsse derselbe sein, der ihr Medaillon gemalt habe. Den Namen der Novizin nennt M. M. nicht.

Wie viel weiß sie?

C. C. schreibt, M. M. wisse nichts Genaues, weder über ihr Verhältnis mit Casanova noch über das Geheimnis des Rings. Trotz endloser Versuche habe M. M. bisher den Mechanismus nicht entdeckt.

Der Karneval hechelt seinem Höhepunkt entgegen. Die Nonnen von *Santa Maria degli Angeli* wollen hinter den hohen Gittern Zaungäste eines Balles in ihrem Kloster sein. Casanova tritt als Harlekin auf, legt eine Schau hin, die alle begeistert, fährt mit der Gondel von den *Fondamenta Venièr* aus noch in Kostüm und Maske direkt in den *Casin* des Kardinals an der anderen Seite der Insel, wo M. M. ihn erwarten will.

Die Frau in Nonnentracht, die dort bereits am Kamin steht, ist C. C.

Casanova gefriert: M. M. weiß Bescheid.

Der Betrüger fühlt sich betrogen. Er ist fassungslos. *Meine Seele war so betäubt wie mein Körper*, sagt er später.

C. C. ist schöner denn je. Er wagt nicht zu reden, wagt nicht, sich zu demaskieren. Noch hat sie ihn nicht erkannt.

C. C. wartet. Sie wartet vergeblich. *Mir war, als beginge ich ein Verbrechen an mir selbst, wenn ich mich dazu herbeiließe, ihr Beweise meiner Liebe zu geben.*

Dann bricht seine Beherrschung zusammen, er zeigt C. C. sein Gesicht. Ihr Seufzer ist beglückt. Sie habe nicht gewusst, wer sie hier besuche. M. M. habe ihr nur eine Überraschung angekündigt, ein Geschenk. Feurig verteidigt sie M. M., die beste aller Freundinnen. Casanova denkt anders. Er ist tief verletzt, umarmt C. C. kühl, händigt ihr den Schlüssel zum *Casin* aus, befiehlt, sie solle ihn M. M. zurückgeben, für immer. Was er kurz danach bereut, denn keine Gondel wartet an der Anlegestelle. Sturm zieht auf, Casanova führt seinen Spielgewinn bei sich und hat Angst vor den Dieben auf der rechtsfreien Insel. Der Wind wird bedrohlich, das Meer ist aufgewühlt, Casanova ist ein guter Schwimmer, aber die Brecher der Februarorkane fürchtet selbst er. Die Insel liegt längst im Dunkel, Casanova hetzt durch die Nacht, bis er Licht durch die Ritzen von Fensterläden dringen sieht. Der Mann hinter diesen Fensterläden beschafft ihm eine Gondel mit zwei kräftigen Bootsleuten an Bord, beruhigt legt Casanova ab. Sie schaffen es noch gut bis zur Friedhofsinsel *San Michele*, dann packt Casanova Todesangst. Umkehren wollen die Gondoliere nicht, sie seien keine Memmen. Der Stolz dieser Zunft ist berüchtigt. Böen drohen, das Boot kentern zu lassen, Casanova wirft eine Handvoll Silberstücke auf den Boden der Gondel und befiehlt, die *felce*, das Verdeck der Gondel mit seinen Tuchvorhängen, ins Wasser zu werfen, um dem Wind Angriffsfläche zu nehmen. Das Geld bricht den Stolz der Bootsleute.

Dass Casanova mit ihnen unversehrt in den *Rio dei Mendicanti* einfahren und am *Palazzo Bragadin* anlegen kann, hat er seinem kalten Blut und seiner schnellen Reaktionsfähigkeit zu verdanken.

Den Erschöpften erweckt eine Nachricht zu neuen Kräften: M. M. hat seine Verweigerung C. C. gegenüber aus dem Kabinett belauscht, liebt ihn mehr denn je, will die Freude und die ehemalige Geliebte mit ihm teilen. Die Komplikationen nehmen weiter zu. Die Lüsternheiten mit ihnen. Im Februar diniert Casanova mit M. M. und dem Kardinal an einem Tisch, es folgt ein Diner zu viert. Der Verstand der C. C. ist von M. M. geschliffen worden, ihre Grammatik ist raffinierter als früher, der Wettstreit umso prickelnder.

Der Kardinal hat nur Augen für C. C., die ist geschmeichelt, von einem so bedeutenden Mann gewürdigt zu werden. Die beiden Frauen treiben es miteinander, dann mischt Casanova ebenfalls mit, der Kardinal ist entzückt und tauscht M. M. gegen C. C. ein. *Das Neue ist der Tyrann unserer Seele.*

Am Rosenmontag teilt der Kardinal das Bett mit C. C., Casanova ist erleichtert, sie elegant losgeworden zu sein, der Kardinal ist ihm dankbar. Doch die Erleichterung ist verfrüht, ebenso die Dankbarkeit.

Mit dem Ende des Karnevals fallen die Masken und die Hoffnungen. C. C.s Mutter stirbt, das Mädchen wird im Kloster umquartiert, weg von M. M. hin zu einer Tante, das Entkommen scheint fast unmöglich. Der Kardinal wird nach Wien berufen und weiß, dass er sich von C. C. und M. M. auf unabsehbare Zeit trennen muss. Er leidet und zu Casanovas Ärger leidet auch M. M.

Nur aus Angst, den *Casin* zu verlieren? Gerne glaubte er das. Casanova ist Tag und Nacht in Aufruhr, spielt mit M. M. im *Ridotto* immer fiebriger, immer riskanter, sie zahlen aus einer gemeinsamen Kasse, verlieren, was Casanova gewonnen hatte, dann auch M. M.s Reserven.

Mit dem Jahr 1755 wird der Himmel über Venedig schwarz. Den *Casin* des Kardinals hat Casanova in dessen Auftrag aufgelöst, Möbel und Bilder an dessen neue Adresse nach Wien geschickt, den Rest des Ertrags, wie es Bernis wollte, mit M. M. geteilt, ihr die Diamanten ausgehändigt, die sie als Leibrente anlegen möchte.

Ist es der Schmerz über den Abschied des Kardinals? Ist es die Furcht vor der Zukunft? Ist es, weil sie ohne *Casin* den Geliebten kaum mehr zu sehen hoffen kann?

M. M. wird krank. Hohes Fieber, das mit keinen Mitteln zu senken ist, verzehrt sie. Anfang Februar erkennt Casanova beim Besuch im Kloster in ihrer Blässe den Tod. Sie macht ihr Testament, gibt ihm ihren Schmuck, ihr letztes Geld, all ihre Briefe, alle Bücher, die verboten sind, die pornographischen und die philosophischen. Casanova bemisst am Ausmaß seines Leidens seine Liebe, zieht, um der Sterbenden nahe zu sein, nach Murano in eine möblierte Wohnung, wo Tonina, Tochter der Botin Laura, ihn umsorgt. Der Karneval in Venedig findet ohne ihn statt. Er isst kaum, schläft kaum, hat keinen Blick übrig für Frauen, spürt jede schlechte Nachricht aus dem Kloster körperlich. Am letzten Tag des Karnevals erfährt er von C. C., dass M. M. die Letzte Ölung erhalten habe. Am Aschermittwoch vermeldet sie, der Arzt habe die Freundin aufgegeben.

Und Casanova antwortet C. C. umgehend. Er werde M. M. nicht überleben.

Glaubt er das? Oder fällt er nur auf die eigene Grammatik der Verführung herein, zu deren Grundregeln die Übertreibung gehört?

Sein Leben, schreibt er, könne nur noch dann einen Sinn haben, wenn M. M. gesund werde und sich von ihm entführen lasse.

Beschwört er das Schicksal oder beschwört er vielmehr sich selbst?

Ganz zu trauen scheint er der Überzeugungskraft seiner Worte nicht, denn er stützt sie ab mit Zahlen, die zeigen sollen, dass er es ernst meint. *Ich habe vierzigtausend Zechinen und M. M.s Diamanten, die sechstausend wert sind. Das ist genügend Kapital, um überall in Europa eine anständige Existenz aufzubauen.*

Womit Casanova, nachdem er die Briefe der Geliebten bei sich weiß, nicht gerechnet hat: Die Todgeweihte wird zum Sicherheitsrisiko. Sie habe, berichtet C. C., im Delirium drei Stunden lang auf Französisch ein Selbstgespräch geführt, vor dem sämtliche Nonnen davongerannt wären, hätten sie es verstanden.

Wer kann dafür garantieren, dass M. M. nicht noch mehr gelehrige Französisch-Schülerinnen hat?

Doch Casanova bleibt in ihrer Nähe, bleibt auf Murano und kümmert sich nicht um das, was derzeit in Venedig vor sich geht. Sein sechster Sinn für aufziehende Gefahren ist außer Kraft gesetzt.

Da kündigt sich die Wende an. M. M. scheint die Krisis überwunden zu haben. Gesund werde sie, lässt sie C. C. bestellen, wenn Casanova Wort halte und ihr fest verspreche, sie sofort zu entführen, wenn ihr Körper die Reise mitmache.

Er verspricht es, sie gesundet und er hat wieder Appetit.

Ende März schreibt sie selbst wieder an Casanova; nach Ostern könne sie das Zimmer verlassen. Für immer?

Casanova kehrt zu sich selbst zurück. Er nimmt wieder wahr, was er wahrnehmen will: weibliche Reize. Wie konnte er nur so lange übersehen, was die fünfzehnjährige Tonina zu bieten hat? Wie konnte es ihm entgehen, mit welcher Inbrunst sie für ihn kocht? Er wird im April dreißig und verschlingt ihre Jugend, um sich von innen zu erneuern. Er spürt, dass sein Feuer für Tonina täglich höher lodert und das für M. M. erlischt. *Das Neue ist der Tyrann unserer Seele.* Doch eines kehrt mit der Lust an der Verführung nicht zu ihm zurück: die Wachsamkeit.

Seine Gedanken kreisen um das Gewesene und das Kommende, um Treue und Untreue, vor allem um verletzte Mannesehre. Murray, der englische Ministerresident (sic) in Venedig, hat ihm den Stachel ins Fleisch getrieben. Es gebe keine Nonne in der Republik Venedig, die nicht für Geld zu haben sei. Dazu zähle auch diejenige, von deren Liebe Casanova ihm erzählt habe, dieser Schönheit im Kloster der Augustinerinnen auf Murano aus alter venezianischer Patrizierfamilie. Das könne er beweisen. Die beiden Männer wetten um die Käuflichkeit der M. M., Casanova setzt auf ihre Unschuld, falls sich das so bezeichnen lässt, gewinnt und führt siegesstolz dem Gesandten seine neueste Eroberung Tonina vor. Möchte er Eindruck schinden und demonstrieren, dass er wie bei M. M. die wahre, große, eigentlich einzige Liebe jeder Frau darstellt, er selbst aber stets die freie Auswahl hat?

Murray ist entzückt und will Tonina abwerben. Männliche Attraktion hat er weniger zu bieten als Casanova, dafür sehr viel mehr Geld. Casanova rät Tonina, sich auf das Geschäft einzulassen, es sichere ihre Existenz und die ihrer Mutter Laura. Es ist eine jener Gesten, die ihm die Sympathien von vielen ehemaligen Geliebten sichern, liegt ihm doch offenbar ihre Zukunft mehr am Herzen als seine eigene Gegenwart. Öde wird ihm deshalb nicht; das Naheliegende nicht zu übersehen, hat Casanova nun gelernt. Tonina hat eine Schwester, Barberina. Casanova bleibt in der Familie, bleibt auf Murano, sieht nichts, hört nichts, spürt nichts anderes als Barberina, jene Illusion seiner Alterslosigkeit.

Ein anonymer Brief warnt ihn. Es sei Gefahr im Verzug. Wie ein balzender Auerhahn taub für die Schritte des Jägers, registriert Casanova nicht, was sich zusammenbraut. Endlich fährt er nach Venedig zurück, doch sein Dasein dort wird zunehmend atemlos, seine Spielsucht haltlos, seine Verluste überschlagen sich. All die Tabaksdosen, Knöpfe, Schnallen, Ringe, Uhren hat er bereits versetzt. Eine Flucht mit M. M. wäre nicht mehr zu finanzieren und Casanova ist froh darüber.

Die Unrast des Glücksjägers beeinträchtigt ihn. Er bemerkt nicht, wie ein Unwetter großen Ausmaßes aufzieht, das bedrohlicher ist als das auf der Lagune, dem er um Haaresbreite entkam. Casanova verliert den Boden unter den Füßen, nimmt sich jede Lüge und jede Selbstlüge ab.

Was ist schon Wirklichkeit?
Was ist in Venedig schon Wirklichkeit?

Seine neue Wohnung liegt in der *Calle della Gorna*, bei den *Fondamenta Nuove*, direkt gegenüber von Murano, an der Bootsanlegestelle, die ihm so viel bedeutet hat. Aber Murano versinkt im Vergessen. Casanova an den *Fondamenta Nuove*.

Das Neue –

Die Tochter seiner Vermieterin, der Witwe Caterina dal Pozzo, ist krank. Eine Wachspuppe nennt er sie, dieses glatte, ebenmäßige, leichenblasse Wesen ohne Saft, das mit achtzehn noch keine Menstruation hat.

Schuld an ihrem Zustand sei, dass sie noch keiner entjungfert habe, sagt der Arzt.

Schuld an ihrem Zustand, das weiß der medizinisch versierte Casanova, sind die Aderlässe jeden Tag.

Doch er widmet sich der Behandlung ihres Unterleibes. Erfolgreich und folgenreich, denn Casanova kreist immer schneller um sich selbst.

Benommen von den eigenen Verführerqualitäten, trunken vom Erfolg als Retter, empfängt er einen Mann in seiner Wohnung, den er nüchtern niemals eingelassen hätte. Geschäfte mit Diamanten will dieser Giambattista Manuzzi, ein Goldschmied, mit ihm machen. Er sieht die Bücher Casanovas herumliegen, keine pornographischen, sondern magische. Er fragt danach. Casanova zeigt sie ihm.

Wie kann er das riskieren? Wie kann er vergessen, dass okkulte Lehren ebenfalls auf dem Index der Inquisition stehen?

Nicht genug damit. Casanova erzählt Manuzzi detailgenau, wie er bei der Freimaurerloge eingeführt wurde, berichtet ihm grinsend, dass er vom Duca di Grillo eine größere Summe erwarte, weil er ihm ein Pulver versprochen habe, das unsterblich machen solle, und nachdem das Interesse dieses Zuhörers ihn in Fahrt bringt, rezitiert er noch aus einer eigenen Versdichtung über Religion. Damit dem Gast die Quintessenz dieser Texte nicht entgeht, betont Casanova, er sei überzeugt, deshalb so stark im Geist zu sein, weil er in der Religion an gar nichts glaube.

Das Bedürfnis, andere zu beeindrucken, umnebelt Casanovas sonst so klaren Verstand. Vor anderen verbirgt er seine Panik, finanziell bald völlig am Ende zu sein. Aber die Ruhelosigkeit treibt ihn aus dem Haus, noch bevor der Tag anbricht. Fast jeden Morgen flaniert er auf der *Erberia*, dem Kräuter- und Gemüsemarkt beim *Rialto*. Dort suchen um diese Uhrzeit, wenn die Boote mit Radicchio und Rosen, Tomaten und Thymian, Melanzane und Minze anlegen, junge Leute Zerstreuung, die auf der Flucht sind vor Ängsten, vor Gläubigern, vor den Folgen ihrer Liebesabenteuer, vor all dem, was ihnen den Schlaf raubt.

Auch Casanovas hochmögende Freunde, die Brüder Memmo, sind dort mit ihm unterwegs. Andrea, Bernardo und Lorenzo Memmo teilen mit ihm seit langem die Liebe zu dem, was sie Freiheit nennen. Freie Liebe, freier Geist und Freimaurertum, Freiheit von Bindungen, Konventionen und konfessionellen Bekenntnissen.

Ankommen heißt sterben. Sich festlegen ist der Tod.

Casanova, der Meister der Verführung, ist auch ein Meister der Ausflüchte.

C. C. wäre zu haben. Nach der Mutter ist der Vater gestorben, die Verwandten haben sie aus dem Kloster geholt, um sie an einen Advokaten zu verheiraten, sie aber bietet ihre Hand Casanova an. Er lehnt ab. Aus Rücksicht. Das redet er ihr, redet er sich selbst ein. Er habe keine Stelle und auch keine Aussichten, eine zu ergattern, er rät ihr zu einem Bewerber, der sie versorgen kann. Selbstlos oder selbstsüchtig?

Casanova rennt davon, vor sich, vor den Warnungen, den unausgesprochenen Drohungen. Und vor der Erkenntnis, unter den Männern und den Müttern in der Stadt viele Feinde zu haben, nicht nur der Töchter und der Frauen wegen.

Lucia Memmo hasst Casanova, in ihren Augen ein Atheist, der ihre Söhne auf den Weg des Bösen geführt hat. Die Brüder Memmo sind wie Casanova Mitglieder der Freimaurerloge geworden.

Antonio Condulmer, Besitzer des *Teatro Sant'Angelo*, hasst Casanova, weil der über die Stücke von Pietro Chiari hergezogen war, die Condulmer bevorzugt aufführte. Damit hatte er die Zuschauer vertrieben und Condulmer geschäftlich geschadet. Angesichts seines Vermögens für Condulmer leicht zu verkraften, doch das mindert seine Rachsucht nicht. Dass er Condulmer früher schon eine Frau ausgespannt hat und dieser Mann einer der Inquisitoren ist, macht die Sache nicht einfacher.

Der *nobile* Mocenigo, Onkel des Senators Bragadin, hasst Casanova, weil der seiner Meinung nach den Neffen in die Kabbala eingeführt hat. Aus Sicht der Inquisition Verleitung zur Ketzerei und darauf steht die Todesstrafe.

Und viele hassen Casanova, weil er an ihnen seine Theorie praktiziert hat: einen Dummkopf zu betrügen sei eines geistreichen Menschen würdig. Geistreich ist Casanova zweifellos.

Am Samstag, dem 25. Juli 1755 kehrt er nach dem frühmorgendlichen Spaziergang an der *Erberia* zu seiner Wohnung an den *Fondamenta Nuove* zurück. Er zieht den Schlüssel heraus. Überflüssig, die Tür steht offen, das Schloss ist aufgebrochen, die Hauswirtin ist außer sich. Der Polizeichef von Venedig mit seinen Häschern war da, hat das Unterste zuoberst gekehrt, angeblich, um einen Koffer mit geschmuggeltem Salz zu suchen. Salz ist hoch besteuert, es zu schmuggeln ein Verbrechen.

Salz hatten sie keines gefunden, was sie gefunden haben, ahnt Casanova. Es ist schlimmer als drei Koffer Salz: Bücher, Briefe, Notizen, Beweise über Beweise.

Casanova versucht zu schlafen. Vergebens. Er steht auf, geht zu seinem Mentor Bragadin, bittet den, ihm dabei zu helfen, Rache am Polizeichef zu üben.

Senator Bragadin zieht sich mit zwei Freunden zurück. Casanova, rät er danach, solle sich nicht rächen, sondern in Sicherheit bringen. Sofort.

Am Sonntagmorgen erwacht Casanova von einem Geräusch. Und sieht über seinem Gesicht das des Polizeichefs.

Sind Sie Giacomo Casanova?

Ich bin Giacomo Casanova.

Dann ziehen Sie sich an, übergeben mir Ihre gesamten Schriften und kommen mit.

Während der Polizeichef die pornographischen und die okkulten Bücher einsackt, die Werke der verbotenen Philosophen, die Korrespondenz und die brisanten Aufzeichnungen, beweist Casanova, der sich selbst einen Wüstling nennt, dass ein Wüstling Stil besitzen kann. Er wäscht sich, rasiert sich, kämmt sich, zieht ein Spitzenhemd und einen schönen Anzug an. Nicht schneller und nicht langsamer als sonst.

Doch er ahnt, wo er landen wird. Im sichersten Gefängnis der Welt: den *Piombi* unter den Bleiplatten im Dachgeschoss des Dogenpalastes.

Wer dort hinkommt, weiß, dass er nicht mehr angehört wird und kein Verfahren erwarten kann.

Er ist der Welt für immer abhanden gekommen.

Weder C. C. noch M. M. werden Casanova jemals wieder sehen. Denn als er neunzehn Jahre später, achtzehn Jahre nach seiner spektakulären Flucht in der Nacht auf Allerheiligen 1756, nach Venedig zurückkehrt, ist M. M. bereits gestorben. Dass C. C. Witwe ist, eine Witwe von fünfunddreißig Jahren mit Geld und Palast, wird Casanova zugetragen. Doch er vermeidet die Begegnung. *In meinem Alter ist eine Ehe nichts als eine Schamlosigkeit*, sagt der Neunundvierzigjährige.

Wahrscheinlich glaubt er sich.

Abb.: Giacomo Casanova (1725–1798), gemalt von Alessandro Longhi
(1733–1813), Sohn des berühmten venezianischen Sittenschilderers
Pietro Longhi. Seine Vorliebe für Spitzen und Pelze ist ebenso unübersehbar wie die Unähnlichkeit mit jenem Casanova, den uns, aus Beweg-
gründen, die Psychoanalytiker beschäftigen mögen, Federico Fellini
andrehen wollte. Fellini bezog sein Bild Casanovas, eher eine Karikatur,
was das unvorteilhafte Äußere anging, von einem Altersporträt, das
Casanova zeigt, als er bereits verbittert sein Gnadenbrot aß. Zu diesem
Zeitpunkt war er Bibliothekar des Grafen Waldstein auf Schloss Dux in
Böhmen, heute Duchcov in Tschechien, von der Jugend verspottet, von
den Frauen ignoriert.

Orte

In welchem Haus der *Calle del Ca' Malipiero*, die früher *Calle della Commedia* hieß, Giacomo Casanova am 2. April 1725 geboren wurde, ist nicht bekannt. Dass Casanova fließend Spanisch sprach, war für Venezianer nicht erstaunlich. Vieles im Dialekt von *Venezia*, das die Venezianer *Venexia* nennen, ist aus dem Spanischen übernommen, jene Vorliebe für den Buchstaben x ebenso wie zahlreiche Vokabeln, zum Beispiel das Wort *calle*. Die *Calle della Commedia* führte von der *Chiesa San Samuele* zum *Teatro San Samuele*.

Die Kirche steht noch, das Theater, in dem Gaetano und Zanetta auftraten und Casanova sich als Geiger verdingte, wurde Ende des 19. Jahrhunderts abgerissen. Sicher ist, dass Casanova in dieser Gasse täglich unterwegs war, bis er mit zwölfeinhalb Jahren Ende November 1737 zum Studium nach Padua zog. Erst 1743, nach dem Tod seiner Großmutter Marzia Farussi, gaben die Casanovas die Wohnung auf.

Abb.: Der *Campo San Samuele* verdankt seinen Namen selbstverständlich der *Chiesa San Samuele*, die dort liegt. In ihr hatte Casanovas Vater eine Sechzehnjährige namens Giovanna Maria Farussi geheiratet, Zanetta gerufen oder, wegen ihres erdbeerförmigen Muttermals, *La Fragoletta*. Gaetano Giuseppe Casanova hatte seine Braut entführt, weil die Schuh-

macherfamilie Farussi dem Schauspielermetier misstraute. In derselben
Kirche wurde Giacomo Casanova getauft und hier versuchte er sechzehn Jahre später, eine Predigt zu halten. Wer sich der Bildungslücke
schämt, keinen heiligen Samuel zu kennen, sei beruhigt. Den Propheten
Samuel wie auch *Moisè,* also Moses, und andere Gestalten des Alten
Testaments heilig zu sprechen, war ein Vorrecht, das die Venezianer sich
nahmen; der Vatikan nickte es ab.

Abb.: Im *Palazzo Malipiero-Barnabò* am *Campo San Samuele* (Hausnum-
mer 3200 und 3201), wohnte der Mäzen des jungen Casanova, Alvise
Gasparo Malipiero (1664–1745), Mitglied einer Familie, die zwei Dogen
gestellt hatte, und Mitglied des Senats der Republik Venedig. Er residierte hier mit seiner Altersliebe Teresa Imer (1723–1797). Casanova
kommentierte das Verhältnis knapp: *Das Mädchen war damals siebzehn
Jahre alt, hübsch, launisch und kokett.* Sie hatte, schrieb er, den *Greis mit
ihren Reizen völlig berauscht.*

Der *Palazzo Bragadin* und sein Besitzer, Matteo Giovanni Bragadin
(1689–1767), gehörten zu den wenigen stabilen Elementen im Leben
des Giacomo Casanova. Der Palast ist nicht schwer zu finden: vom
Campo Santa Marina aus führt die *Calle Scaletta* zur Brücke über den
Rio di San Lio. Von dort aus fällt der Blick direkt auf den *Palazzo
Bragadin.* Als sein Lebensretter durfte Casanova bei Bragadin wohnen

und Kontakte knüpfen. Von 1746 bis 1755 verfügte er hier über einen festen Unterschlupf. Nur wenige Gehminuten nördlich davon befindet sich die Kirche *San Casciano*, die Poststation von Casanova und M. M., nahe an den *Fondamenta Nuove*, wo immer schon die Boote nach Murano ablegten.

Die Grimani, Erbauer und Besitzer des *Palazzo Grimani,* waren eine weit verzweigte Dynastie in Venedig. Jene Grimani, die Mäzene des Theaters und Gönner der Familie Casanova waren, bewohnten den *Palazzo Grimani* bei dem *Campo Santa Maria Formosa*, wo der *Rio di Santa Maria Formosa* in den *Rio di San Severo* mündet. 1743 wohnte Casanova hier kurz bei Gaetano-Alvise Grimani, seinem Vormund (1702–1783). Als Casanova 1782 schriftlich erklärte, er sei ein unehelicher Sohn des Michele Grimani (1697–1755), fielen die Sympathien ihm gegenüber; kurz danach verließ Casanova die Heimatstadt für immer.

Der *Palazzo Martingelli-Mandelli* im *Sestiere Cannaregio*, am *Campo San Marcuola* gelegen, steht noch immer. Er hieß zu Casanovas Zeiten *Palazzo Memmo.* Die drei Brüder Memmo, Andrea (1729–1793), Bernardo (1730–1815) und Lorenzo (geboren 1733, Todesjahr unbekannt), bewunderten Casanovas Frechheit und seinen spielerischen Umgang mit Wissen. Lucia, ihre Mutter, aus der Familie Pisani stammend, fand den Verkehr ihrer Söhne mit Casanova so angemessen wie die Heirat mit einer Kurtisane.

Die *Erberia* zu Füßen der Rialtobrücke existiert bis heute; sie bezeichnet den aufs Vegetarische spezialisierten Teil des Marktes, auf dem die Einheimischen sich nach wie vor versorgen. Wer wie Casanova im Morgengrauen, also zwischen halb sechs und halb acht, dort flaniert, erlebt ein Venedig, das noch bei sich ist und sieht Bilder, wie sie das 18. Jahrhundert schuf.

Abb.: Die *Calle della Gorna*, wo das Haus stand, in dem Casanova ver-
haftet wurde, ist ebenso Vergangenheit wie die *Piombi*, die Bleikammern unter dem Dach des Dogenpalastes, Vorläufer der *Prigioni Nuove*,
der neuen Gefängnisse, die über den *Ponte dei Sospiri*, die Seufzerbrücke, mit dem Dogenpalast verbunden sind und von den Führern
heute fälschlicherweise als das Verließ vorgeführt werden, aus dem
Casanova entkam.

Abb.: Die *Piazza San Moisè* mit der Kirche *San Moisè* ist heute äußerst belebt und war es schon im 18. Jahrhundert. Hundert Schritte von hier entfernt, schreibt Casanova, habe sich der *Casin* befunden, in dem er sich mit M. M. traf. Das Gebäude war bekannt, existiert heute aber nicht mehr. Vom *Teatro San Moisè*, in dem Casanova gerne, auch mit M. M., verkehrte, ist ebenfalls nichts mehr zu sehen, nur die *Calle del Teatro San Moisè* erinnert noch daran. In nächster Nähe befindet sich die Kirche *San Moisè*.

Abb.: Am Colleoni-Denkmal hatte sich Casanova regelmäßig mit M. M. verabredet, um sie in seinem gemieteten *Casin*, ins Theater oder den *Ridotto* zu geleiten. Oder in alles nacheinander in wechselnder Reihenfolge. Für die Betrachtung des Reiterstandbilds, mit dem Andrea Verocchio den Condottiere Bartolomeo Colleoni (1400–1475) verewigt hatte, fanden die Liebenden wohl kaum Zeit.

Die Giudecca, in den Memoiren Casanovas venezianisch *Zuecca* genannt, handelt es sich genau betrachtet nicht um eine Insel, sondern acht kleine, durch Brücken verbundene Inseln. Von der Brücke aus, die über den *Rio dell'Arsenale* führt, ist der kleine *Campo San Biago* bereits zu sehen. Links liegt das *Museo Storico Navale*, das Schifffahrtsmuseum, im rechten Winkel dazu erhebt sich die Fassade der Kirche *San Biagio*. Zu betreten ist die Kirche nicht mehr, denn seit dem frühen 19. Jahrhundert, als im Zuge der Säkularisation auch in Venedig zahlreiche Gotteshäuser umfunktioniert oder abgerissen wurden, waren hier Wohnungen eingebaut worden.

Von der Befestigung *Fort Sant'Andrea*, 1544 errichtet, kurz vor der Nordspitze des Lido, steht nur noch das Sockelgeschoss. Casanovas nächtliche Flucht aus diesem Gefängnis im Jahr 1743 war eine Fingerübung für die Flucht aus den Bleikammern.

Das Benediktinerkloster *San Cipriano* auf Murano, geweiht 1108, in dem Casanova als Seminarist litt, steht nicht mehr; 1837 wurde es abgerissen, nachdem Preußens König Friedrich Wilhelm IV., der von diesen Plänen wusste, dort ein Mosaik des frühen 13. Jahrhunderts ersteigert hatte, das bis heute die Apsis der Friedenskirche im Schlosspark von Sanssouci schmückt.

Der Konvent von *Santa Maria degli Angeli*, nach der Säkularisation als Krankenhaus genutzt, wurde 1832 ebenfalls zum größten Teil abgerissen. Die Klosterkirche nahe den *Fondamenta Sebastiano Venièr* am *Canale degli Angeli* ist erhalten und auch das im Jahr 1529 eröffnete Hospiz.

Der *Campo di San Samuele* und die Gegend rundum, später durch den *Palazzo Grassi* nobilitiert, genoss zu Casanovas Zeiten keinen guten Ruf. *San Samuel, contrada piccola, grande bordel*, schrie man den Leuten, die dort wohnten, nach – «San Samuel, kleiner Stadtteil, großes Bordell».

Das Theater *San Samuele*, in dem Casanovas Mutter auftrat und er selbst Geige spielte, steht seit über einhundert Jahren nicht mehr. Es hatte zwischen dem *Rio del Duca* und der *Calle del Teatro* gelegen, die noch immer existieren.

Die Kirche *San Samuele* mit dem schönen Campanile ist sehenswert, auch wenn sie im Laufe ihrer Geschichte starke Veränderungen hinnehmmen musste.

Thomas Mann & Władysław Moes
Das Changieren des Eros

Die Sonne geht gerade erst auf, als sich am 26. Mai 1911 ein Dampfer der *Österreichischen Lloyd* von Triest kommend Venedig nähert. Alle drängen sich an die Reling, um die Stadt beim Erwachen zu erleben, auch Katia, Thomas und Heinrich Mann. Sie waren schon oft in Venedig gewesen, vor drei Jahren zum letzen Mal, aber da waren sie immer mit der Bahn angereist.

Langsam steuert das Passagierschiff am Südostzipfel der Lagune, am Biennalegelände vorbei und fährt in den *Canale di San Marco* ein, um bei *San Giorgio* vor Anker zu gehen. Diesiges Zwielicht verrätselt Venedig. Die Konturen sind verschleiert. Zwielicht stellt Gewissheiten in Frage. Es ist die richtige Beleuchtung für diese Stadt, die in allem zweideutig ist.

Sie steht und sie schwimmt. Sie kann eine duftende Schönheit sein und ein stinkender Kadaver. Sinnlich ist sie, herzenswarm niemals. In einem Augenblick kann ihr Glanz erlöschen und das Schäbige offensichtlich werden. *Serenissima*, die Heiterste, heißt sie und ist zugleich die Metropole der Melancholie.

Lässt der unvertraute Anblick der vertrauten Stadt Thomas Mann ahnen, dass er in Venedig dieses Mal etwas anderes erleben wird als bisher? Dass auch seine eigenen Gewissheiten in Frage gestellt werden?

Er ist überzeugt, Venedig zu kennen und hier zu Hause zu sein. Sogar Freunden fällt es nicht leicht zu verstehen, dass für ihn Venedig ein Lübeck an der Adria darstellt. Sie sehen die Ähnlichkeiten nicht, die in den Augen von Thomas Mann existieren. Wie kann er dieses hybride Wesen mit dem robusten Charakter Lübecks vergleichen und als seine zweite Vaterstadt bezeichnen? Wo macht er eine Ähnlichkeit aus zwischen der norddeutschen Backsteingotik und der venezianischen Gotik, die soviel Byzanz in sich birgt?

Fünfzehn Jahre ist es her, dass Thomas Mann Venedig auf Anhieb verfallen ist. Er hatte den heimatlichen Geruch des Meeres gewittert und in der gedrungenen Bogenhalle des Dogenpalastes die Arkaden des Lübecker Rathauses wiedererkannt.

Wiedererkennen wollen? Zumindest greift er jeden Hinweis auf, der die Familienähnlichkeit von Lübeck und Venedig für sein Empfinden belegt.

Marzipan hier, Marzipan dort. Johann Georg Niederegger hat es zur Lübecker Spezialität gemacht, doch die Venezianer nehmen die Erfindung des Markusbrotes, des *marci panis*, für sich in Anspruch. Die Rezeptur verdanken sie zwar den Orientalen, doch darin, sich Geraubtes anzueignen, haben sie Übung. Und Thomas Mann erklärt die kulinarische Gemeinsamkeit zur symbolischen.

Venedig ist sein Ort.

Brioni, die istrische Insel, auf der er zuvor Urlaub gemacht hat, ist es nicht.

Zu knochig ihr Leib mit Klippen, die den Weg zum Wasser versperren, zu unbedeutend ihr Charakter, zu harmlos ihr Aussehen. Kurz entschlossen haben die drei Manns den Aufenthalt auf Brioni, wo Thomas vergebens versucht hat, seine dauernden Kopfschmerzen und seine Magendarmprobleme loszuwerden, abgebrochen, um sich von diesem Urlaub jetzt in Venedig zu erholen. In Pola haben sie den Dampfer bestiegen, der über Triest Kurs auf die Lagune nahm.

Doch der Vorgeschmack auf Venedig ist Thomas Mann unterwegs durch einen Fahrgast an Bord vergällt worden, der sich nicht übersehen ließ. Ein verlebter alter Mann in Halbseide, den Schnurrbart gefärbt, die Wangen rosa gepudert, hat sein Rad geschlagen vor den jungen Männern. Katia, Heinrich und alle anderen haben sich über ihn amüsiert. Thomas Mann ist das Amüsement sauer aufgestoßen. Sein neuestes Vorhaben ist eine Erzählung, vielleicht wird es auch ein Roman, über die Liebe des greisen Goethe zu einem Mädchen. Zweiundsiebzig war er, als er der siebzehnjährigen Ulrike von Levetzow 1821 in Marienbad zum ersten Mal begegnete, vierundsiebzig war er, neunzehn sie, als Großherzog Karl August in Goethes Namen Ulrike einen Heiratsantrag machte. Sie lehnte ab.

Eine heikle Geschichte. Das Genie, das sich der Lächerlichkeit preisgibt. Die Geistesgröße, die sich selbst erniedrigt. Der Vergötterte als Opfer seiner Triebe. Für Thomas Mann, Vater von vier Kindern, Bildungsbürger mit soldatischer Disziplin, seit sechs Jahren verheiratet mit der Tochter eines Mathematikprofessors aus dem gesellschaftlich wichtigsten Haus Münchens, ist es eine abschreckende Vision.

Wie der Lüstling an Bord auf Jungmännerhintern gaffte, hat Thomas Mann, ganz in Gedanken an Goethes Fehltritt, angewidert. Doch eigentlich passt dieser geschminkte Greis zu Venedig, der schillernden Amphibie, die schillernde Erscheinungen anzieht.

Seit Hunderten von Jahren darf in dieser Stadt die Liebe in allen Regenbogenfarben changieren.

Die zweideutige Aura der *Serenissima* befreit die Menschen aus der Zwangsjacke des Eindeutigen.

1433 hatte der Rat der Stadt bereits einen Erlass gegen Transvestiten für nötig befunden, weil am helllichten Tage Männer in Frauenkleidern herumliefen. Die Geldstrafe, die erhoben wurde, war allerdings so niedrig, dass sie kaum einen davon abhielt, gegen das Verbot zu verstoßen. Die umgekehrte Spielart war ebenso beliebt und ebenso wenig zu unterdrücken. Kurtisanen und einfache Dirnen zogen sich Männerkleider an, um Kunden anzulocken, die sich nach keinem weiblichen Körper verzehrten. Ein lateinischer Erlass untersagte 1480 solche Praktiken. Nicht, dass er abschreckend gewirkt hätte, denn fast hundert Jahre später, nach dem Tode Tizians, erging ein neues Gesetz, das den käuflichen Damen verbot, *vestite da homo* mit der Gondel durch die Stadt zu fahren.

Von jeher zeigten die Venezianer Verständnis für alle Bedürfnisse der Liebe. Früh schon hatten sie für den sexuellen

Notstand der Seeleute eine Lösung gefunden, die sich als *fantoino da palpo*, als Knabe zum Befingern, auf den Gehaltslisten der großen Schiffe findet. Nie hat sich irgendwer darüber erregt, wenn sich in den Barbierstuben Männer zu intimen Treffen verabredeten.

In Venedig ist alles erlaubt, was das Gesetz, die Sitte und die Konvention verbieten.

Dass Albrecht Dürer sich hier so wohl fühlte beim ersten Besuch, als Dreiundzwanzigjähriger, frisch verheiratet, aber alleinreisend, ebenso wie beim zweiten, als anerkannter Künstler von Mitte dreißig, mag auch damit zu tun gehabt haben. Hier lästerte keiner über sein langes, mit der Brennschere gekräuseltes, in der Mitte gescheiteltes Haar und seine Art sich zu kleiden, die seine Geschlechtsgenossen daheim als geckenhaft verspotteten. Jene Zeichnung, auf der er sich selbst splitternackt zeigt, detailgenau bis in die intimen Regionen, hätte er in Venedig ungestraft vorzeigen können. Aus Venedig schrieb Dürer seinem ältesten und engsten Freund Willibald Pirckheimer Briefe, die so ungeniert sind, wie er sich in dieser Umgebung gefühlt haben musste.

O, wen jr hy wert, was wurd Jr hübscher welscher Lantzknecht finden!

Offenbar suchte Pirckheimer danach. Dürer warf dem Nürnberger Freund zwar in einem anderen Brief vor, *Ihr schtinkt von Huren, dass ich Euch schmeck*, doch auch wenn ihm aus der Ferne der Geruch von des feinen Pirckheimers weniger feinen Damenkontakten in die Nase stieg, teilte der kinderlose Maler mit dem humanistisch gebildeten Patrizier andere Vorlieben. Warum sonst hätte Pirckheimer auf eine Zeichnung des Freundes, vorsichtshalber in Griechisch, eine Anweisung zum analen Verkehr gekritzelt? *Seine Neigung trieb ihn zur Malerei* steht unter *Dürer* in Meyers Konversationslexikon aus dem Jahr 1886, das sich in der Bibliothek von Thomas Mann befindet.

Den Begriff der Sublimation konnte der Verfasser noch nicht kennen. Thomas Mann kennt ihn. Doch er hat es sich bisher nicht erlaubt, darüber nachzudenken, ob seine Neigung ihn dazu trieb, Schriftsteller zu werden. In jungen Jahren schon hat er sich das gegeben, was er selbst *eine Verfassung* nennt, einen Verhaltenskodex, der ihm verbietet, was der Bruder praktiziert: seine Gelüste auszuleben. Heinrich macht aus seinen Ausschweifungen, aus seinen Exkursionen durch die Freudenhäuser, durch die Betten bezahlter und verheirateter Damen kein Geheimnis, er macht daraus Romane und Dramen.

Auf Heinrichs Werk *Jagd nach Liebe* hatte Thomas ungnädig reagiert. *Diese schlaffe Brust in Permanenz, dieser fortwährende Fleischgeruch ermüden, widern an. Es ist zu viel, zu viel Schenkel, Brüste, Lende, Wade, Fleisch und man begreift nicht, wie Du jeden Morgen wieder davon anfangen mochtest, nachdem doch gestern bereits ein normaler, ein triadischer und ein Päderasten-Aktus stattgefunden hat.* Um keine Missverständnisse aufkommen zu lassen, wozu sich der Bruder mit einem solchen Machwerk herabwürdigte, schloss er: *… nur Affen und andere Südländer können die Moral überhaupt ignorieren.*

Warum erklärt Thomas Mann dann Venedig zu seiner Stadt? Er muss wissen, dass sie zu Recht den Ruf genießt, die Wünsche derjenigen zu achten, die anderswo als *Urninge* oder *Sodomiten* verunglimpft werden oder, wie erst vor ein paar Jahren, vom Wiener Mediziner Moritz Benedikt, als *schweinische Schweine*, die nur eine Kastration retten könne. Wenngleich in Berlin Sexualkundler wie Magnus Hirschfeld und Iwan Bloch mit wachsendem Erfolg gegen den Paragraphen 175 des deutschen Strafgesetzbuches ankämpfen, der seit 1900 die *widernatürliche Unzucht zwischen Personen männlichen Geschlechts* mit bis zu fünf Jahren Gefängnis ahndet, verrät der venezianische Sprachgebrauch, dass viele es vorziehen, in Venedig ihre Bedürfnisse zu stillen. *Berolinese*, Berliner, nennen sie die homosexuellen Gäste, auch wenn sie aus England kommen oder aus Paris.

Thomas Mann weiß, dass seine Stadt immer schon die der Homophilen war, auch die des männerliebenden August von Platen. Keinen Lyriker liebt er mehr, um die fünfzig Gedichte Platens kann Thomas Mann auswendig hersagen, nicht nur die

Venezianischen Sonette. Er kennt Platens Tagebücher, in denen der Dichter seine sexuellen Wünsche entblößt. Ob Platen das tat, weil Heinrich Heine die Männerliebe des Kollegen hinausposaunt hatte oder weil er dem Druck seines unterdrückten Begehrens nicht mehr standhielt, ist unwesentlich. Hier in Venedig jedenfalls hatte er sich verstanden gefühlt. Erotisch und ästhetisch.

Was Platen ermunterte, in Venedig seine Sehnsüchte auszuleben, war das wache Bewusstsein der Endlichkeit, dem hier keiner entkommt. In Venedig ist der Tod allgegenwärtig. Der Untergang droht und lockt an jeder Stelle.

Das macht Lust, die verbleibende Zeit zu nutzen. Das nimmt die Hemmungen, seine Bedürfnisse einzugestehen. *Carpe diem*, raunen die Kanäle.

Auf dieser Reise ist der Tod von Anfang an Thomas Manns ständiger Begleiter. Er reist bereits an mit dem Tod im Gepäck.

Zu Beginn seines Maiurlaubs auf Brioni hat ihn die Nachricht erreicht, Gustav Mahler sei mit nicht einmal einundfünfzig Jahren am 18. Mai in Wien gestorben. Sie trifft Thomas Mann tief, seine Frau weiß das.

Im letzten September, bei der Uraufführung von Mahlers Achter Sinfonie in München, hatte er ihn persönlich kennengelernt. Vermittelt hatte die Bekanntschaft Katias Zwillingsbruder Klaus Pringsheim, ein Mann, der Männer liebt; mit Mahler ist Klaus schon seit 1906 befreundet, als er an der Wiener Oper eine Stelle als Korrepetitor angetreten hatte. Zum ersten Mal in seinem Dasein, hatte Thomas Mann danach gestanden, sei er von dem Gefühl erfasst worden, einem bedeutenden Menschen begegnet zu sein. Es ist jedoch nicht allein dieser Tod eines doch weitgehend Fremden, ein anderer Tod begegnet ihm hier auf Schritt und Tritt.

Bei seinen beiden letzten Aufenthalten in Venedig 1907 und 1908 waren nicht nur Katia und Heinrich mit von der Partie, sondern auch Carla Mann, von Thomas wie Heinrich zur Lieblingsschwester erkoren. Von Heinrich, weil sie ihm so ähnlich, von Thomas, weil sie ihm so unähnlich ist. Eine Schauspielerin ohne großen Erfolg, aber mit großer Leidenschaft für ein Leben außerhalb der bürgerlichen Ordnung.

Stellt sich Thomas Mann vor, wie Carla neben ihm über den Markusplatz promeniert und im *Caffè Florian* ihr Erdbeereis löffelt? Eine Frau, die sich auch im Alltag inszeniert mit Zigarettenspitze, bühnenreifen Hüten und Gewändern, eine Frau, die Lust daran hat, aufzufallen, eine Frau, die ihre Traurigkeit mit Rouge überschminkt und ihre Abgründe mit Koketterie zudeckt.

Eine Frau wie Venedig.

Genau ein Jahr ist es her, dass Carla in München in einem Stück aufgetreten war, das *Totentanz* hieß. Im oberbayrischen Polling, wo sie bei der Mutter im Schweighartschen Hof wohnte, verschwieg sie das.

Die Idylle will nichts mit Dekadenz zu tun haben.

Zwei Monate später kam in jener Idylle Carlas Verlobter an, Arthur Gibo. Ein Schwiegersohn, wie ihn Mütter sich wünschen, junger Industrieller mit gutem Aussehen und strengen Ehrbegriffen. Anonyme Briefschreiber hatten ihn wissen lassen, seine Braut sei fremd gegangen mit einem provinziellen Lebemann und Weiberhelden, dessen behaarte Hände den Männern, denen er die Frauen raubt, Hinweis genug sind auf sein animalisches Wesen. Die Briefe kamen Gibos Eltern im Elsass gerade recht, denn dass ihr Sohn eine Deutsche heiraten wollte, und dann noch eine mit diesem anrüchigen Beruf, entsetzte sie.

Der Streit war in Polling sofort losgebrochen. Als er Funken schlug, war Carla in ihr Zimmer gerannt und hatte die Tür abgeschlossen. Auf der Chaiselongue hatte sie gelegen, als die Türe aufgebrochen wurde, im weißen Kleid, dunkelblaue Flecken auf den Händen und im Gesicht. Erstickungstod durch eine Überdosis Cyansäure mit achtundzwanzig Jahren.

Als Thomas, Katia und Heinrich Mann vor *San Giorgio* in eine

Gondel umsteigen und auf den Lido zufahren, sitzt Carla mit ihnen im Boot. Vor vier Jahren und vor drei Jahren erneut haben die Manns ebenfalls dort draußen übernachtet, im *Grand Hotel Lido*, nah an der Anlegestelle der Boote. Der Luft, des Sandstrands, des Meeres wegen. Als der *ganzer* an der *Piazza Santa Maria Elisabetta* den Fahrgästen mit seinem Enterhaken, dem *gancio,* beim Aussteigen aus der Gondel hilft, kann Thomas Mann das *Grand Hotel* rechter Hand nicht übersehen.

Carla ist da.

Hat Thomas Mann versucht, dem Gedanken an die Schwester, dem Gedanken an den Tod zu entkommen, indem er dieses Mal Zimmer in einem anderen Haus, auf der gegenüberliegenden Seite der Insel, gebucht hat, im *Grand Hotel Des Bains?* Oder hat er das nur deshalb getan, weil er mit dem *Grand Hotel Lido* unzufrieden war, dieser *anspruchsvollen Spelunke?*

Carla lässt sich nicht abschütteln. Sie wandert neben ihrem Bruder, hinter dem Wagen mit den Koffern drein, die Hauptallee entlang zum Bäderhotel.

Als *zart, gefährdet, heikel* beschreibt Thomas Mann die Schwester, *als kleines Kind schon dem Tode nah. Ein makabrer Ästhetizismus* sei um sie gewesen.

Eine Frau wie Venedig.

Das *Hotel Des Bains* empfängt die Reisenden mit einer Gediegenheit, die jeden beruhigt. Die Welt ist in Ordnung. Parkett, Perser, Jugendstilverglasungen, Boisserien und Draperien. Das Personal perfekt organisiert, der Tagesablauf perfekt strukturiert. Alles gibt es hier, von der Bibliothek bis zum Frisiersalon. Die Kinder sind wohlerzogen, Gespräche werden mit gedämpfter Stimme geführt.

Die Zeremonien des *Hotel Des Bains* sind auf die Minute genau festgelegt.

Pünktlich versammeln sich die Hotelgäste abends in der Halle, nicht in Urlaubskleidung, sondern in Abendgarderobe. Dunkler Anzug, gedeckte Krawatte oder Fliege, die Damen in Bodenlangem, geklöppelte Handschuhe, Colliers.

Der richtige Rahmen für einen Mann, der sich eine Verfassung gegeben hat.

Das Glas mit dem Aperitif in der Hand, warten alle, bis der Gongschlag ihnen erlaubt, den Speisesaal zu betreten.

Thomas Mann schaut sich um. Ganz in seiner Nähe stehen drei Mädchen in hochgeschlossenen Kleidern, zwischen ihnen ein Junge von vielleicht elf Jahren in einem Matrosenanzug mit weißem Leinwandkragen, langen, bauschigen Ärmeln, die am Handgelenk schmal zulaufen. Genau das trägt ein Junge namens Johnny Bishop, den Thomas Mann sehr genau kennt, seine Frau Katia ebenfalls. Letzten Dezember, als er zu Hause, in München, seine neueste Erzählung *Wie Jappe und Do Escobar sich prügelten* vorlas, hat er ihr darin den Knaben vorgestellt. Der Johnny in dieser Geschichte sieht anders aus, *ein kleiner magerer Amor, mit einem hübschen blond- und weichlockigen englischen Kopf.* Dieser Junge hier hat einen haselnussbraunen Pagenkopf und ist nicht rundlich, aber wohlgenährt. Trotzdem, als Amor taugte er. Oder wäre Eros treffender?

Dieses Marmorgesicht mit gemeißelter Nase, diese glatten langen Wangen, dieses Ebenmaß ohne den geringsten Makel, dann diese Oberlippe, stark geschwungen, und dieser Blick. Es kann kein Wissender sein. Was ist es dann, das Thomas Manns Aufmerksamkeit bannt?

Ein zugehöriger Vater ist nicht auszumachen. Und die deftige Frau? Das kann keinesfalls die Mutter sein.

Der Gong tönt. Die Flügeltüren zum Speisesaal öffnen sich. Kleine, weiß gedeckte Tische, leichte Stühle mit geflochtenen Lehnen unter weißem Stuck und Muranolüstern. Thomas Mann setzt sich so, dass er den Tisch am Fenster im Blick hat, an dem die Kinder mit dem Kindermädchen Platz nehmen.

Er kann beobachten wie sie, nachdem der erste Gang bereits gegessen ist, alle aufstehen, zur Tür schauen, sieht die Frau mit weißer Stehkragenbluse unter dunklem Kleid, Perlen an den Ohren, das aschblonde Haar hochgesteckt, auf die fünf zugehen.

Was sprechen sie? Polnisch? Ja, Polnisch.

Katia entgeht es nicht, dass ihr Mann den Jungen nicht mehr aus den Augen lässt, auch nicht am nächsten Tag. Beim Frühstück, beim Kaffee auf der Terrasse zum Park hinaus, in den Korbsesseln auf der Veranda an der Straßenseite oder am Strand.

Thomas Mann erkundigt sich nicht, wie die Familie heißt. Wozu?

Vermutlich wäre es enttäuschend für ihn, erführe er, dass der Kleine mit Nachnamen Moes heißt. So darf doch ein derart schönes Kind nicht heißen. Es raubte ihm auch Illusionen, wüsste er, dass die Vorfahren des kleinen Eros aus Westfalen stammen, in Ostpolen eine Textilfabrik aufbauten und dass sein Vater zwei Unternehmen zur Papierherstellung betreibt. Es nähme sogar etwas von der Aura des Kindes, wenn irgendwer dem Schriftsteller verriete, dass es ein Loch in der Lunge hat und nur deswegen hier ist; ein Wiener Pulmologe hat ihm Seeluft verordnet und für die Polen der Habsburger Monarchie ist da die Adria, Österreichs Mittelmeerküste, ein nahe liegendes Ziel.

Thomas Mann genügt es zu hören, wie die Schwestern, das Kindermädchen, die Mutter seinen Eros rufen. Es hört sich an wie Adschu. Auch da wäre das Wissen ernüchternd. Adzio nennen sie ihn, weil er eigentlich Władysław heißt, was sich schlecht rufen lässt.

Adschu: wer den Namen so ausspricht, schürzt die Lippen wie zum Küssen. Adschu ist Liebkosung. Władysław ist Erziehung.

Gut auch, dass Thomas Mann nicht versteht, was die Mutter ihrem Sohn sagt. *Ja, du bist hübsch, aber dafür kannst du nichts. Also solltest du dir auch nichts darauf einbilden.*

Ihn aus der Entfernung zu beobachten, lässt den Phantasien Raum, sich zu entfalten, changierend zwischen Lust und Angst und Angstlust und Lustangst.

Thomas Mann schaut zu, wie Adzio mit seinem Spielkameraden, ebenfalls ein polnisches Kind, wohl gleich alt, aber gröber und dunkler, Sandburgen baut. Jas heißt der Freund, Jaschu hört der Voyeur. Er weiß nicht, dass Jasio der Vokativ des Namens ist, er hört nur dieses Adschu und Jaschu, sieht, wie sich die beiden jeden Tag mehrmals im Ringkampf umschlingen, Körper an Körper, bis einer auf dem Rücken im Sand liegt und der andere neben ihn sinkt. *Die zwei Freunde Johnny und Brattström lagen vollständig nackt auf dem Rücken.* Nein, das waren nicht Johnny Bishop und sein Freund und sie waren nicht nackt. Oder doch?

In den Wassern der Kanäle spiegelt sich Venedig zuweilen so klar, dass auf einer Wiedergabe kaum zu sagen wäre, was die Wirklichkeit und was ihr Abbild ist.

Die Manns haben, wie alle Gäste des *Hotel Des Bains*, am Strand eine *Capanna* gemietet, eine dieser Hütten aus weiß lackiertem Holz mit einem kleinen Raum zum Umziehen, einem größeren, um im Schatten einen Mittagsimbiss zu nehmen oder auch Freunde und Bekannte zu empfangen, und einem Vordach, in dessen Schatten Thomas Mann liest, schreibt und die Blicke schweifen lässt.

Auf dem gewalzten Kiesplatz hinter dem Hotelpark, an der meerabgewandten Seite, steht die Hitze. Trotzdem setzt sich Thomas Mann an den Rand des Platzes, wenn Adzio spielt. Die Sportkleidung, weiß und frisch, gibt Kindern etwas Leckeres, wie ein *Petit four* auf weißem Tortenpapier.

Thomas Mann versucht, bei seinen Beobachtungen nicht aufdringlich zu wirken. Dass sich viele Gäste oft den ganzen Tag nicht vom Hotelgelände entfernen, begünstigt zufällige Begegnungen. Die Tagesrhythmen schwingen bei den meisten ähnlich. Die Wege kreuzen sich beim Frühstück, beim Baden, beim Tee im Café des *Gran Stabilimento Bagni*, einer Eisenkonstruktion, die ins Wasser der Lagune hinausgebaut ist, wo die Fremden auf Bugholzstühlen sitzen, Tee trinken oder den beworbenen *Aperitivo select*.

Thomas Mann hält sich zurück. Heinrich ist meistens dabei, Heinrich, der Zurückhaltung so albern findet wie die Regeln bürgerlicher Moral. Erst vor Kurzem hat er seine langjährige uneheliche Affäre mit der zwölf Jahre jüngeren Deutsch-Argentinierin Inès Schmied beendet, nicht etwa, weil seine Schwester Lula und deren Mann, der Bankier Josef Löhr, ihn deshalb ausgesperrt haben aus ihrem Haus, sondern weil er etwas Neues brauchte.

Doch es gibt jemanden, dem es nicht entgehen kann, wohin die Blicke von Thomas Mann wandern. Eine achtundzwanzigjährige Frau, die erste, die in München Abitur gemacht und eine Sondergenehmigung erhalten hatte, Mathematik, Experimentalphysik und Philosophie zu hören an der Ludwig-Maximilians-Universität, eine Persönlichkeit, die in den Salons von Lenbach, Stuck, Kaulbach und Richard Strauss eine ebenso gute Figur macht wie auf dem Tennisplatz. Seit gut sechs Jahren ist sie Frau Katia Mann.

Widerstrebend hatte sie mit einundzwanzig ihre Freiheit aufgegeben für den Schriftsteller, den der Vater nicht als Schwiegersohn wollte; an der Literatur war er weniger interessiert als an Wissenschaft, Malerei und Musik. Vielleicht hatte sie Ja gesagt, weil die Briefe des Verehrers sie überrannt haben, Liebesbriefe, wie sie wohl wenige Frauen bekommen.

Katia ist klug. Ihre eigene Beziehung zum Zwillingsbruder Klaus galt, wie die ihres Schwagers Heinrich Mann zur Schwester Carla, den Augen Außenstehender als gefährlich intim. Und sie weiß mittlerweile, dass sie sich auf die Disziplin ihres Mannes verlassen kann, nicht nur, was die Arbeit angeht.

Sie weiß, dass er dem Jungen nicht hinterdrein hecheln wird. Bei den Ausflügen der Manns hinüber nach *San Marco* gilt sein Interesse wie üblich anderen Gestalten, Wagner vor allem. Nicht nur am *Palazzo Vendramin Calergi*, in dem er starb, lässt sich Thomas Mann vorbeirudern, vor allem der *Palazzo Giustiniani*, in dem Wagner den zweiten Akt zu Tristan und Isolde schrieb, ist für ihn ein Ort der Andacht. Den liebe er am meisten, sagt er.

Tristan heißt eines von Platens Gedichten, das Thomas Mann auswendig kann, dessen zwei Anfangszeilen er für die *Ur- und Grundformel alles Ästhetizismus* hält: *Wer die Schönheit angeschaut mit Augen / Ist dem Tode schon anheimgegeben.*

Dem kleinen Tod, dem *petit mort* im Liebesrausch, oder dem großen?

Der Eros changiert und Thomas Mann ändert seine Pläne. Nicht Goethes Leidenschaft für die viel zu junge Ulrike, nicht Goethes Verstoß gegen die Sitte, sein eigener soll Thema der nächsten Geschichte werden, obwohl jener Verstoß nur in Gedanken stattfindet, obwohl er mit niemandem darüber spricht, was er fühlt, wenn er im Licht der hohen Bogenlampen vor dem *Hotel Des Bains* abends noch einmal zufällig Adzio begegnet.

Ob Katia die Zeichnung sieht, die er auf die Rückseite eines Manuskriptblattes kritzelt? Ein ungeschicktes Knabenporträt im Profil. Wiedererkennbar nur das kinnlange Haar und der Matrosenanzug.

Ob Katia ihm zu- oder abrät, ausgerechnet diese Erzählung zu schreiben?

Der Kleine scheint das Interesse dieses immer formell gekleideten Mannes mit Oberlippenbart nicht wahrzunehmen, und doch führt er sich auf wie ein Star, launisch, verwöhnt, eitel. Daran kann die Mutter ihn nicht hindern.

Die Händler, die aus ihren Karren heraus auf dem Lido Obst verkaufen, umschmeichelt er so lange, bis sie ihn mit einem Pfirsich, einer Pflaume oder ein paar Beeren bedenken. Tun sie, als nähmen sie ihn nicht wahr, wird er wütend, stampft auf, schreit *Cattivo! Cattivo!* – Böse! Böse! Er luchst der Kinderfrau die Erlaubnis ab, mit den Fischern in der Morgen- oder Abenddämmerung zum Fang hinaus aufs Meer zu fahren, er umgarnt die Hotelangestellten und bekommt so gut wie immer, was er will. Willig lässt er sich streicheln, küssen, umarmen, trösten. Und er weiß jetzt schon, sich in Szene zu setzen.

Sämtliche Gäste sitzen bereits beim Abendessen im Speisesaal, nur Adzios Stuhl bleibt leer. Da öffnet sich die Tür und er kommt herein. Nicht gegangen, nein stolziert, den Kopf gereckt. Er wirft seine Beine, damit jeder sieht, wie seine teuren neuen Schuhe glänzen, und auch ohne dass es Thomas Mann versteht, was er am Tisch seine Gouvernante fragt, ahnt er es wohl. *Haben mich alle mit diesen neuen Schuhen gesehen?*, will Adzio wissen.

Welche Fragen sich Thomas Mann stellt, können Heinrich und Katia nur mutmaßen. Vielleicht rechnen sie bereits damit, das zu erfahren, wenn die Geschichte, an der er nun arbeitet, fertig sein wird. Immer schon hat er seine eigenen, privaten, oft intimen Erlebnisse eingebracht in seine Werke, ob im *Tonio Kröger* oder in dieser Episode mit Johnny Bishop am Strand von Travemünde. Selbst wenn es ihm Ärger beschert wie im Fall der *Buddenbrooks*, den Verlust von Freundschaften, den Bruch mit Verwandten, sogar die Androhung gerichtlicher Verfolgung provoziert, kann ihn nichts davon abhalten, die wirklichen Welten und Gestalten changieren zu lassen mit den erdachten.

In dem Punkt ist er seinem Bruder Heinrich ähnlich, der gerade an einem Drama schreibt, *Die Schauspielerin*. Sie heißt im Stück zwar Leonie, doch nicht erst ihr Ende macht jedem halbwegs Eingeweihten klar, dass Carla gemeint ist.

Wohin die Geschichte mit Adzio driften wird, vermag nach ein paar Tagen keiner zu sagen. Doch wie so oft in Venedig changiert das Vergnügen mit der Gefahr. Gerüchte verdichten sich, je lauter die offiziellen Stellen dementieren, dass etwas dran sei. Die Verlautbarungen, die an den Hausmauern in Venedig kleben, sind Entwarnungen, die Berichte in den örtlichen Zeitungen von der *Gazetta di Venezia* bis zu *L'Adriatico* stellen alles in Abrede. Offenbar seien manche neidisch auf die Umsätze des italienischen Fremdenverkehrs. Thomas Mann beschafft sich im *Caffè Florian* am Markusplatz oder im *Caffè Giacomuzzi* in der *Calle Vallaresso*, beide traditionell mit den meisten fremdsprachigen Zeitungen bestückt, Nachrichten aus Deutschland und Österreich. Sie lesen sich bedrohlich. Vom Süden des Landes her breite sich die Cholera aus und angeblich hat sie Venedig bereits erreicht.

An der Rezeption, wo selbst das System des Bäderhotels zusammenzubrechen droht, will er unter den vielen, die beschlossen haben, sofort den Urlaub abzubrechen, noch einmal Adzio sehen. Doch zu diesem Zeitpunkt lebt der Elfjährige ohnehin bereits in der Phantasie Thomas Manns, der ihn verändert, ihn drei Jahre älter, seine Gestalt zarter, sein Lächeln lasziver macht.

Am 2. Mai verlassen Katia, Heinrich und Thomas Mann das Hotel, den Lido, die Stadt.

1912 erscheint beim S. Fischer-Verlag in Frankfurt Thomas Manns Novelle *Der Tod in Venedig*. Sie wird sofort zu einem Verkaufserfolg, nicht allein in Deutschland, in fast allen Ländern Europas.

1924 wird Władysław Moes die mittlerweile auch ins Polnische übersetzte Novelle von einer seiner Cousinen vorgelesen. Nein, er hatte von den Blicken dieses Beobachters nichts bemerkt, dennoch, die Ähnlichkeiten sind unleugbar. Er ist nun vierundzwanzig, doch sein Wesen ist gleich geblieben: Adzio fühlt sich geschmeichelt. Die Zweideutigkeiten stören ihn nicht, der Stolz, von einem derart berühmten Schriftsteller begehrt und zum Helden eines Bestsellers erhoben worden zu sein, überwiegt jegliche Bedenken.

Erst einundzwanzig Jahre nach jenem ungewollt kurzen Aufenthalt auf dem Lido wird Thomas Mann in einem Brief über seine Liebe zu jener zweiten Vaterstadt sprechen und gestehen: *Zweideutig ist wirklich das bescheidenste Beiwort, das man ihr geben kann … aber es passt in all seinen Bedeutungslagen ganz wunderbar auf sie.*

Abb.: Tadzios Modell Władysław Moes (1900–1986). *Er ist ihm nicht durch ganz Venedig nachgestiegen, das nicht, aber der Junge hat ihn fasziniert und er dachte öfters an ihn,* heißt es in Katia Manns *Ungeschriebenen Memoiren.* Thomas Mann bekannte sich auch indirekt zu seiner Leidenschaft für Władysław.

1965 erschien in der Münchner Zeitschrift *twen* ein Interview, das Andrzej Dolegowski, der Thomas Manns Werke ins Polnische übersetzte, mit Władysław Moes geführt hatte. Dołęgowski war in der Familienchronik von Moes, der damals in Warschau lebte, auf Notizen über einen überstürzten Aufbruch aus Venedig im Frühsommer 1911 wegen der ersten Anzeichen einer Cholera-Epidemie gestoßen. 1964 hatte er dann den 68-jährigen Baron Moes in Warschau ausfindig gemacht. Dietmar Grieser erfuhr 1977, dass ein Wiener Facharzt der Mutter Moes geraten hatte, ihren Sohn einer Luftveränderung auszusetzen.

Der englische Publizist und Romanautor Gilbert Adair, der die Geschichte des Tadzio-Vorbildes aufarbeitete, geht nur von einem unrichtigen Faktum aus: er behauptet, Thomas Mann sei zum Zeitpunkt jener Venedigreise kinderlos gewesen.

Abb. S. 69: Thomas Mann (1875–1955) mit sechsunddreißig Jahren, also in jenem Alter, in dem er Adzios Reizen verfiel; ganz und gar der Mann, der sich *eine Verfassung* gegeben hat. In seinen Arbeitsnotizen zum *Tod in Venedig* steht: *Amor macht das Reine und Intellektuelle sichtbar durch junge Leute.* Ob Adzio als rein zu bezeichnen war, erscheint fraglich, als intellektuell war er mit knapp elf Jahren bestimmt noch nicht zu bezeichnen.

Mann selbst hielt auch fest, dass er jenes Thema, das nun im Jahr 2008 Martin Walser bearbeitet hat, zugunsten von Adzios Geschichte zurückstellte. *Ich hatte ursprünglich nichts Geringeres geplant als die Geschichte von Goethe's letzter Liebe zu erzählen, der Liebe des Siebzigjährigen zu jenem kleinen Mädchen, die er durchaus noch heiraten wollte, was aber sie und ihre Angehörigen nicht wollten, – eine böse, schöne, groteske, erschütternde Geschichte, die ich vielleicht trotzdem noch einmal erzähle, aus der aber vorderhand einmal der* Tod in Venedig *geworden ist.* So steht es in seinen Notizbüchern.

Orte

Abb. S. 70: Das *Grand Hotel Des Bains*, am 5. Juli 1900 eröffnet, war zwar nicht so groß wie der maurische Hotelpalast des *Excelsior,* der 1908 aufgemacht wurde und damals über 400 Zimmer verfügte, aber das Bäderhotel galt und gilt bis heute, auch wenn es sich im Besitz der Sheraton-Gruppe befindet, als das feinere.

Die Halle, das Treppenhaus und die Restauranträumlichkeiten sind noch weitgehend so erhalten, wie Thomas Mann sie sah. In der Mitte der Festsaal, eine große Halle, links daneben die Rezeption, rechts das Restaurant, bei Thomas Mann Buffetzimmer genannt, zwischen der Halle und dem Speisesaal gelegen. *Hotel Des Bains,* Lungomare Marconi 17, FON 041/526 59 21. www.sheraton.com/desbains

Die vollständig mit Holz ausgekleidete zentrale Halle im Erdgeschoss des Grandhotels, heute als Visconti-Saal bezeichnet, vermittelt noch immer die Atmosphäre, die Thomas Mann am *Des Bains* begeistert

hat. Nicht alle Literaten verfielen diesem Charisma: Rilke schmähte die Luxushotels auf dem Lido als *übertriebene und stupide Häuser.*

Die Anlegestelle bei der *Piazza Santa Maria Elisabetta* auf dem Lido, am Westufer der Insel gelegen, ist nach wie vor in Betrieb, doch längst werden die Gäste der teuren Hotels mit eleganten Motorbooten und einer Besatzung, die filmreif aussieht und sich auch so benimmt, am Bahnhof oder am Flughafen abgeholt und auf direktem Weg hierher gebracht.

Die Hauptallee, die von der Bootsanlegestelle quer über die Insel ans östliche Ufer zur adriatischen Küste führt, hat viel von ihrer Schönheit eingebüßt. Die Straßenbahn verkehrt hier nicht mehr, der Transport zum und vom *Hotel Des Bains* wird von kleinen Bussen erledigt. Thomas Manns Verehrer werden die Strecke dennoch, das Gepäck im Van wissend, zu Fuß zurücklegen.

Das *Grand Hotel Des Bains* warb zu Thomas Manns Zeiten mit seinem hohen technischen Standard: vier Personenaufzüge, elektrische Beleuchtung und Telefon. Es hatte viele Stammgäste wie Sergej Diaghilew, der in diesem Haus im fünften Stock 1929 starb und auf der Friedhofsinsel *San Michele* begraben liegt.
    Die Kirschholzmöbel, die in den hellen, luftigen Zimmern stehen,

sind großenteils nicht mehr die ursprünglichen, doch trotz Teppichboden und anderen Anonymisierungen hat das Haus sein Charisma bewahren können. Die Klientel allerdings hält sich nicht mehr an die Etikette und würde teilweise eher an die einschlägig bekannten Strände Mallorcas passen.

Das nur Hausgästen zugängliche Strandbad des *Hotel Des Bains* hat seine Poesie erhalten, die nur unter der Prosa der Preise zusammenbricht. Nach wie vor sind die Sandstrände des Lido, das flache, für Kinder geeignete, ziemlich saubere Meer eine Attraktion. Doch leider ist nichts mehr erhalten vom *Grande Stabilimento Bagni*, dem Großen Bade-Etablissement mit 600 Kabinen für Damen und Herren, 1853 erbaut und damals die größte Badeanstalt Italiens. Von der Aussichtsterrasse, wo die Gäste eine *Granita* durch Strohhalme saugten, ist ebenfalls nichts mehr zu sehen. Nach wie vor können sich die Gäste theoretisch eine *Capanna* auf dem hoteleigenen Strand mieten, praktisch sind die kleinen Badehäuser jedoch über Generationen hinweg an Venezianer vergeben, vor allem an Damen aus altem Adel. Auch die Preise der *Capanne* muten eher prosaisch als poetisch an: Wer für zwei Monate eine Hütte in der ersten Reihe mieten möchte, muss 5000 Euro hinblättern. *Hotel Des Bains*, Lungomare Marconi 17, Lido di Venezia, FON 041/522 64 80. www.sheraton.com/desbains

Das *Grand Hotel Lido*, an der Gran Viale 5 gelegen, ganz in der Nähe der Piazza Santa Maria Elisabetta, wo nach wie vor die Boote anlegen, nennt sich heute *Hotel Riviera*. Zweimal, 1907 und 1908, hat Thomas Mann hier mit Bruder Heinrich und Schwester Carla übernachtet. *Hotel Riviera*, Gran Viale 5, FON 041/52 6004 31.

Der Tod auf Schritt und Tritt: Den *Palazzo Vendramin* am *Canal Grande*, in dem Richard Wagner 1883 starb, betrachtete Thomas Mann in jenem Jahr 1911 von der Gondel aus mit veränderten Empfindungen. Damals war der *Palazzo Vendramin* für die Öffentlichkeit nicht zugänglich, erst sehr viel später wurde dort die Wagner-Gedenkstätte eingerichtet. Auch der *Palazzo Giustiniani*, ebenfalls am *Canal Grande*, in dem Richard Wagner den zweiten Akt von *Tristan und Isolde* komponiert hatte, bekam für Thomas Mann, während er an seiner Erzählung arbeitete, eine noch tiefer gehende Bedeutung. «Tristanstadt» nannte Thomas Mann Venedig. Das Thema Liebestod nahm für ihn nun eine andere Farbe an.

Abb. oben: Als Thomas Mann 1901 das zweite Mal in Venedig war, wohnte er in diesem Haus an der *Riva degli Schiavoni*, das damals *Hotel Metropole & Pension Kirsch* hieß. Auch Heinrich Mann war dort einquartiert. Früher hatte das Haus einfach *Casa Kirsch* geheißen, Freud hatte 1895 hier übernachtet, als er ebenfalls mit seinem Bruder unterwegs war. Das Haus gefiel ihm so gut, dass es in der *Traumdeutung* verewigt wurde. 1925 erklärt Thomas Mann in einem Interview, *Der Tod in Venedig* sei «unter dem unmittelbaren Einfluss Freuds» entstanden. *Hotel Metropole*, Riva degli Schiavoni 4149, FON 041/520 544. www.hotelmetropole.com

Abb. S. 72 unten: Nicht nur der schönen Räume und des Tees wegen verkehrt Thomas Mann bei jenem Venedig-Besuch im Jahr 1911 im *Caffè Florian*; dort und im heute nicht mehr existierenden *Caffè Giacomuzzi* in der *Calle Vallaresso* 1337 gibt es besonders viele deutschsprachige Zeitungen, in denen er sich informieren kann, was an den Cholera-Gerüchten dran ist. Stilgerecht, hier wie Aschenbach *ein Gemisch aus Granatapfelsaft und Soda* zu trinken und über den Tod nachzudenken. *Caffè Florian*, Piazza di San Marco 56, FON 041/52 056 41. www.caffeflorian.com

Richard Wagner & Carrie Pringle
Die Sexualität der Einbildungskraft

Venedig entrückt. Darauf verlassen sich die meisten Reisenden, ohne sich zu fragen, warum sie hier nicht an Steuern, Schulden und Kündigungen denken, warum sie der Gestank aus den Kanälen so wenig stört wie alles andere, was sie zu Hause als Belästigung oder Verwahrlosung empfinden würden. Auch Richard Wagner verlässt sich darauf. Es ist sein sechster Besuch hier, und bisher hat es immer funktioniert. Jedesmal hat Venedig ihn alle Anfeindungen, Geldprobleme, Skandale, Liebesnöte und Streitereien vergessen lassen.

Warum noch leben?, fragte er sich, als er im August 1858 zum ersten Mal hierher reiste, auf der Flucht vor einer zerbrochenen Ehe, vor einem Eklat, vor den Trümmern der Hoffnung, mit Mathilde Wesendonck weiterhin im Angesicht ihres Ehemanns am Turm der größten Liebe zu bauen. Kurz darauf lebte er sich in Venedig aus, komponierte den zweiten Akt von *Tristan und Isolde* und arbeitete sich dem Liebestod nur musikalisch entgegen.

Damals war er fünfundvierzig. So alt ist seine Frau Cosima jetzt.

Damals reiste er mit leichtem Gepäck. Dieses Mal reist er belastet von der Familie, dem Ruhm und den eigenen Ansprüchen.

Damals wohnte er möbliert und improvisiert im *Palazzo Giustiniani*. Dieses Mal soll er ein Mezzaningeschoss mit über zwanzig Räumen beziehen in der *Ca' Vendramin Calergi*, die nach den Wünschen der Wagners ausgestattet werden.

Venedig bedrückt. Als Richard Wagner am 16. September 1882 am Bahnhof Santa Lucia nach zwei Tagen Zugfahrt aus Bay-

75

reuth hier ankommt. Nur durch Glück sind sie einem Unfall entkommen; keine halbe Stunde, nachdem die Wagners die Etschbrücke bei Verona passiert hatten, war die Brücke vom Sturm weggerissen worden. Die Plätze und Gassen der *Serenissima* stehen unter Wasser, eine ansteckende Krankheit grassiert, Regen bricht herab, der Himmel ist dunkel.

Nach einem kurzen Aufenthalt im *Hotel Europa* ziehen Richard, Cosima, ihre halbwüchsigen und erwachsenen Kinder in die *Ala Bianca*, den weißen Seitenflügel der *Ca' Vendramin Calergi* ein, vor der zum *Canal Grande* hin ein Garten liegt, noch immer satt grün. Der Palast ist auf Wagners Gastspiel besser vorbereitet als die *Serenissima*. Für Cosima ist ein Teesalon in gelber Seide eingerichtet worden, für den Auftritt des Meisters ein Salon mit Louis-seize-Mobiliar, für seine Arbeit ein Studiolo mit Erker und Ankleidenische, die Wände bedeckt von antiken goldgeprägten venezianischen Ledertapeten. Rote Samtportieren und rote Polster schaffen jene Aura, die Wagner braucht, um die Wirklichkeit zu ertragen. Vier Zimmer, darunter ein Raucherzimmer, sind allein sein Reich. Eine der modernsten Heizanlagen in Venedig verhindert, dass er vom feuchten Klima rheumatische Beschwerden davonträgt. Luigi, der Gondoliere, steht rund um die Uhr zu Gebote, Diener Georg und Dienstmädchen Betty sind aus Bayreuth mithergekommen.

Drohten nicht die Schuldenberge im Hintergrund, könnte Wagner sich diesen Urlaub leisten. Für die Partitur des *Parsifal* hatte der Schott-Verlag zu Beginn dieses Jahres 100 000 Mark bezahlt, der Festspielsommer hatte einen Überschuss von 143 139 Mark eingefahren.

Dennoch wird er wie immer über seine Verhältnisse leben, Champagner trinken, was seine Diät verbietet, himmelblaue Atlasseide kaufen für einen neuen Morgenmantel und anderen Geldgeschenke machen, die Cosima beunruhigen.

Außenstehende könnten meinen, in diesem Herbst habe Wagner die Wirkung Venedigs gar nicht nötig, hat er doch mit seinem *Parsifal* alles erreicht. Das Publikum war tief bewegt, die

Komponistenkollegen von Bruckner bis Mahler waren ergriffen, selbst die letzten Feinde unter den Kritikern hatten beigegeben, sämtliche Vorstellungen waren ausgebucht.

Jedes Vollendete ist ein Tod. Und aus dem wächst das nächste Werk. So oft hat Wagner das erlebt. Warum besetzt ihn nun das Gefühl, mit dem *Parsifal* habe er sich von der Welt verabschiedet? Er spricht es sogar aus, doch die anderen scheinen das nicht ernst zu nehmen.

Wagner ist ein kranker Mann, als er in Venedig eintrifft. Herzattacken haben ihn in immer dichteren Abständen gequält, Krämpfe und Magendarmbeschwerden verderben ihm die Tage und bescheren oft schlaflose Nächte. Doch was ihn hinabzieht, ist nicht die angegriffene Gesundheit. Ihm fehlt der Antrieb. Und dieser Trieb hatte immer Eros geheißen.

Wer seine Beziehung zu Cosima, geborene De Flavigny, verheiratete, dann geschiedene von Bülow, von außen betrachtet, könnte meinen, Erotik sei es auch gewesen, was ihnen die Energie verlieh, Krisen und Katastrophen zu überstehen. Als verheiratete Frau hat Cosima ihrem Liebhaber drei uneheliche Kinder geboren und ihren Ruf aufs Spiel gesetzt, ohne die geringsten Sicherheiten oder Zukunftsgewissheiten. Um bei ihm zu sein, hat sie die beiden Töchter aus der Verbindung mit Bülow, Daniela und Blandine, mit sich geschleift in einem Wanderleben, das nur mit guten Nerven zu ertragen war. Ihm zuliebe hat sie sich eingelassen auf ein Dasein hart an der Grenze des Möglichen, dauernd auf der Flucht vor Gläubigern, Neidern, Geprellten und Verprellten. Sie hat sich mit Schuldgefühlen und Schuldeneintreibern herumgeschlagen, hat ihre Intelligenz, Begabung und Kraft für ihn aufgeopfert. Isolde kam zur Welt, als Cosima offiziell noch Bülows Gattin war, doch allen gilt sie als Wagners Tochter, Eva und Siegfried, der ersehnte Sohn, sind ohnehin anerkannt als seine leiblichen Kinder. Erst nach der Geburt des Jüngsten hatte Cosima ihre Scheidung durchgesetzt und Richard geheiratet. Ein Leben, das nur für diejenigen nach Sünde und Lüsternheit riecht, die nicht in der Nähe stehen. Aus der Nähe riecht es steril. Dass Cosima Wagner erotisch nicht animiert, weiß sie selbst so gut wie er. Seit mehr als elf Jahren hat Cosima den sexuellen Verkehr mit dem Mann eingestellt, den sie verehrt, aber nicht begehrt. Begehrlichkeit war ihr immer fremd gewesen, und seine hatte sie schon mit Anfang dreißig als Hindernis der Liebe empfunden, der in ihren Augen wahren Liebe. Das ist Wagner nicht entgangen. Zwei Jahre, nachdem sie ihre Existenzen zusammengelegt hatten, zwei Jahre nach Siegfrieds Geburt, hatte er Cosima erklärt, *dass mit dem Geschlechtstrieb alle Produktivität zusammenhängt.* Doch sie hatte schon zuvor festgestellt, sie sei jetzt *für das Kloster reif* und wolle am liebsten den ganzen Tag *beten, büßen, danken.* Die Einsicht, dass daran ihre Erziehung schuld ist, in der sie, Tochter des Lustvirtuosen Franz Liszt, zur Lustfeindlichkeit erzogen wurde, hilft Wagner wenig. Offen hat er ihr schon in der ersten Zeit des Zusammenlebens erklärt, er könne ihr *katholisches Gesicht* nicht ertragen und gespottet, sie wolle anscheinend gerne *ihre Entsagungswirtschaft einführen.*

Ende Dezember 1871 hatte Cosima gemeint, noch einmal schwanger zu sein; als sie Wagner gestand, sich geirrt zu haben, weinte er. Er habe gehofft, seine Frau könne mit *ganzer Liebesfreude* nochmals ein Kind zur Welt bringen. Liebesfreude kennt Cosima nicht. Hätte Wagner ins Tagebuch seiner Frau geschaut, hätte er dort schon zwei Jahre vorher, kurz nach Siegfrieds Geburt gelesen, wonach sie sich wirklich sehnt: *Könnten wir die Leidenschaft doch bezähmen, könnte sie aus dem Leben gebannt sein.*

Seit elf Jahren ist sie aus ihrem gebannt. Und aus seinem?

Es ist nun sechs Jahre her, da hatte Judith Gautier-Mendès Leidenschaft in seine Alltage gebracht, sie, die fleischgewordene Versuchung. Geist und Talent in einer Odaliskengestalt. Wie weit die Liebschaft zwischen den beiden im ersten Festspielsommer 1876 gediehen war, was unter den Umarmungen, von denen sie sich erhitzt fast täglich schrieben, zu verstehen war, konnte Cosima nur vermuten, als sie den beiden auf die Schliche gekommen war. Noch bei der Entstehung des *Parsifal* hatte Wagner Judiths Gegenwart mit Fetischen heraufbeschworen, sich von ihr aus Paris mit Parfum, Samt, Seide und aromatischen

Ölen bedenken lassen, hatte kleine Duftbeutel, die sie ihm schickte, zwischen seine Morgenwäsche gesteckt. Doch das Fieber ihres Liebesbriefwechsels hatte sich gelegt. Wagner hatte Judith gebraucht wie andere Komponisten Drogen. Cosima musste nicht beunruhigt sein. Schon vor Jahren hatte Wagner sich selbst bewusst gemacht, dass aus der unerfüllten Sucht und Sehnsucht der Schaffensdrang hervorgeht.

Vom wirklichen Genusse des Lebens kenne ich gar nichts: für mich ist Genuss des Lebens, der Liebe, nur ein Gegenstand der Einbildungskraft, nicht der Erfahrung. So musste mir das Herz in das Hirn treten und mein Leben nur noch ein künstliches werden.

Das hatte er allerdings behauptet, als die Liebschaften mit anderen Frauen wohl nicht nur in der Einbildungskraft stattfanden.

Nun, mit neunundsechzig, hat aber auch Wagner der körperlichen Liebe entsagt, in aller Öffentlichkeit: mit dem *Parsifal* hat er den Verzicht auf die fleischlichen Gelüste gefeiert. Cosima könnte zufrieden sein.

Selbst wenn sie ahnt, wie sehr Judith Gautier Vorbild war für Kundry, die zum Verführen Verwünschte, muss es sie gelassen stimmen, wie das Bühnenweihefestspiel endet. Kundry, ermahnt das Stück, kam nie an. Immer war sie unterwegs. Rastlos wurde sie getrieben von ihrem Verlangen, *zu büßen Schuld vom frühern Leben*, wie es im Textbuch heißt. Nur Entsagung kann sie vom sexuellen Fluch befreien. Entseelt bricht Kundry zusammen, in ewiger Keuschheit von der Triebhaftigkeit erlöst.

Hält Cosima das für Wagners Selbstbekenntnis? Will auch er befreit von Triebhaftigkeit, erlöst in Keuschheit den Rest seines Daseins verbringen?

Sie mag es hoffen. Kann sie es glauben?

Cosima muss es mitbekommen haben, was andere Gäste und Künstler auf dem Grünen Hügel im letzten Sommer beobachteten. Dass Wagner im Dunkel seiner Loge beim Auftritt der Blumenmädchen in Klingsors Zaubergarten vor Begeisterung glühte und *Bravo* schrie? Dass er angeblich schon bei den Proben nicht verbergen konnte, wie sehr ihn diese Sängerinnen entzückten? Nebenrollen nur, aber ihre Besetzung hatte im Vorfeld mehr Arbeit gemacht als die der meisten Hauptpartien. Nicht die vierundzwanzig Blumenmädchen des Chores waren das Problem, sondern die sechs, die solistisch singen sollten. Große Stimme, aber schlanker Körper, eine schwierige Vorgabe. Kaum einer glaubt, die Fülle der Figur und die der Stimme hätten nichts miteinander zu tun.

Lilli Lehmann, selbst erst vierundzwanzig, war damit beauftragt worden, junge und schöne Frauen für diese Partien zu entdecken. Verliebt in einen Bühnenmaschinisten, hatte sie mit ihren eigenen Erregungen jedoch genug zu tun gehabt.

Hermann Levi, der zu Cosimas Verdruss jüdische Dirigent, der die Uraufführung leiten sollte, weil König Ludwig das Münchner Hoforchester nur zusammen mit ihm nach Bayreuth auslieh, hatte bald bemerkt, dass die Lehmann sich nicht genügend bemühte. Doch mit der Auswahl, die schließlich getroffen wurde, war Wagner offenbar zufrieden, zumindest was das Äußere anging. Die jüngste der Soloblumen war zwanzig, die älteste dreiundzwanzig. Bis auf diese Älteste, eine Opernsängerin englischer Herkunft, angeblich in Mailand an der Scala ab und zu beschäftigt, hatten alle ein festes Engagement als Hofopernsängerin oder Kammersängerin. Und diese, die Älteste, hörte sich auch nach einer Notlösung an. Die Arie der Agathe aus Webers Freischütz, *Leise, leise*, habe sie bei ihrer Bewerbung in Bayreuth *recht erträglich* gesungen, hatte Cosima Anfang August 1881 in ihr Tagebuch geschrieben. Dass die englische Blume ausgerechnet auf Levis Vermittlung zum Probesingen angetreten war, der sie in München hinter den Kulissen gehört hatte, mochte Cosimas Urteil nicht milder gemacht haben. Levi selbst gab zu, dass Carrie Pringle nicht erste Wahl sei. *Ein Frl Pringle aus Mailand ist in Bayreuth gewesen und hat dem Meister vorgesungen. Letzterer fand sie nicht gerade sehr bedeutend, aber auch nicht gerade unfähig, und möchte wohl, das ihr die Rolle eines Soloblumenmädchens übertragen würde*, hatte er der Lehmann mitgeteilt; die Stimme von Carrie Pringle sei nicht beeindruckend, und ob sie Bühnenerfahrung besitze, wisse er nicht – *ich habe sie vor 3 Jahren in einem Zimmer gehört – seitdem ist sie nirgendwo aufgetreten; es muss also einen Haken haben.*

Warnende Worte. Doch die Lehmann wollte sich um derartige Probleme in Bayreuth nicht mehr kümmern, seit jener Maschinist, der Lillis Leidenschaft nicht erwidert hatte, auf dem Grünen Hügel als Nachfolger seines Vaters unter Vertrag war. Sie wollte ihm dort nicht über den Weg laufen.

Carrie Pringle wurde engagiert. Weil sie mangelnde Begabung mit äußeren Vorteilen wettmachte? Keineswegs. Sie ist keine Schönheit mit goldener Haut und schwarzem Haar wie Judith Gautier, sondern eine knochige Britin mit langer Oberlippe, großer Nase, blasser Haut, farblos und bisher nur aufgefallen durch ihr Verhalten dem Dirigenten gegenüber. Im Jahr darauf wird Levi darum bitten, *Frl Pringle zu ersetzen.* Dazu veranlasse ihn *weniger ihr beispiellos ungezogenes Benehmen* gegen ihn *als ihre künstlerische Untüchtigkeit.* Er wolle zwar keine Scherereien machen, aber wenn Carrie Pringle erneut als Blumenmädchen engagiert werde, *müsste sie sich ebenso ausdrücklich verpflichten, meinen Anordnungen Folge zu leisten, als sie sich im vorigen Jahr ausdrücklich geweigert hat, dies zu tun.* Das hatte Cosima wohl erfahren und musste sich fragen, weshalb ausgerechnet diese Carrie Pringle es gewagt hatte, sich in jenem Sommer in Bayreuth dem Dirigenten gegenüber frech zu verhalten. Wähnte sie sich beschützt durch das Wohlwollen Wagners? War das Wohlwollen so groß, dass das einzig talentlose Blumenmädchen sich zu Recht stärker glaubte als der Dirigent?

Wodurch könnte sie Wagner verführt haben?

Vielleicht durch die Macht der Erinnerung. Mit ihrem ebenmäßigen Gesicht, dem prägnanten Profil, der knochigen Gestalt ähnelt sie der Frau, die Cosima von Bülow, als sie Wagners Geliebte wurde, aus sich gemacht hatte. Sechsundzwanzig war Cosima, als sich Wagner und sie in einer Kutsche, die durch Berlin fuhr, ihre Liebe gestanden. Carrie ist dreiundzwanzig. Wie Cosima kommt auch Carrie Pringle aus einer Familie, die ihr beibrachte, was Wagner, Sohn eines Polizeiaktuarius und einer Bäckerstochter (auch wenn sein Stiefvater Schauspieler war), mühsam lernen musste: Stilsicherheit. Doch worüber verfügt diese Carrie Pringle noch? Über britischen Humor? Humor, jene Gleitflüssigkeit des Lebens, konnte Cosima nie bieten, über sich selbst zu lachen oder über Wagners Witze ist ihr bis jetzt nicht vergönnt.

Jeder, auch Cosima, konnte während der Festspiele beobachten, dass der Meister nach den Proben nirgendwo so rasch aufblühte wie im Kranz der sechs Soloblumen. Sie kennt die Zeilen, die er ihnen in der zweiten Prosaskizze des Librettos zugedacht hatte. *Hier im Garten pflückt uns der Meister: wir blühen im Sommer, dann welken und sterben wir. Sei uns hold, so lange wir blühen.*

Er war ihnen hold. Sein Sommer ist vorbei.

Was ihr Mann hier in Venedig liest, lässt Cosima ebenfalls vermuten, er habe die Leidenschaft hinter sich gelassen. Er beschäftigte sich mit Denkern, die in der Erotik eine irdische Verstrickung sehen, von der es sich zu befreien gilt. Ein Buch über *Buddha, sein Leben, sein Lehre, seine Gemeinde* von Hermann Oldenberg, einem deutschen Indologen, erst im letzten Jahr erschienen, liegt auf Wagners Schreibtisch oder Nachttisch.

Venedig entrückt. Wird es Wagner dieses Mal in geistige Regionen entrücken?

Wie gewohnt erlebt jeder der Wagners ein anderes Venedig. Siegfried, der im Gegensatz zu seinem Vater fließend Italienisch spricht, erobert es sich ganz realistisch, lernt, eine Gondel zu rudern, redet mit Gondoliere und fliegenden Händlern und zeichnet in seine Skizzenbücher. Isolde, ebenso wie Blandine, die mit ihrem frisch angetrauten italienischen Ehemann, Graf Biagio Gravina zu Besuch kommt, und Daniela, die mit ihrem italophilen Verlobten, dem Kunsthistoriker Henry Thode zu Gast ist, genießen Venedig kulinarisch, im Walzertakt und in Champagnerlaune. Cosima erlebt es als Bildungsreisende, die gewissenhaft die wesentlichen Besichtigungen absolviert. Wagner selbst will es wie immer taumelnd erleben. Er will auf einer

Steinbank sitzen zwischen den Portalsäulen von *San Marco*, vom *Caffè Quadri* oder *Caffè Florian* aus dem Treiben zuschauen, hinaufstaunen zu den Löwen des *Arsenale*, die sich verändernden Färbungen des *Canal Grande* vom Fuß der Rialtobrücke beobachten, sich von Siegfried an *Santa Maria Miracoli*, am Colleoni-Denkmal vorbei, hinaus zur Friedhofsinsel *San Michele* rudern lassen, auch an grauen Tagen hinüber nach *Torcello* fahren oder auf den Lido um von dort die Kulisse der Stadt aus anderer Perspektive zu sehen.

Venedig entrückt den, der sich auf seine Unwirklichkeit einlässt. Die hat es nicht nur in den Bildern eines Turner, eines Whistler, eines Monet. Das Licht und die Reflexe des Wassers verwandeln die Stadt ständig. Besonders an den Übergängen von der Nacht in den Tag und vom Tag in die Nacht. Wer sich nicht festhält an den Meisterwerken, an der Baugeschichte der Architekturen, der Bedeutung der Gemälde, an Namen, Daten, Fakten, sondern sich wie Wagner dem Ungewissen anheimgibt, erlebt, wie die Grenzen zwischen gebauter und gespiegelter Welt, zwischen Himmel und Wasser sich auflösen. Wagner gehört wohl zu denen, die nicht wissen wollen, wo das Reale endet und das Irreale beginnt.

Bisher hat Venedig ihn jedes Mal wie Klingsors Garten verzaubert. In diesem Herbst wird das verhindert durch andauernd schlechtes Wetter. Der Regen lässt nicht nach, der Himmel bleibt grau, der Scirocco macht Wagner zu schaffen. Er sehnt sich zurück nach Bayreuth.

Oder sehnt er sich nur nach der Sehnsucht?

Im *Palazzo Vendramin* ist den Wirklichkeiten nicht zu entkommen. Es wird Whist gespielt, musiziert, diskutiert. Paul Joukowsky, der Freund und Bühnenbildner des *Parsifal,* ist mit ihnen nach Venedig gereist, andere Besucher drängen herein und bedrängen Wagner oft mehr, als sie ihn freuen. Wo bleibt das, was ihn antreibt, weitertreibt?

Am 10. Oktober haben Richard und Cosima ein Jubiläum zu feiern: Vor dreißig Jahren hat Richard bei einem Diner im Pariser Haus ihres Vaters Cosima zum ersten Mal gesehen.

Fünfzehn war sie damals, schmal, schüchtern und alles andere als schön. *Groß, eckig, gelb, mit breitem Mund und langer Nase: Nur ihr langes Goldhaar war von seltenem Glanz*, befand Marie von Sayn-Wittgenstein. Von ihrer Mutter, der Gräfin Marie D'Agoult, hat Cosima weder die äußeren Reize noch das Laszive geerbt. Zwar hatte sie sich bald zu einer eleganten Erscheinung entwickelt, das Laszive aber blieb ihr fremd. Zu Wagners Leidwesen. Denkt er nun darüber nach? Sie ist mit fünfundvierzig noch immer mädchenhaft, und dieses Durchscheinende ihres Gesichts hat etwas, nur nichts Sinnliches, nichts Weibliches.

Wagner schreibt nicht an einem neuen Bühnenwerk, sondern an einem Essay *Über das Weibliche im Menschlichen*. Schreibend begeistert er sich zunehmend für Frauen, die sich ihre Rechte nehmen, das Recht auf Liebe, auf Lust, auf eigene Erfolge. Fällt ihm auf, wo sich Cosimas Werdegang von dem ihrer Mutter unterscheidet? Beide ließen sich als verheiratete Frauen, den Lästermäulern die Stirn bietend, auf einen Geliebten ein, der Komponist war, beide haben diesem Mann zwei Töchter und einen Sohn geboren in einer, wie das die Juristen nennen, ehebrecherischen Beziehung. Beide haben diesen Mann gebannt durch ihren Geist und ihre Energie. Doch Marie d'Agoult blieb sich selbst am nächsten, opferte sich weder für ihre Kinder auf noch für Liszt, der umjubelt an ihr vorbeizog. Sie begann ein drittes Leben ganz ohne ihn, festigte ihren Ruf als Schriftstellerin und behauptete sich, frei stehend, nie angelehnt. Cosima hatte alles, was sie zu bieten hatte, in den Dienst Wagners gestellt, hatte eigene Ziele und sich selbst aufgegeben. *Groß aber kann an mir nur die Widerspiegelung seines Wesens sein*, hatte sie schon zu Beginn ihres Zusammenlebens notiert. Sie hat sich kleingemacht, damit er noch größer wirkte. Auf Fotos sitzt sie, wenn er steht, oder stellt sich tiefer als er, damit nicht zu erkennen ist, dass sie ihn um fünfzehn Zentimeter überragt. Gefällt Wagner, zumindest in Gedanken, eine Frau besser, die sich wie Carrie *unmöglich* benimmt, die sich dem Dirigenten widersetzt, die sich nicht fügt?

Am 19. November reist sein Schwiegervater an und bezieht

eins der Zimmer im Mezzaningeschoss der Wagners. Liszt ist nur zwei Jahre älter als Wagner, deutlich größer und schlanker. Keine Vaterfigur, ein Konkurrent. Der strenge schwarze Rock des Abbés wirkt an ihm aufreizender als die Samtbarette und gesteppten Westen aus Atlasseide am kleinwüchsigen Wagner. Liszt braucht keine Düfte aus Paris, er trägt das Parfum vieler Tausend Verehrerinnen. Er weiß um die Wirkung seines Lächelns und kostet sie aus. Spricht er mit Cosima Französisch, mit anderen Ungarisch, Spanisch, Deutsch oder Italienisch, bewegt er sich in jeder Sprache so virtuos wie auf dem Klavier. Muss sich da der sächselnde Wagner nicht als Emporkömmling fühlen, dem es nie gelang, den Ruch seiner kleinbürgerlichen Herkunft loszuwerden?

Die Wirklichkeit schnürt ihn enger ein, die Krämpfe werden häufiger, die Nachtruhe wird schlechter, sein Humor versiegt. Braucht er den Gedanken, begehrt zu werden, um zu bestehen neben diesem Gast?

Wagner liest aus Shakespeares *Romeo und Julia*, so eindringlich, dass den Zuhörern die Tränen kommen. Doch umlagern werden die Damen nicht Wagner, sondern Liszt. Wagners Lager, niedrig und von immensen Ausmaßen, ist drapiert mit schwerer Seide und Goldbrokat, das Liebeslager eines Sultans. Doch die Odaliske fehlt.

Wagner redet mit Cosima über seine Todesahnungen, er spielt *Harlekin, du musst sterben* und andere Weisen, alte Volksweisen von der Vergänglichkeit. Doch als sein Schwiegervater das Scherzo-Allegretto aus Beethovens Achter Symphonie spielt, Wagners Lieblingssymphonie, beginnt er ganz allein zu tanzen, unendlich graziös, wie Joukowsky findet. Ein Traumtänzer, die erdachte Geliebte im Arm? Ein Akrobat der Einbildungskraft?

Eifersucht auf Männer, die im Alter nicht auf erotische Freuden verzichten, bewegt ihn in diesen Wochen stärker als die Todessehnsucht. Als Liszt am 18. Dezember vom Abendessen bei einem Freund, zu dem er Cosimas Älteste, Daniela, mitgenommen hatte, erst in der Nacht zurückkehrt, beschimpft ihn

Wagner, die junge Frau zu verderben. Fühlt er sich in Venedig fehl am Platze, als Entsagender?

Das Wetter bessert sich, Wagners Stimmung bessert sich. Er bereitet zu Cosimas fünfundvierzigstem Geburtstag am Heiligen Abend eine Überraschung vor. Er hat den *Teatro la Fenice* gemietet nur für sich, seine Familie, die engsten Vertrauten, und probt dort seit Mitte Dezember seine C-Dur-Symphonie. Seit fünfzig Jahren hat er sie nicht mehr gespielt. Erhofft er sich von ihr Verjüngung? Meint er, das Alter und die Jugend könnten wie der Tag und die Nacht ineinander übergehen, zerfließen wie die Farben in den Bildern des Turner, des Whistler, des Monet?

An diesem Abend entrückt Venedig. *Gegen 7½ Uhr fahren wir bei herrlichstem Mondschein und unter Glockengeläute in die Fenice, drei Gondeln,* schreibt Cosima ins Tagebuch. Wagner wird an diesem Abend zum Zauberer, der die fünfzehn Gäste in Bann schlägt, er verwandelt sich in den Weltmann, der überlegen den Schwiegervater bittet, in der Pause für die Tochter ein Klaviersolo zu spielen. Er ist es, der Glanz in die Augen bringt. *Gegen elf Uhr fahren wir heim, Venedig in blauer Verklärung. Die Kinder entzückt von dem Abend, R. befriedigt.*

Er kann es noch, er kann verführen.

Doch Liszt ist nicht so leicht loszuwerden. Wagner vergleicht ihn mit Shakespeares King Lear und Cosima hört ihren Mann im Halbschlaf sagen: *König Lear, grässlicher Mensch.* Und dann zu ihr gewandt: *Dir bin ich gut, du bist mir die liebste von allen.*

Von welchen?

Liszt reist am 13. Januar ab.

Das neue Jahr beginnt lichter und heiterer, sie können in der offenen Gondel aufs Meer hinausfahren. Dass im Deutschen die Sonne, männlich in fast allen anderen Sprachen, weiblich sei, halte er für eine *Huldigung des weiblichen Wesens,* sagt Wagner. An welches weibliche Wesen denkt er dabei? Cosima ist ein Fixstern in seinem Dasein, *eine Unentbehrlichkeit,* eine Sonne ist sie nicht.

Der Januar und das Karnevalstreiben jagten dem Ende entgegen. Wagner redet mit Cosima über Frauen, nennt *die jetzige Stellung der Frauen* in der Gesellschaft unnatürlich, erklärt, Vermählungen ohne Zuneigung seien für das weibliche Geschlecht verderblicher gewesen als alles andere. Ein Plädoyer für die Liebesheirat. Die von Richard und Cosima muss als solche gelten. Aber warum redet er nun davon?

Sie erfragt es nicht. Er erzählt von einem jungen Paar, das sich aus Liebesnot umgebracht hat, und fügt hinzu: *Das ist noch immer die eigentliche Liebestragödie.*

Was Wagner Cosima wohl nicht verrät: dass Hermann Levi sich für den 4. Februar angemeldet hat, um mit ihm über die Besetzung des *Parsifal* im nächsten Jahr zu reden, und dass er vorgeschlagen hat, Carrie Pringle aus Mailand hierher zu bestellen. Wozu? Um sie Wagner auszureden?

Oder war es eher Wagners Idee, das fragliche Blumenmädchen nach Venedig zu holen?

Venezianische Vexierspiele. Was ist Gegenwart, was Vergangenheit? Was ist Wirklichkeit, was Illusion? Wo enden die Tatsächlichkeiten und wo beginnen die Gerüchte?

Carrie Pringle kommt wie Cosima aus einer musikalischen Familie. Ihr Vater, Basil John Charles Pringle, vermögender Privatier, wird als Musiker bezeichnet, die Mutter ist eine Pianistin aus Ungarn, ihr Bruder will Komponist werden, spielt Orgel und Klavier. Ist Carrie eine verjüngte Cosima, die Wirkungen zeitigen kann wie die Wiederaufführung der Jugendsymphonie am Heiligen Abend?

Aschermittwoch. Der Rausch ist vorüber, Prinz Karneval ist auf der *Piazetta* verbrannt worden. Wagner hat sich nicht mit Cosima, sondern mit den Töchtern Daniela, Isolde und Eva in diese letzte Orgie geworfen.

Der Tag danach, die Welt nüchtert aus. Wagner fährt mit Cosima zur Friedhofsinsel *San Michele*. Er redet oft, öfter denn je vom Tod in diesen Monaten in Venedig. Der Tod ist Wirklichkeit. Was ihn nun entrückt, sind die Träume. Er erzählt sie morgens. Seine Träume von der Mutter, als sie jung war, vor allem aber von den ehemaligen Geliebten, den erreichten wie den unerreichten. Alle verfolgt Cosima nach wie vor mit Eifersucht.

Dann träumt Wagner, er habe zwei Briefe gleichzeitig erhalten, einen von einer vergessenen Frau, einen von Mathilde Wesendonck, der großen Liebe vor Cosima, die niemals erlosch, nie erlöschen konnte, weil sie niemals körperliche Wirklichkeit geworden war. Wagner träumte, dass er beide Briefe nicht öffnete, zur Seite legte und sich sagte: *Wenn nur Cosima nicht eifersüchtig wird.* Das erzählt er seiner Stieftochter Daniela, nicht seiner Frau.

Am 12. Februar verlässt Levi Venedig. Er ist bewegt, als er sich verabschiedet. Was haben die beiden Männer ausgemacht? Hat Levi gespürt, wie sehr Wagner eine Carrie Pringle braucht, Stoff für seine Einbildungskraft?

Abends liest Wagner der Familie aus der *Undine* von Friedrich de La Motte-Fouqué vor, die Geschichte von einem unwiderstehlichen jungen Spukwesen, in das sich ein Ritter verliebt und an dem er zugrunde geht.

In der Nacht vom 12. auf den 13. Februar hört Cosima, die sich schon schlafen gelegt hat, ihn nebenan reden. Sie steht auf, geht in sein Schlafzimmer. Er ist noch wach. *Ich sprach mit dir,* sagt er, spielt am Klavier das Klagethema aus *Rheingold.* Und dann sagt er, sie lange und zärtlich umarmend: *Alle fünftausend Jahre glückt es.*

Das zumindest trägt Cosima in ihr Tagebuch ein. Wann hat sie es eingetragen?

Im Bett liegend redet Wagner dann noch von den Rheintöchtern und ihren Schwestern. *Ich bin ihnen gut, diesen untergeordneten Wesen der Tiefe, diesen sehnsüchtigen.* Diesen Wasserfeen, Meerjungfrauen, Nixen: Engeln des Abgrunds, die Männer in den Tod ziehen. In einen wollüstigen Tod. Sie sind sehnsüchtig – wie Wagner? Cosima, eine Frau, die ihre Kinder mit Schlägen und Unnachgiebigkeit erzog, die verhandeln kann wie ein Großkaufmann und rechnen wie ein Bankier, ist es nicht.

Darüber, was am 13. Februar geschieht, wird es viele Legenden geben. An der Verbreitung von manchen ist Dr. Friedrich

Keppler beteiligt, der Hausarzt Wagners hier in Venedig. Er ist als Gynäkologe beim sehr schönen und teuren Geschlecht beliebt. Ein Modearzt, der den Sommer in Wildbad praktiziert. Klatsch kann einer wie er niemals ganz aus seinem Metier verbannen.

In Venedig verschwimmen auch die Wahrheit und die Lüge zu einem Aquarell.

Wer hat das Gerücht aufgebracht, Wagner sei aufgeputzt wie ein Geck herumstolziert, in Erwartung von Carrie Pringle? Wer hat es in die Welt gesetzt, dass Cosima darüber in Rage geraten und in Tränen ausgebrochen sei?

Am 13. Februar kommt es schon beim Frühstück, wie Isolde notiert, zu einer äußerst heftigen Szene zwischen ihren Eltern. Soweit sie versteht, hat sich der Streit an dem geplanten Besuch von Carrie Pringle entzündet.

Wagner zieht sich in sein Zimmer zurück. Cosima setzt sich ans Klavier. Während ihr die Tränen übers Gesicht laufen, spielt sie etwas, das ihr Sohn Siegfried nicht kennt. Er fragt sie danach. *Lob der Tränen* von Schubert.

Kurz vor zwei Uhr bestellt das Dienstmädchen Betty, Wagner wolle nicht zum Essen erscheinen. Sie bleibt in seiner Nähe. Die Klingel aus seinem Arbeitszimmer alarmiert sie, sie hört ihn stöhnen und nach Luft ringen, findet ihn am Schreibtisch, vor sich den Essay.

Meine Frau und der Doktor!, verlangt er.

Cosima rennt zu ihm. Wagner bricht zusammen. Sie umklammert seine Knie. Warum seine Knie?

Dr. Keppler kommt zu spät.

Das folgende Drama wird der Welt in allen Details geschildert, ob sie stimmen oder nicht. Ein Bühnenweihfestspiel. Cosima, die vierundzwanzig Stunden über Wagners Leiche liegt. Cosima, die sich das hüftlange Haar abschneidet und Wagner in einem Plüschbeutel auf die Brust legt. Cosima, die den Bildhauer Augusto Benvenuti ruft, damit er die Totenmaske abnimmt, Cosima, die einen Sarg aus Wien herbeischaffen lässt, im

Inneren des hölzernen Gehäuses einen Metallsarg mit Glasfenster, damit man Wagners Gesicht sehen kann. Cosima, die dicht verschleiert an einem strahlenden Tag die Gondel besteigt und hinter dem Sarg zum Bahnhof fährt, ein Salonwagen steht bereit. Cosima, die alleine mit dem Sarg in einem verdunkelten Abteil nach Bayreuth heimkehrt.

Wo ist Carrie Pringle geblieben?

Im Reich der Mutmaßungen.

Sicher ist, dass im folgenden Jahr Carrie Pringle nicht mehr engagiert wird. Nicht Cosima hat das entschieden, sondern Adolf von Groß, Bankier und zuständig für die Finanzierung der Festspiele, entscheidet. *Frl Pringle soll wegbleiben*, schreibt er Levi. *Es war des Meisters Wille, er wollte nicht, dass jemand wieder aufgefordert werde, der sich Dir widersetzlich gezeigt hat.*

Angeblich erhält Cosima in Bayreuth einen Brief, in dem sich Carrie Pringle dafür entschuldigt, Aufregungen verursacht zu haben, die dem schweren Herzanfall Wagners und dem Tod vorausgegangen waren. Dieser Brief soll in den 1930er Jahren entdeckt und dann auf Befehl eines Dr. Strobel, der damals das Archiv unter sich hatte, verbrannt worden sein.

Als Caroline Mary Isabelle Pringle, genannt Carrie, am 12. November 1930 im englischen Brighton, Chesham Street Nr. 9, an den Folgen eines Eierstockkrebses stirbt, ist sie noch immer ledig. Sie hat Cosima Wagner nur um ein halbes Jahr überlebt.

Drei Jahre später protokolliert der Bayreuther Autor Benedikt Lochmüller in seinem Tagebuch ein Gespräch mit Ludovika Richter, älteste Tochter von Hans Richter, der in Bayreuth den ersten *Ring* dirigierte. *Die letzte Frau, die Wagner liebte, war eine gewisse Pringle. Sie war Engländerin ... eine seriöse, wohlerzogene Persönlichkeit. Sie soll sehr schön gewesen sein.*

Gesehen hat Ludovika, die bei Carries Auftritt erst fünf Jahre alt war, die Engländerin nicht. Doch sie erinnert sich an Details. *Als Wagner von Bayreuth nach Venedig aufbrach, tauchte Fräulein Pringle auch in Venedig auf; ihr Telegramm aus Mailand ist erhalten.*

Ist es nicht, nicht mehr. So wenig wie Carries Brief.

Was sich hält, ist die Geschichte von Wagners letzter Liebe.

Ist es wichtig, ob sie Wirklichkeit war oder nicht?

In Venedig versteht man am besten, dass die Sehnsucht bereits das ist, wonach sie sich sehnt. Dass das Spiegelbild ebenso wirklich ist wie das Wirkliche. Dass die Illusion wirklich ist, weil sie wirkt.

Abb.: So sah er aus, als Carrie Pringle ihn kennenlernte: Richard Wagner (1813–1883) als Mann von Ende sechzig, den seine ungesunde Lebensweise gezeichnet hat.

Seine Lust an theatralischer Aufmachung und teuren Stoffen hielt vor bis in die letzten Tage. Noch in Venedig deckte er sich mit neuer Atlasseide ein.

Abb. S. 93: Wie sah Carrie Pringle (1859–1930) aus? Generationen von Wagnerforschern, -hassern und -verehrern bewegte diese Frage. Martin Gregor-Dellin hatte in seiner Bildbiographie von Wagner ein Foto veröffentlicht, das er als Porträt Carrie Pringles ausgab. Doch dies entbehrte jeder Grundlage. Das bisher einzige gesicherte Konterfei findet sich in einem Aufsatz von David Cormack, erschienen in *The Musical Times*, Frühjahr 2004, wo sie zusammen mit den anderen fünf Blumenmädchen im Blütenkostüm posiert. Carrie ist das Mädchen links außen.

Orte

Von August 1858 bis März 1859 schrieb Wagner im linken Teil des *Palazzo Giustiniani*, bei den Venezianern *Zustinian* genannt, am zweiten Akt von *Tristan und Isolde*. In seinen Briefen an Mathilde Wesendonck beschrieb er ihn. Bei seinem letzten Aufenthalt zeigte Wagner im Herbst 1882 bei einem Spaziergang dieses Haus seinen Kindern und erzählte ihnen, in welcher Lage er sich damals befunden habe. Er hatte, so Wagner selbst, bereits die Hand am Geländer des Balkons, um über die Brüstung in den Tod zu springen. Aber er nahm davon Abstand, weil *Tristan und Isolde* noch nicht fertig war. Der Hof des rechten Palastteiles, heute im Besitz der Universität, ist frei zugänglich, im linken Innenhof befindet sich ein Garten. *Palazzo Giustiniani*, Dorsoduro 3228 (linke Hälfte) und Dorsoduro 3232 (rechte Hälfte).

Im spätgotischen *Palazzo Giustinian a San Moisè* hatte William Turner sein Domizil, während er seine Venedig-Visionen malte. 1876 mietete sich Richard Wagner im September für zwei Wochen in demselben Zimmer ein, aus dem Giuseppe Verdi soeben ausgezogen war. Als Franz Grillparzer 1819 im *Palazzo Giustiniani* Quartier aufschlug, befand sich dort bereits das *Grand Hotel Europa.* Dort wohnten auch Mark Twain, Théophile Gautier und 1920 Rainer Maria Rilke. Und die Wagners für zwei Tage im September 1882, bis der *Palazzo Vendramin* nach ihren Wünschen hergerichtet worden war. In diesem Palast, wohl ein Werk des Paolo da Bergamo, befinden sich heute Büroräume der Biennale-Verwaltung. *Palazzo Giustinian a San Moisè*, San Marco 1364.

Abb.: Zwei Tafeln am *Palazzo Loredan Vendramin Calergi* erinnern daran, dass Riccardo Wagner hinter diesen Mauern am 13. Februar 1883 starb; eine Tafel befindet sich an der Bootsanlegestelle, die andere neben dem Haupteingang zum Palast, am *Campiello Vendramin*, an der linken Seite des Kanals gelegen. Drei Tage später brachte eine Gondel seine Leiche zum Bahnhof. Gabriele D'Annunzio beschrieb die Abschiedszeremonie am Ende seines Romans *Il Fuoco – Das Feuer*, in der die Sargträger das Geschehen beobachten.

Nach wie vor halten viele Leser für wahr, was Franz Werfel sich erdachte: Dass Giuseppe Verdi sich von der Landseite her dem Palazzo genähert und überlegt habe, sich zu melden. *Plötzlich, und das erste Mal ganz klar, stand die Frage auf: ‹Soll ich Wagner nicht besuchen? Soll ich ihm nicht meine Karte schicken? Ihm gegenüberstehen, mit ihm sprechen?›*

In diesem Palast, einem Hauptwerk der Frührenaissance, von Mauro Codussi im Auftrag des Andrea Loredan errichtet, befindet sich heute im Winter der *Casinò Municipale*, das Spielcasino der Stadt Venedig. Das dort eingerichtete Sterbezimmer Wagners hat mit den Räumlichkeiten, wie Wagner sie bewohnte, nicht das Geringste zu tun. Kein einziges der Exponate ist ein Original aus Wagners Zeit. Die Wagner-Gesellschaft plant, die gesamte Etage zu übernehmen und zu einer authentischen Dokumentationsstätte zu machen. *Palazzo Loredan Vendramin Calergi*, Campiello Vendramin, Cannaregio 2040. Besichtigung mit Führung nach Voranmeldung unter FON 041/523 25 44 oder FAX 041/524 52 75. www.casinovenezia.it

Die beiden Kirchen der Bettelorden, die *Frari*-Kirche (Abb. oben) als die der Franziskaner und *Zanipolo* als die der Dominikaner, sind die beiden größten gotischen Sakralbauten Venedigs.

Abb. rechts: Blickpunkt im schlichten Innenraum der *Frari*-Kirche ist Tizians *Assunta*. Das Altar-

bild mit der gen Himmel fahrenden Madonna hat in jeder Hinsicht neue Maßstäbe gesetzt, unermesslich künstlerische und messbare im Format von 6,9 auf 3,6 Meter. Auf Wagner hat die *Assunta erhabenste Wirkung* ausgeübt. Bei seinem letzten Venedigaufenthalt besuchte er laut Cosima mit ihr die restaurierte *Assunta*, die im Dogenpalast ausgestellt gewesen sein soll. Doch bei dem Madonnengemälde, das sie dort betrachteten, störte

Wagner eine Fahne in dem Gemälde, weil sie für sein Empfinden dem Bild etwas *Fanatisches* verlieh. Auf der *Assunta* gibt es keine Fahne. Es handelte sich also wahrscheinlich um ein anderes Altarblatt Tizians, die *Madonna Pesaro*, ebenfalls aus der *Frari*-Kirche, wo hinter Petrus ein Krieger steht, der das Banner der Kirche hält. Offenbar rief der Anblick der schönen dunkelhaarigen Madonnengestalt bei Wagner Erinnerungen an die madonnenhafte Mathilde Wesendonck wach. In der darauf folgenden Nacht träumte er von ihr. *Santa Maria Gloriosa dei Frari*, Campo dei Frari, Castello.

Abb.: Die *Piazza di San Marco* war in Venedig Wagners wahres Wohnzimmer. Fast jeden Tag hielt er sich hier auf. Am Faschingsdienstag las er, auf einer der Steinbänke des Dogenpalastes sitzend, den Kindern ein Gedicht von Kant vor. Was ihm jedoch nie behagte, war der unvermeidbare Blick auf die Prokuratien. *Langweilig, phantasielos, erfindungslos* schimpfte er sie. Der schmuckkastenartige Frührenaissancebau von *Santa Maria dei Miracoli* mit seiner Marmorverkleidung, eines der in Venedig seltenen, rundum frei stehenden Bauwerke, hatte es Richard Wagner besonders angetan. *Santa Maria dei Miracoli*, Canneregio 30141, Campo Santa Maria dei Miracoli.

Abb.: Nach fünf Proben wurde am 24. Dezember, dem 45. Geburtstag von Cosima, im *Teatro la Fenice* Wagners C-Dur Symphonie aufgeführt, ein Jugendwerk. Wagner strengte das Dirigieren körperlich sehr an, da er es nicht mehr gewohnt war – nur auf dem Markusplatz dirigierte er, wenn sie sich an Wagners Werken versuchten, die Kaffeehausmusiker des *Florian* oder des *Quadri*. Für nur fünfzehn Personen hatte Wagner das ganze Haus gemietet, in das er weitere achthundertfünf Gäste hätte einladen können.

 Im Jahr zuvor war hier, ohne Wagners Beisein, der *Lohengrin* aufgeführt worden, bereits 1873 seine frühe Oper *Rienzi*. Als kurz nach seinem Tod zum ersten Mal in Italien die gesamte *Ring*-Tetralogie aufgeführt wurde, fand dieses Ereignis nicht zufällig hier statt. *Teatro La Fenice*, Cannaregio 30124, Campo San Fantin, FON 041/78 65 11. info@teatrolafenice.org www.teatrolafenice.it

Indirekt spielt auch die *Casa Mahler* für Wagnerverehrer eine Rolle. In diesem Haus, das Carl Moll, der geschmähte Stiefvater von Alma Mahler-Werfel, gekauft hatte, arbeitete Franz Werfel an seinem Verdi-Roman, in dem er die Rivalität zwischen dem italienischen Opern-komponisten und Richard Wagner aus seiner Sicht behandelt. Im April 1923 schrieb Alma in ihr Tagebuch: *Mein Leben! Im eigenen Haus! Ein kleiner Garten. Ein wirkliches Paradies.* Zu Beginn des Jahres 1928 trug sie ein: *Es ist mein Haus, in dem ich jetzt wohne, Meine … von mir aus*

dem Nichts … aus ein paar Zahlen heraus erschaffene Umgebung … Ver-
kaufte ich dieses Haus, so bekäme ich hunderttausend Lire, also eine Zahl mit
fünf Nullen … dafür wäre meine Welt hier versunken … Dass sie es später
doch verkaufte, hatte einen tragischen Grund: hier war ihre Lieblings-
tochter Manon Gropius überraschend an Kinderlähmung erkrankt,
an der sie nach langer Leidenszeit in Wien starb. *Casa Mahler,* Calle
Soranzo 2521 A.

Abb.: Der *Palazzo Dandalo Gritti Bernardo,* im 15. Jahrhundert an prominenter Stelle errichtet, stellt unübersehbar Ansprüche. Die Maßwer-
kloggia im *piano nobile* bezieht sich deutlich auf den Dogenpalast. War
der Architekt Prophet? Die Familie Dandolo stellte vier Dogen: Andrea,
Enrico, Francesco und Giovanni. Vieles, was heute dem Fremden gefällt,
ist allerdings Zutat des 19. Jahrhunderts, das Portal im Erdgeschoss
ebenso wie die Obelisken auf dem Dach. Im Jahr 1536 ging der Palast an
andere, nicht weniger bedeutende *nobili* über, an die Gritti, die es allerdings nur zu einem einzigen Dogen brachten. Danieli hieß keiner der
Bewohner des Hauses, das heute als *Hotel Danieli* bekannt ist: Seinen
Namen hat es von Giuseppe Da Niel, einem der Immobilienspekulan-
ten des frühen 19. Jahrhunderts, der 1805 das Obergeschoss erwarb.
Schon bevor das Haus zum Hotel wurde, schliefen hier statt prominenter Venezianer prominente Künstler von auswärts. Richard Wagner
übernachtete hier im Winter 1861 und nochmals für wenige Tage im

Oktober 1880. Zwölf Jahre später schaute von hier Marcel Proust auf die *Riva*, fand sie scheußlich und blieb nur seiner Begleiterin wegen, seiner Mutter. Als George Sand und Musset 1834 das Eckzimmer 10 gemietet hatten, war hier noch der *Albergo Reale* untergebracht. *Hotel Danieli*, Castello 4196, Riva degli Schiavoni, FON 041/522 64 80 www.luxurycollection.com/danieli

Abb.: Zwei antike Löwen flankieren das Eingangstor des *Arsenale*, 1460 vom Dogen Pasqual Malipiero als Triumphbogen errichtet. Der *Arsenale*, heute nur zu einem Bruchteil bei der Biennale genutzt, war Schiffswerft, Zeughaus und Flottenbasis der Republik Venedig. Der Doge Ordelaf Falier hatte diese Anlage, die zum größten Produktionsbetrieb Europas vor dem Zeitalter der Industrialisierung werden sollte, 1104 auf zwei Inseln im Stadtteil *Cannaregio* zu errichten begonnen. 1352 kam der *Arsenale nuovo* hinzu, 1475 der *Arsenale nuovissimo*. In der *Cordeleria*, bei der Biennale als Ausstellungshalle zu besichtigen, wurden damals die Schiffstaue gedreht. Die beiden Löwen, die Wagner bei jedem Venedig-Aufenthalt, auch bei seinem letzten, aufsuchte, zeugen von der kriminellen Grundlage vieler venezianischer Schönheiten: Francesco Morosini, Doge, zugleich General und Flottenkommandant, hatte sie 1687 in Griechenland gestohlen. Der linke Löwe hatte die zweitausend Jahre davor friedlich den Hafen in der Nähe Athens, zu Morosinis Zeit *Porto Leone* genannt, bewacht.

Auf dem Weg hinaus zum *Arsenale* erkundigten sich die Wagners in den *Giardini Publici*, ob Siegfried hier Reitstunden nehmen könne. Diese Gärten, hinter der Mauer gelegen, die sich an der *Fondamente della Croce* entlangzieht, auch *Paradopoli*-Gärten genannt, waren ursprünglich Teil eines alten Benediktinerklosters, das zusammen mit dem Nonnenkloster von *Santa Chiara* zur Kirche *Santa Croce* gehörte. In der Säkularisation war dieser Kirchenbau, einer der ältesten in Venedig, abgetragen worden. *Arsenale, Castello und Giardine Publici, Castello.*

Das *Hotel Bauer*, ehemals Bauer-Grünwald, befindet sich teilweise – ein großer Flügel zum *Campo San Moisè* hinaus wurde erst in den 1940er Jahren angebaut – in einem *Palazzo*, der im frühen 19. Jahrhundert nach Plänen von Giovanni Sardi, einem venezianischen Architekten, an Stelle zweier wenig prominenter Häuser aus dem 15. Jahrhunderts errichtet wurde. Deutschsprachige Gäste bevorzugten traditionell dieses Hotel. Das Restaurant machte es dem Vegetarier Rilke ebenso recht wie Richard Wagner und seinem Schwiegervater Franz Liszt. Fränkischen Schweinsbraten und Blaue Zipfel bekam Wagner hier zwar nicht, dafür Kandiertes, wofür Wagner zum Leidwesen seiner Zähne ebenso schwärmte wie sein Mäzen, Bayernkönig Ludwig II., der bereits mit Mitte dreißig nur noch braune Stummel im Mund hatte. *Hotel Bauer*, San Marco 1459, Campo San Moisè, FON 041 520 70 22. www.bauervenezia.com

Antonio Vivaldi & Anna Girò

Die Fallen der Doppelmoral

Als sie dreizehn, vierzehn ist, sieht alles noch gut aus. Das Haus, in dem Anna zur Frau wird, liegt schön, direkt an der *Riva degli Schiavoni*, neben *Santa Maria della Pietà*, keine zehn Minuten vom Markusplatz entfernt. Davor nur die breite Promenade, die Schiffe, das Wasser der Lagune, der Blick auf *San Giorgio Maggiore*. In der Ferne sind die Ufer des Lido auszumachen.

Anna betet, lernt, isst, singt und schläft im *Ospedale della Pietà*, unter Venezianern nur die *Pietà*, einem der vier Hospize in Venedig, die früher zu Krankenhäusern gehört haben und deshalb noch immer so genannt werden.

Ihren vollen Namen, Anna Maddalena Tessieri detto Girò, kennt hier keiner. Es wäre stillos, ihn zu führen, denn die anderen Mädchen im Hause wissen gar nicht, wie sie heißen. Alle, die in der *Pietà* mit Anna aufwachsen, gelten als Findelkinder, unehelich geboren, oft von mittellosen Müttern, doch es sind auch unerwünschte Töchter von Eltern darunter, die ihr Geld nicht für eine Mitgift verplempern wollen und Säuglinge ohne das wesentliche Körperglied anonym an diesem *Ospedale* abgegeben haben. Eine Aufschrift an der Fassade des Hauses droht zwar denjenigen, die sich auf solche Weise ihrer Kinder entledigen, ewige Verdammnis an. Aber das tägliche Auskommen ist den meisten Venezianern wichtiger. Der Bannfluch lässt sich wegbeten.

Bei Anna liegen die Verhältnisse anders. Sie kennt ihre Eltern. Ihr Vater ist Friseur und Perückenmacher. In seiner französischen Heimat trug er den Familiennamen Teseire, wurde aber von allen als Monsieur Giraud angesprochen. Von dort ist er nach Mantua ausgewandert, wo sie aus Teseire Tessieri gemacht haben und Signore Girò zu ihm sagen. Er und seine Frau haben ihre Tochter wohl ungern hergegeben. Der Mann, der sie dazu überredet hat, muss überzeugend gewesen sein. Zwölf war Anna, vierundvierzig Antonio Vivaldi, als er sie 1722 aus Mantua nach Venedig entführt hat. Das Mädchen besaß damals schon eine auffallend angenehme Stimme, Musikalität, Talent, sich zu bewegen und eine große Begabung, sich in Szene zu setzen.

Eine wie Anna gehört in die *Serenissima*. Und Vivaldi hat gewusst, wohin.

Seit 1703 arbeitet er als Musiklehrer am *Ospedale Santa Maria della Pietà*, mit Unterbrechungen; eine feste Stelle ist das nicht, jedes Jahr wird von neuem über die Bedingungen und eine Vertragsverlängerung entschieden und mehrmals hat Vivaldi diese sichere Einkunft verloren, obwohl er als Pädagoge aus Passion den Mädchen Glanzleistungen abringt und fast alles unterrichtet, von der Geige über das Violoncello bis zur Orgel. Als er Anna einschleust, wird er gerade mal wieder in den Zahlbüchern der Pietà geführt, einem jener vier Häuser in Venedig, die Konservatorien zuerst nur im Sinn von Kinderbewahranstalten waren, drei davon für Waisen. Mit Musikschulen hatten sie anfangs nichts zu tun. Der *Ospedale*, an dem Vivaldi unterrichtet, hat den anderen vor allem eines voraus: den Ruf, über die nötigen Mittel zu verfügen und die Mädchen musikalisch so gut auszubilden, dass viele von ihnen später eine Solokarriere machen, als Sängerin oder Instrumentalistin. Draußen nennen sie sich dann mit Nachnamen *della Pietà*, sei es aus Dankbarkeit, sei es, weil sich das gut verkauft. Die Unbegabten werden hier *di comun* genannt, die Begabten, die im Chor mitsingen oder im Orchester mitspielen, heißen *di coro* und dürfen ihrem Vornamen das Instrument oder die Stimmlage anhängen wie ein Adelsprädikat. Da gibt es die *Maria della Viola*, die *Silvia da Violin*, die *Agostina dal Sopran*. Anna wird *Annina dal Coltralto* genannt, die kleine Anna vom Kontraalt; der *Alto* ist Kastratensache.

Aufgenommen wurde sie offiziell der Stimme und ihres Fürsprechers Vivaldi wegen, Widerstände hatte der jedoch kaum zu überwinden. Mädchen wie Anna Girò werden hier gebraucht. Ihre dunklen Augen glänzen, ihr Mund ist sinnlich, ihre Figur ist grazil. Eine Schönheit, verrät die Beschreibung eines Zeitgenossen, ist sie nicht, aber eine Erscheinung, die Männerblicke anzieht. Das ist wichtig in diesem Gemäuer, das sich *Die Barmherzigkeit* nennt, denn auch dort wohnt der Geist Venedigs.

Venedig ist eine doppelte Stadt. Sie hat ein Verkehrsnetz aus gepflasterten Wegen und eines aus Kanälen. Sie ist labil und verleiht sich durch Riten, Traditionen und Zeremonien den Anschein des Stabilen. Sie verordnet sich Gesetze, um sie zu unterwandern. Nichts ist in Venedig erlaubter als das Verbotene, nichts finden die Menschen hier selbstverständlicher als das Doppelte. Die einander gegenüberliegenden Emporen in *San Marco* haben die Doppelchörigkeit inspiriert, nicht zufällig hat der Flame Adriaen Willaert sie in Venedig erfunden. Jeder Mann von Stand, jede Frau von Verstand praktiziert hier die Kunst des Doppellebens, jeder zelebriert die Doppelmoral. Mancher Patrizier, der im *Ospedale della Pietà* anonym seine Tochter losgeworden ist, betätigt sich dann als Gönner und beruhigt mit einer Spende an dieses Institut sein Gewissen.

Engelsgleich wirken die Mädchen, wenn sie in ihren weißen Kleidern auftreten, ein paar weiße Geranien im Haar oder am Ausschnitt. Die Besucher aus dem Ausland rührt es, wenn diese Unschuldsengel dann auch noch himmlisch musizieren. Männliche Besucher spüren es oft besonders deutlich. Möglicherweise auch einige Lehrer, denn wenn sie den Mädchen einzeln Stunden geben, sitzt ständig eine Zuchtmeisterin dabei, eine *maestra di batuta*, bereit, sofort mit dem Stock dazwischenzufahren. Andererseits sind die Nonnen auf Zusatzeinnahmen angewiesen; kaum einer der Zöglinge wurde mit Goldmünzen in der Windel im Drehschalter des *Ospedale* abgelegt. Mancher Gast aus dem Ausland, der über Reiseführer oder Mund-zu-

Mund-Propaganda von den musikalischen Mädchen gehört hat, zahlt gut dafür, einen Abend, vielleicht die ganze Nacht, mit einem von ihnen zu verbringen, seine Reinheit zu verderben oder festzustellen, dass diese Arbeit bereits ein anderer erledigt hat. Den Mädchen von der *Pietà* steht der Ruf ihrer Jungfräulichkeit so gut wie den verführerischen Madonnen auf Venedigs Altären der Heiligenschein. Ein paar Strenggläubige zetern, dass sie sich die Engelslocken mit der Brennschere drehen und zum Unschuldsblick ein Dekolleté tragen, doch das kümmert keinen. Es entspricht schließlich dem Stil der Stadt.

Die Venezianer, männliche wie weibliche, blutjunge wie reife oder alte, sind Virtuosen des Doppellebens. Sie geben sich sittenstreng und kultivieren den sexuellen Betrug. Sie verfügen über mehr Kirchen als Städte dreifacher Größe, in denen sie die Nächstenliebe beschwören, und denunzieren ihre Nächsten, indem sie anonyme Bezichtigungen in einen der Löwenköpfe einwerfen, die in jedem Sprengel zu finden sind. Sie wählen den geistlichen Beruf, um weltliche Freiheiten zu genießen. Sie feiern leuchtende Feste und sperren angebliche Verbrecher für Jahre, oft Jahrzehnte in lichtlose Zellen. Sie erlassen Luxusverbote, um ihre gesamte Phantasie darauf zu verwenden, wie die zu umgehen seien. Sie werden wie ein Tizian und die meisten seiner Zunftgenossen weltberühmt durch fromme Bilder und sind vor Ort berüchtigt für ihre Raffsucht. Sie brüsten sich mit dem Venezianischen und schmückten von jeher ihre Stadt mit fremden Federn: die Granitsäulen auf der Mole stammen aus Syrien, der Bronzelöwe vor *San Marco* kommt wohl aus assyrischem Gebiet, die heiligen Leichname von Nicholas, Isidor bis hin zum unersetzlichen Markus sind ohnehin geraubt.

Wer die Kunst des doppelten Spiels nicht von Kindesbeinen an lernt, ist in Venedig verraten und verkauft.

Antonio Vivaldi, 1678 im *Sestiere Castello* geboren, weiß das besser als mancher andere. Sein Vater Giambattista war ursprünglich Barbier, Friseur und Perückenmacher von Beruf. Doch in seinem Salon wurde mehr geboten. Während die Farbe einzieht, das Haar gelockt, der Bart geschnitten wird, wollen die Kunden unterhalten werden mit neuen Nachrichten und Gerüchten, auch gerne mit Musik. Sind sie anspruchsvoll, muss der Barbier sich anstrengen und zum ambitionierten Darsteller werden. Ein Venezianer genießt dieses doppelte Leben. Bald schon war der *barbiere* Giambattista Vivaldi als *sonador*, als Musiker der *Basilica di San Marco* eingetragen. Die Geiger der Kapelle dort werden von jeher gut bezahlt und das Geld konnte er brauchen, denn er hatte neun Kinder. Antonio war das älteste Kind. Durch den Vater hat er in Praxis und Theorie gelernt, dass in Venedig die Stellen in den oberen Rängen, gleichgültig in welchem Metier, nicht nach Können, sondern nach Kennen vergeben werden. In den Prokuratien sitzen die Experten für Vetternwirtschaft, und wer keine Vettern an Hebeln sitzen hat, muss sich welche kaufen. Vivaldi hat niemals Skrupel gehabt, die Gesetze des Doppellebens zu befolgen. Solche Hemmungen haben ihm die *padre* der Pfarreien, in denen er ambulant zum Geistlichen ausgebildet worden ist, nicht anerzogen. Die *padre* waren ja auch Venezianer. Dass er, ein Wunderkind auf der Geige, Priester wurde, war kein Umweg, sondern eine Abkürzung. Im Talar konnte der Sohn des Barbiers die gesellschaftlichen Barrieren überspringen, sich Zugang zu den großen Familien verschaffen, die ihre entschwundene Wichtigkeit durch Verschwendungssucht ersetzen. Mit Anfang zwanzig war er in der Kunst des Doppellebens so sicher gewesen wie bei den Doppelgriffen auf seiner Violine. Ein exzentrischer Priester, der die geistliche Kluft als Deckmantel trägt, auch als Schutzmantel vor bürgerlichen Verpflichtungen. Diese Methode ist in Venedig bewährt. Sich ohne jede Berechtigung als *Abbate* auszugeben und zu verkleiden ist derart erfolgversprechend, dass der Missbrauch gesetzlich verfolgt und mit hohen Strafen geahndet werden muss. Wer es ernster nimmt und sich wie Vivaldi zu höheren Weihen durchkämpft, kann ebenfalls ein Doppelleben führen, da die Ausbildung nicht unbedingt hinter geschlossenen Klostermauern stattfinden muss, sondern wie bei Vivaldi in der Wohnung der Eltern oder in eigener Behausung durchgeführt werden kann. Daher kommt in Venedig auf ungefähr fünfundzwanzig Bürger ein Priester. Die wenigsten davon sind am geistlichen Beruf wirklich interessiert. Auch Vivaldi hat sich im Jahr 1712, da war er vierunddreißig, vom Korsett liturgischer Termine ein für allemal befreit, angeblich, weil eine Atemwegserkrankung und angeborene körperliche Schwäche ihn genötigt hatten, während der Messe den Altar zu verlassen. Dass er notgetauft worden war, ist belegt, dass er an Bronchialasthma leidet, steht außer Zweifel, doch ebenso wenig zu bestreiten ist, dass er als Solist seiner eigenen Konzerte die körperlichen Anstrengungen öffentlicher Auftritte ebenso mühelos besteht wie die Strapazen seiner Konzertreisen. Dass der *prete rosso*, der rote Priester, wie sie ihn des rotblonden Haares wegen nennen, angefangen hat, Opern zu komponieren, stört keinen. In der Stadt des Doppellebens und der Doppelmoral ist das kein Problem, solange es keine Feinde gibt, die nach Argumenten suchen. Doch die gibt es im Fall des roten Priesters mittlerweile.

Vermutlich hat Vivaldi erst dann gefährliches Terrain betreten, als er 1715 beschloss, Impresario am *Teatro Sant'Angelo* zu werden. Gefährlich war diese Entscheidung nicht etwa seiner Gesundheit wegen: Die Jahre als Impresario in denen er sich mit den Launen der Primadonnen und Kastraten, den Hinterhältigkeiten seiner Konkurrenten, mit Spekulationen und Manipulationen herumzuschlagen hatte, wo er komponierte, als Solist brillierte und vom Cembalo aus dirigierte, haben ihm nicht zugesetzt. Der Mann, der Anna Giró sieben Jahre später nach Venedig bringt und elf Jahre später auf die Bühne des *Sant' Angelo*, wirkt belastbar. Nein, Vivaldi war einfach einen Schritt zu weit gegangen.

Das sollte sich rächen.

Offiziell sind Venedigs *Teatri* zwar Stätten des gesprochenen oder gesungenen Dramas, inoffiziell jedoch Objekte von Spekulationen, bei denen es weniger um Kunst als um Geld und Einfluss geht. Es war von Anfang an riskant, dass Vivaldi auf eigene Rechnung arbeitet, wie die adligen Gewinnsüchtigen auch. Im Gegensatz zu ihnen verfügt er über kein Vermögen, keinen *Palazzo*, keine mächtige Familie im Hintergrund. Doch er meinte wohl, es reiche aus, viel zu können, viel zu leisten und über die Intrigenwirtschaft Bescheid zu wissen, um in diesem Gewerbe Erfolg zu haben.

Jeder Impresario hier braucht nicht nur seine bezahlte *Claque*, er braucht auch seine Stars, weibliche vor allem. Besucht ein Opernliebhaber Venedig, ob er aus Rom kommt oder aus London, dann will er nicht die üblichen Kastraten, er will Frauen auf der Bühne sehen, denn nur hier ist es ihnen erlaubt, aufzutreten, in Hosenrollen oder im Rock.

Vivaldi hatte also Gründe gehabt, Girò seine vielversprechende Tochter auszuspannen. Er hatte gewusst, dass ihm bei seiner Rückkehr nach Venedig ein kalter Wind entgegenblasen würde. Schuld daran war keineswegs sein geistlicher Stand. François Misson, ein Gast aus Paris, war erstaunt, dass hier alle *Priester und Mönche das Recht haben, während der Karnevalszeit Masken zu tragen, ihre Konkubinen auszuführen, als Sänger auf der Bühne zu erscheinen und überhaupt zu tun, was ihnen gefällt.* Vivaldi gefällt es, Impresario zu sein und in jenem großen Theater namens Venedig eine Hauptrolle zu spielen, vor und hinter den Kulissen. Schuld daran, dass seine Heimatstadt ihn unfreundlich empfing, war Benedetto Marcello, ein Patrizier, der sich als Komponist, Verwaltungsbeamter, Librettist, Lyriker, Kritiker und Satiriker betätigt. Seine Schrift *Il Teatro alla moda*, ein Pamphlet in Reimen, nannte Vivaldi als Impresario des *Sant'Angelo* nicht beim Namen, doch jeder in Venedig hatte sofort verstanden, wer gemeint war mit dem Geistlichen, der vor Geltungssucht vibriert. Einer, der den adligen Impresarii Konkurrenz macht, anstatt bei seiner Geige zu bleiben.

Vivaldi hatte geahnt, was ihn bei seiner Rückkehr erwartete. Er kennt dieses Getuschel, das sich in die Ritzen verkriecht, sobald er sich umdreht, wie Kakerlaken, wenn sie das Licht der Laterne trifft. Anna Giró soll Vivaldis Geheimwaffe gegen Intriganten und Kritiker vom Schlag eines Marcello werden. In der Oper wird in den Logen geschwatzt, gelacht, geklatscht, getafelt und hinter geschlossenen Vorhängen das gemacht, was sich

Liebe nennt. Im Parterre wird nach Freunden geschrieen, nach einem der Laufburschen, die Erfrischungen servieren, geflucht auf die da oben, die abgenagte Hühnerknochen, Fischgräten oder Obstreste nach unten werfen. Zugehört wird jedenfalls nur, wenn eine berühmte Stimme eine große Arie singt. Dazu braucht Vivaldi diese Anna Girò. Ihr Name soll sich mit seinem fest verbinden.

Sie ist noch keine sechzehn, als sie 1726 zum ersten Mal eine große Partie in einer Oper von Vivaldi übernimmt, die Partie des Farnace. Seine Rechnung geht auf: Sofort schlägt die Girò das Publikum in Bann, obwohl ihre Stimme nicht groß ist.

Eine wie Anna hat hier Möglichkeiten, wie nirgendwo sonst in Italien. Nur in Venedig gibt es so viele Bühnen für eine Primadonna. Acht Häuser werden in der *Serenissima* regelmäßig bespielt. Sie heißen nach der Pfarrkirche, in deren Nähe sie liegen, und sind im Besitz des Adels. Vier davon, *San Giovanni e Paolo, San Benedetto,* genannt *Beneto, San Samuele* und *San Giovanni Crisostomo* gehören den Grimani. Der Fremde in Venedig erfährt nicht, dass der Adel sich diese Häuser weniger aus Theaterleidenschaft leistet, vielmehr aus der Lust an der Macht. Der eigentliche Einfluss der *nobili* ist mit der sinkenden Bedeutung Venedigs verpufft, das wirtschaftlich und weltpolitisch nichts mehr zu sagen hat. Ersatz für die Adligen ist nun jene Macht, die sich über Spott und Gelächter, Applaus und Pfiffe verbreitet. Eine Macht, die durch den Bühneneingang geht, über Hintertreppen hinaufsteigt in die *Boudoirs,* die *Casini* und Schlafzimmer.

Alle, die mit dem Theater ihr Geld verdienen, sind begierig auf neue Talente. Auf eins wie die Girò. Sie ist ein Ereignis auf der Bühne. Spielt ein Kastrat eine unglücklich verliebte Frau, dann kichern, lachen und spotten die Venezianer oft. Spielt die Girò eine Liebende, die leidet, dann weinen sie. Auch, wenn sie als männlicher Liebhaber auftritt, weinen sie und brauchen einen Kräutertee, um sich zu beruhigen.

Offiziell wohnt Anna, seit sie die Ausbildung im *Ospedale* abgeschlossen hat, mit ihrer Schwester Paolina und ihrer Mutter an der *Corte dell'Albero.* Inoffiziell aber lebt sie in Vivaldis

Räumlichkeiten. Das wissen nur wenige, doch es war zu erwarten, dass irgendeiner darauf stoßen würde. Im Dienst der Inquisition sind genügend Spitzel tags und nachts in der Stadt unterwegs und verfassen Berichte, die gut bezahlt werden. Erkennen kann diese Spitzel kaum einer; sie führen ebenfalls ein Doppelleben. Mancher, der selbst einmal heimlich überwacht, angeschwärzt, ohne Urteil eingesperrt, vielleicht sogar misshandelt worden ist, hat die Seite gewechselt. Daneben droht Gefahr durch harmlose Besucher, die als echte Venezianer das *chiacchierare*, das Schwatzen an jeder Ecke lieben. Vivaldi bestellt so einen, der schon von Berufes wegen an Intimitäten interessiert ist, im Frühling 1735 in sein Haus. Er braucht ihn, diesen Carlo Goldoni, Doktor beider Rechte, ehemals Kriminalkanzler in Chioggia und Theaterdichter, ein Meister des Doppellebens auch er. Schließlich ist er in Venedig geboren, in der *Ca' Cent' ani*. In Chioggia hat er bei Folterungen zugesehen, nun gilt sein Interesse ausschließlich dem Heiteren. Fast dreißig Jahre ist er jünger als Vivaldi, vertritt einen neuen Geist, steht für einen neuen Theaterstil, der seine Kraft aus dem Authentischen bezieht. Die Charaktere des Goldoni kennt hier jeder aus dem alltäglichen Leben und diese Frische kommt im morbiden Venedig, militärisch saftlos, merkantil kraftlos, gut an. Die Grimani verordnen dem Libretto zum Rührstück *Griselda*, das der altgediente Apostolo Zeno verfasst hat, eine Verjüngungskur, bevor Vivaldi es zum zweiten Mal vertont. Goldoni ist dafür der einzig Richtige. Er soll es Anna Girò auf den Leib schneidern. Das fordern die Grimani, die das Stück in ihrem *Teatro San Samuele* noch in der Saison 1735 aufführen wollen, das fordert Anna selbst, die das Pathos von Zeno lächerlich findet.

Vivaldi macht mit, er hat keine andere Wahl.

Seine Auftragslage hier, in Venedig, ist miserabel und die Zuschauer haben seit Langem nicht mehr *Brava, bravissima* geschrieen, wenn sich Anna Girò verneigt, denn Anna bleibt Vivaldi treu. Dann soll sie auch mit ihm leiden und untergehen. Nur auswärts, auf ihren Tourneen, haben der Komponist und seine Sängerin Erfolge zu verbuchen; in Wien, Graz und Prag, in Turin, Florenz und Mailand, in Bologna, Ancona und Pavia ist das Publikum hingerissen. Der venezianische Gesandte in Neapel schwärmt vom *furor*, vom feurigen Temperament der Girò, in Florenz haben sie ihr eine Urkunde ausgestellt, auf der ihr ein einzigartiges Können bezeugt wird.

Goldoni beurteilt Annina nüchtern. Er ist bekannt dafür, unvoreingenommen hinzuschauen. *Nicht schön, aber reizend, eine artige Taille, schöne Augen, schöne Haare, ein niedlicher Mund, wenig Stimme, aber viel Spieltalent.*

Sicher ist: diese Sängerin verfügt über eine erotische Ausstrahlung,

Anna ist mittlerweile fünfundzwanzig, Vivaldi ist siebenundfünfzig und die *Griselda* bietet die Gelegenheit, sich mit einem Erfolg an all jenen zu rächen, die ihn und seine Primadonna in den letzten Jahren verspottet und verdrängt haben. Goldoni soll Erfüllungsgehilfe dieser Revanche sein.

Vivaldi ist dabei, ein lateinisches Brevier zu lesen, als der junge Bühnenautor seinen Salon betritt. Er behandelt den Gast von oben herab, was der sich danach wortgetreu notiert. *Ich weiß wohl, dass Sie poetisches Talent haben*, erklärt er, *aber das hier ist etwas völlig anderes. Man kann eine Tragödie schreiben, ein Epos, wenn Sie wollen, aber dennoch keinen musikalischen Vierzeiler zustande bringen.* Ist es Imponiergehabe oder die Unsicherheit eines alternden Mannes, der seine Felle davonschwimmen sieht, dass Vivaldi in jedem Satz irgendwelche lateinischen Redewendungen unterbringt? *Deus ad adjuvandum*, liebt er besonders. Noch ist dieser Goldoni erst im Aufstieg begriffen, noch ist er kein Erfolgsautor, und was er vorhat, ist waghalsig: er will die *commedia dell'arte* aus der Schlampigkeit holen und den Schauspielern, die bisher munter drauf los improvisierten, den Text Wort für Wort vorschreiben. Außerdem möchte er die stehenden Charaktere abschaffen, diese ewig gleichen Typen, und durch lebendige ersetzen, so wie sie jeder in Venedig beobachten kann.

Gönnerhaft lässt Vivaldi den jungen Goldoni wissen, was die Girò von ihm erwartet. *Signorina Girò kann den schmachten-*

den Ton nicht leiden. Sie will ein Stück voll Ausdruck und Feuer, eine Arie, die Leidenschaften auf andere Art vermittelt, durch abgebrochene Worte, Seufzer, Aktion, Bewegung. Goldoni versteht sofort. Diese Girò hat mehr Bühnenerfahrung als manche Kollegin mit vierzig, sie weiß, was ihr liegt, was ankommt, was das Publikum von ihr erwartet. Vivaldi ist auf Goldonis Intuition und schnelle Arbeit angewiesen, aber er weigert sich, ihm das Libretto, das er umschreiben soll, mitzugeben. Hier, vor Ort, soll er auf der Stelle zeigen, was er kann. Goldoni lässt sich nicht anmerken, wie sehr ihn die Hochnäsigkeit Vivaldis ärgert, zieht sich mit Papier, Feder und Tinte zurück und liefert nach einer Viertelstunde den Beweis seines Talents. Vivaldi stößt Freudenschreie aus, ruft die Giró. Sie kommt aus dem Nebenzimmer.

Ist Goldoni überrascht, Anna im Haus von Vivaldi vorzufinden, oder tut er nur so? Vivaldi lobt den jungen Dramatiker überschwänglich. Doch der wäre nicht Goldoni, ließe sich seine Neugier und Wachsamkeit dadurch einschläfern. Er verfolgt genau, was zwischen der Sängerin und dem Komponisten abläuft. Das ist der Stoff, aus dem seine Stücke gemacht sind. Schließlich hat er selbst mit neunundzwanzig schon zahllose Affären hinter sich, nicht allein in Rimini, wo er bei den Dominikanern Philosophie studierte, nicht nur in Pavia, wo er deswegen aus dem päpstlichen Kolleg geworfen wurde. Auch in Venedig ist er als Liebhaber berüchtigt. Eine Geliebte ließ er fallen, weil ihre Schwester, der sie von der Konstitution her stark ähnelte, nach der Geburt des ersten Kindes schlagartig die Figur und die Schönheit verloren hatte. Er behauptet zwar, eine Frohnatur von gütigem Wesen zu sein, weil ihn seine Mutter ohne Schmerzen gebar, aber die Güte kennt ästhetische Grenzen. Eine andere, fünfzehn Jahre älter als er, jedoch deutlich jünger aussehend, hatte zwar eine beachtliche Mitgift, Witz, Geist und Temperament zu bieten, doch Goldoni konnte sich ausrechnen, wie sich das Eheleben mit einer Frau gestalten würde, die an allem herummäkelte. Als Komödienfigur prächtig, als Gefährtin des Lebens weniger. Nachdem diese Dame dann einen Mann vorzog, der im Gegensatz zu Goldoni einen Adelstitel zu bieten

111

hatte, war er erleichtert zu ihrer Nichte übergelaufen, nicht hübsch, aber jung. Eine Ehe mit ihr schien wegen eines anstehenden Erbes finanziell interessant, obwohl sie nicht aus reichem Hause stammte. Doch als Goldoni dahinter kam, dass erst einmal vier Mädchen in der Familie sterben mussten, bevor die Braut mit dem Beerben an der Reihe war, hatte er ihr in einem Brief bekannt, er wolle sie mit großen Freuden aus reiner Liebe heiraten, wenn sie irgendwie an die versprochenen 6000 Dukaten herankomme. Sie kam nicht heran.

Das ist gerade erst überstanden. Nun ist Goldoni frei. Seine Phantasie ist es auch.

Wie weit geht diese sogenannte Freundschaft zwischen dem roten Priester und dieser Annina? Ist ihre Schwester Paolina, wie Vivaldi behauptet, wirklich nur als Krankenschwester für ihn mit von der Partie? Besteht die Adresse von Mutter Tessieri Girò und ihren Töchtern an der *Corte dell'Albero* nur auf dem Papier? Wenn die Sängerin sich bereits vormittags in Vivaldis Wohnung aufhält, liegt der Verdacht nahe.

Vivaldi und Annina sind unvorsichtig. Sie haben in diesem Jahr 1735 längst beschlossen, Venedig zu verlassen und ihre gemeinsame Karriere in Ferrara fortzusetzen. Was kümmert sie noch der Klatsch in Venedig?

Sie verbergen vor Goldoni nichts und sind nur an einem interessiert: in Venedig einen großen Abgang zu haben. Die Venezianer sollen ihnen nachweinen.

Die Uraufführung der verjüngten *Griselda* wird zu dem Triumph, den die beiden sich erhofft haben. Viele Venezianer erkennen sicherlich, wie doppelsinnig das Ganze ist. Griselda ist eine verstoßene Königin, die sich dem Bösewicht Ottone nicht hingeben und ihrem Mann treu bleiben will. Doch sie ist beim Volk unbeliebt, wird verachtet ihrer niederen Herkunft wegen. Mit Mut und Hartnäckigkeit aber erobert sie den Respekt und schließlich die Liebe des Volkes. Als Siegerin kehrt sie, nachdem sie den Beweis ihrer Treue erbracht hat, ins Schloss zurück.

Goldoni und Vivaldi haben vollkommene Arbeit geleistet. Griselda hat nicht die größten Arien, die längste dauert nur vier

Minuten, aber sie ist das ganze Stück hindurch auf der Bühne gegenwärtig. Schon am Ende des ersten Akts, als Anna die Arie *Ho il cor già lacero — Mein Herz ist zerrissen* singt, tobt das Publikum in den Logen und im Parkett von *San Samuele.*

Vivaldi und die Girò haben ihre Ehre zurückerobert, doch sie wollen trotzdem jene Stadt verlassen, auf die kein Verlass ist. Sie wollen auf dem Festland, dem sicheren Boden der *Terraferma* leben, nicht länger auf dem doppelten der *Serenissima.* Mit dem Marchese Bentivoglio, verantwortlich für das Programm der Theater in Ferrara, sind sie rasch einig geworden. Der adlige Impresario ist stolz, zwei so hochkarätige Musiker aus der *Serenissima* abgeworben zu haben.

Zwei Jahre nach dem Triumph der *Griselda,* ein Jahr nach dem Erfolg des *Demetrio* in Ferrara, im November 1737, befinden sich Anna und Antonio mitten in ihren Umzugsplänen. Sie haben einen Vertrag für die Ferrareser Karnevalsoper im Jahr 1738 in der Tasche, in der bewährten Konstellation. Da lässt der päpstliche Nuntius in der *Calle di Sant'Antonio* bei Vivaldi eine Nachricht abgeben. Vivaldi habe sich sofort bei ihm zu melden. Als der rote Priester antritt, teilt ihm der Nuntius mit, Kardinal Ruffo, Erzbischof von Ferrara, verbiete dem Priester Antonio Vivaldi, jemals wieder seine Stadt zu betreten.

Der Schlag kommt keineswegs aus dem Nichts. Antonio und Anna waren vorgewarnt. Schon im Mai hatte Bentivoglio einen Brief an Vivaldi geschrieben, in dem er ihm abriet, bei der nächsten Uraufführung persönlich aufzutreten, und ihm empfahl, einen Stellvertreter Proben und Premiere leiten zu lassen.

Ferrara liegt auf dem Festland. Die Doppelmoral hat sich aber wie ein Virus von der Lagune dorthin ausgedehnt. Es wird gemunkelt, Bentivoglio habe Appetit auf Anna Girò bekommen und nutze nun die willkommene Gelegenheit, dass der Kardinal sich über das Verhältnis zwischen Komponist und Sängerin entrüstet. Ruffo hat sich, nachdem er über siebzig ist, entschlossen, den Morast im Dasein der Kirchendiener trockenzulegen und mit Vivaldi ein Exempel zu statuieren. Bentivoglio wie Ruffo setzen wohl darauf, dass Anna Giró nun ihren fast sechzigjährigen Liebhaber fallen lässt, der ihr den Karriereweg versperrt.

Die Komödien des Carlo Goldoni sind so erfolgreich, weil sie eigentlich Tragikomödien sind. Doch Ruffo und Bentivoglio haben sowohl Vivaldi als auch die Girò unterschätzt. Die Girò hat mehr Charakter als erwartet, und Vivaldi mehr Geschäftssinn als vermutet. Er denkt nicht daran, auf den 6000 Dukaten sitzen zu bleiben, die er vorfinanzieren musste. Wer das Doppelleben beherrscht, gibt in einer solchen Situation nicht auf. Vivaldi fälscht Verträge, setzt hinter dem Rücken von Bentivoglio einen anderen Mann auf den Kardinal an, um ihn umzustimmen, und sichert sich ab gegenüber den Ansprüchen bereits engagierter Sänger. Kurz darauf tritt Ruffo von seinem Amt zurück.

Haben Vivaldi und die Girò gewonnen?

Ruffos Nachfolger erneuert umgehend alle Erlasse seines Amtsvorgängers und verbietet es sämtlichen Geistlichen bei Strafe, an öffentlichen Vergnügungen teilzunehmen. Zu denen gehören an erster Stelle die Opernaufführungen in den Monaten der Karnevalssaison, Vivaldis wichtigste Einnahmequelle.

Anna Girò lebt nun lange genug in Venedig, um die Regeln des doppelten Spiels zu beherrschen. Sie wird den geistlichen Liebhaber Vivaldi, mit dem sie nie ein Spielcasino, nie einen Maskenball, nie eine private Gala besuchen durfte, weil er wenigstens seinen Ruf als Kränkelnder retten wollte, einwechseln gegen einen Grafen. Sie wird die Gattin des Conte Antonio Maria Zanardi Landi, eines reichen und angesehenen Witwers aus Piacenza.

Doch damit verletzt sie Vivaldi nicht mehr. Der ist zum Zeitpunkt ihrer Hochzeit bereits seit sechs Jahren tot. Im Sommer 1741 ist er in Wien gestorben, wo er noch einmal auf eine Alterskarriere gehofft hatte. Bis zu seinem Tod war Anna an seiner Seite und wahrscheinlich war sie auch dabei, als der Sarg mit seiner Leiche im *Spittaler Gottesacker* versenkt wurde.

Zurück in Venedig muss sie erfahren, welche Gerüchte über

Antonio verbreitet worden sind. Er sei, hieß es, wegen seiner Verschwendungssucht völlig verarmt gestorben. Sie muss auch erleben, wie schnell der Ruhm ihres Gefährten verblasst. Seine Werke sind, als sie aus Wien heimkehrt, vergessen und sollen das lange bleiben. Goldoni ist zwar nach wie vor als Bühnenautor beliebt, nicht aber als Geschäftsmann. Als Komödiendichter hat er auch alles richtig gemacht. Er hat sich an die Gesetze der Ökonomie gehalten und wie Vivaldi eine immense Produktion vorzuweisen, weil er aus Baustücken alter Werke neue schafft. Und er hat sich an die Regeln der venezianischen Doppelzüngigkeit gehalten, indem er zwar die Unsitten der Adligen auf der Bühne bloßstellt, sie aber nicht den venezianischen, sondern auswärtigen anlastet. So bleibt den *nobili* vor Ort das Lachen nicht im Halse stecken. Ehrgeizig hat er sich wie Vivaldi jedoch auf fremdem Terrain zu weit vorgewagt: zum Konsul von Genua in Venedig ernannt, hat er unbezahlt für seine Eitelkeit gearbeitet, seine finanziellen Reserven an einen Hochstapler verloren und muss nun, ein Jahr nach Annas Rückkehr, mit seiner Frau Venedig fluchtartig verlassen, um den Gläubigern zu entkommen und dem Spott der Venezianer. Einen Komödiendichter, der auf einen Betrüger hereingefallen ist, finden sie komisch.

Während Goldoni weiterhin der Erfolg auf den Bühnen sicher ist und Vivaldi immerhin im 20. Jahrhundert eine sensationelle Wiederauferstehung feiern soll, wird sich für die Primadonna Anna Girò niemand mehr interessieren. Bekannt ist heute lediglich, dass sie 1747, mit siebenunddreißig Jahren, zum letzten Mal in Venedig auf der Bühne stand. Selbstverständlich nicht mehr in einer Oper von Vivaldi, vielmehr im *Achille* des Giambattista Runcher, damals gefeiert, heute vergessen. Keiner macht sich die Mühe, nach einem Porträt von Anna Girò zu suchen. Keiner forscht nach Details ihrer Biographie, obwohl sie zu Lebzeiten ebenso berühmt war wie der Kastrat Farinelli oder die fast gleichaltrige Kollegin Faustina Bordoni.

Was von ihr bleibt, ist die süffisante Schilderung des Carlo Goldoni. Vielleicht besser als diejenige, die Carlo Goldoni von seiner Frau Nicoletta hinterlässt, die er ein Jahr nach dem *Griselda*-Erfolg geheiratet hatte.

Sie weiß unfehlbar, wann sie mit mir sprechen soll und wann es mir lieber ist, sie schweigt. Meine Stimmungen, die Erschöpfung durch meine Arbeit, lassen mich manchmal unruhig, gereizt und grillenhaft werden. Sie kennt diese Zustände, nimmt sie hin, schweigt und stört mich nicht.

Das preist der Dramatiker, dessen freche Frauen bis heute das Publikum verzücken.

Verhielte es sich anders, wäre Goldoni kein Venezianer gewesen.

Abb.: Da Antonio Vivaldi (1678–1741) zu Lebzeiten bereits in ganz Europa berühmt war, erstaunt es, dass nur zwei authentische Porträts von ihm bekannt sind. Eine Karikatur von Pierleone Ghezzi, die er wahrscheinlich 1723 in Rom bei einer Probe Vivaldis zeichnete, und dieser Kupferstich von François Morellon de La Cave, 1725 entstanden. Ob das bekannte Bildnis eines Musikers mit rotem Umhang, unter dessen Perücke ein paar rote Haare hervorlugen, wirklich Vivaldi zeigt, ist unter Forschern umstritten. Dass der rote Umhang, den Vivaldi als Berufskleidung trug, zu seinem Namen *prete rosso* führte, ist nicht wahrscheinlich: Bereits für seinen Vater wurde der Beiname Rosso oder Rossi häufiger verwendet als der offizielle Familienname Vivaldi.

Abb.: Das Porträt, das der Venezianer Alessandro Longhi vom Venezianer Carlo Goldoni (1707–1793) schuf, hängt im *Museo Correr*, das sich im napoleonischen Teil der Prokuratien, gegenüber von *San Marco*, befindet und die Stadtgeschichte opulent präsentiert. Öffnungszeiten: 1. November bis 31. März täglich von 9 bis 17 Uhr. 3. April bis 31. Oktober 9 bis 19 Uhr. Am 25. Dezember und am 1. Januar bleibt das Museum geschlossen.

Orte

Der *Campo Bandiera e Moro*, benannt zur Erinnerung an zwei im Frei-
heitskampf des 19. Jahrhunderts gefallene Patrioten, hieß zu Vivaldis
Lebzeiten *Campo di San Giovanni in Bràgora*, nach der Pfarrkirche, die
dort bis heute steht. *Bràgora* leitet sich vermutlich vom venezianischen
Dialektwort *bràgola* ab, was Marktstätte bedeutet. Hier bezogen Vivaldis
Eltern ein Haus, das heute nicht mehr steht. Im Erdgeschoss befand sich
wohl der Frisiersalon von Antonio Vivaldis Vater. Er stammte aus
Brescia, aus einer Bäckerdynastie, die Mutter Camilla, geborene
Calicchio, aus einer Schneiderfamilie, die aus dem süditalienischen
Pomarico zugewandert war. Der Nachfolgebau von Vivaldis Geburts-
haus, ein schmales Haus mit vier Etagen, ist durch eine Tafel kenntlich
gemacht. Der *Campo di San Giovanni in Bràgora* ist, obwohl nahe
an der *Piazza di San Marco* gelegen, bis heute still, ein Ort für
Entdecker.

Die Kirche *San Giovanni in Bràgora* ist äußerlich nicht aufregend.
Das Innere aber umfängt mit einer in Venedig seltenen Atmosphäre der
Ruhe und Wärme und überrascht mit einem Meisterwerk. An der
Schmalseite der dreischiffigen Basilika mit dem offenen Dachstuhl versteckt sich hinter dem Hochaltar eines der bedeutendsten Tafelbilder
der Frührenaissance: Die *Taufe Christi* von Cima da Conegliano, den
Giorgio Vasari als Ersten in seinen Viten verewigte. Das Taufbecken in
der Kirche ist für Vivaldi-Verehrer einen Besuch wert. Wasser aus
diesem Becken wurde am 4. März 1678 über den Platz getragen, damit
der Sohn von Giambattista und Camilla Vivaldi die Nottaufe empfangen konnte, bevor er am 6. Mai regulär über jenes Becken gehalten und
auf die Namen Antonio Lucio getauft wurde.

Am *Campo San Filippo e Giacomo* stand das Haus, in dem Vivaldi
in den Jahren 1711 bis 1722 wohnte. Wer in seiner Nähe nächtigen
will, kann ein Zimmer in der *Locanda Correr* oder im *Hotel Bridge*
buchen, die an diesem Platz liegen. *Locanda Correr, Campo San Filippo e
Giacomo*, Castello 4370. *Hotel Bridge, Campo San Filippo e Giacomo*,
Castello 4498.

In der *Calle del Paradiso* bei der Kirche *Santa Maria Formosa* wohnte
Vivaldi von 1722 bis 1729 gemeinsam mit seinem Vater, zeitweise auch
mit Anna Girò.

Santa Maria della Pietà an der *Riva degli Schiavoni* ist das angesehenste und älteste der vier *Ospedali*, die es zu Vivaldis Zeit gab. Bereits im 14. Jahrhundert war das Hospiz zur Barmherzigkeit von einem Assisi-Frater gegründet worden.

Das Kleinste war der *Ospedaletto*, daneben gab es den *Ospedale Gli Incurabili*, der Unheilbaren, in dem früher geschlechtskranke Prostituierte gepflegt worden waren, damals dem Tod geweiht. Daneben existierte noch der *Ospedale I Mendicanti*, das Hospiz der Bettler. An allen wurden zu Vivaldis Zeit die Kinder in Musik unterrichtet, bei den *Mendicanti* gab Vivaldis Vater Geigenstunden, keines der anderen *Ospedale* hatte jedoch einen solchen Ruhm erwerben können wie die *Pietà*. Große *Maestri* einzustellen, hatte am *Ospedale della Pietà* Tradition; Caldara, Galuppi, Hasse, Jomelli, Propora und Scarlatti unterrichteten hier. An der Seitenwand zur *Calle della Pietà* steht bis heute, in eine Steinplatte gemeißelt: *Blitze und Verfluchung schleudert Gott gegen jene, die ihre kleinen Söhne und Töchter, eheliche wie natürliche, in diesem Ospedale della Pietà abgeben oder abgeben lassen, obwohl sie die Mittel und Möglichkeiten haben, sie selbst aufzuziehen, sind sie doch zum Ersatz aller Schäden und Auslagen für jene verpflichtet und können nicht losgesprochen werden, wenn sie dem nicht nachkommen, wie es deutlich in der Bulle unseres Herrn Papstes Paul III. vom 12. November des Jahres 1548 steht.*

Lange schon werden die Räumlichkeiten des *Ospedale* als Hotel genutzt. Mit antiken Möbeln und Bildern ausgestattet, macht das *Metropole* den Aufenthalt im Gedächtnis an Antonio und Anna zu einem angenehmen Erlebnis. *Hotel Metropole*, Castello 4149, Riva degli Schiavoni, FON 041/520 50 44. www.hotelmetropole.com

Die Kirche *Santa Maria della Pietà*, auch *Santa Maria della Visitazione* genannt, findet sich kurz hinter dem *Ponte Sepolcro*, der über den *Rio dei Greci* führt. Nach Entwürfen von Giorgio Massari wurde diese Kirche in den Jahren 1745 bis 1760 errichtet, also erst nach Vivaldis Tod. Auch die Fresken von Giambattista Tiepolo im Gewölbe hat Vivaldi nicht mehr gesehen. Als Tiepolo, aus Würzburg in die Heimat zurückgekehrt, musizierende Engel an die Decke malte, verstand jeder die Anspielung auf die zumindest in der Aufmachung engelsgleichen Mädchen des Konservatoriums. In dieser Kirche finden rund ums Jahr Vivaldi-Konzerte statt, zuweilen auf einem Niveau, das Vivaldi erfreut hätte.

Abb.: Östlich des *Rialto,* auf dem *Campo San Bartolomeo,* lächelt noch
immer Carlo Goldoni. Die Bronzestatue, die Antonio dal Zotto 1883
schuf, zeigt Goldoni in jener überlegenen Heiterkeit, für die er berühmt
war. Die Venezianer machten es ihm oft schwer, ihr treu zu bleiben. In
der Kirche *San Bartolomeo,* früher Sanktuarium der Deutschen, sind die
Orgelflügel interessant, heute im Chor ausgestellt, die der Giorgione-
Schüler Sebastiano del Piombo bemalte. Unweit davon befindet sich
eine für die Lage ungewohnt stille Pension, die *Residenza Goldoni,* in
der sich nicht nur seine Verehrer wohl fühlen. San Marco 5732/5234
FON 041/24 10 086, Fax 041/277 47 28.
www.residenzagoldoni.com

Die Familie Grimani betrieb seit 1655 das Theater *San Samuele* gegenüber dem *Palazzo Lordean* am *Canal Grande.* In Vivaldis Geburtsjahr

1678 eröffneten sie das neu erbaute Theater *San Giovanni Crisostomo* (*Grisostomo* mit venezianisch weichem Anfangslaut), das bis zur Eröffnung des *Fenice* 1792 das größte Haus Venedigs bleiben sollte; dort befindet sich heute der *Teatro Malibran*. Von 1755 an waren sie zudem Besitzer und Betreiber des *Teatro San Benedetto*, venezianisch mundfaul *Beneto* genannt, heute als *Cinema Rossini* (Haus Nr. 4007) in Funktion, das sich nicht den Komödien, sondern der *Opera seria* widmete. An das einstige Theater erinnert noch die Ortsbezeichnung: *Salizada del Teatro*.

Eines der Wohnhäuser Vivaldis, nahe der *Pietà* an der *Riva degli Schiavoni* gelegen, ist vor einigen Jahren in ein Hotel verwandelt worden. *Locanda Vivaldi*, Castello 4152–53, Riva degli Schiavoni, FON 041 / 277 04 77, fax 041 / 277 04 89. www.locandavivaldi.it

Der *Teatro Goldoni* in Venedig zehrt vom Ruhm des Dichters. Er befindet sich dort, wo die Familie Vendramin früher der *Teatro San Luca* betrieb, vor Ort auch *San Salvatore* genannt. Dieses Theater ist das einzige in Venedig, das sich von Anfang an nicht der Oper, sondern ausschließlich dem Sprechtheater verschrieben hatte. Zehn Jahre lang band sich Goldoni vertraglich an den Unternehmer Francesco Vendramin und lieferte kontinuierlich Nachschub für das hungrige Publikum. Glücklich war Goldoni, das intime *Sant'Angelo* gewöhnt, mit dem großen Neubau keineswegs: *Einfache und zartsinnige Vorgänge, Feinheiten und Scherze, das wahre Komische verloren darin viel von ihrer Wirkung.* Manche der heutigen Aufführungen geben ihm recht: zu laut, zu grob, mehr *comedy* als *commedia humana*. Die Räumlichkeiten aber, sorgfältig restauriert, lassen über die Bemühtheit der *Capi comici* aus der Region, Hauptdarsteller und Regisseur in Personalunion, gnädig hinwegsehen. *Teatro Goldoni*, San Marco 4650 b, FON 041 / 24 020 201. www.teatrogoldonive.it

Vom Theater *San Cassiano*, von der Familie Tron unterhalten, das nicht nur fünf Ränge über den Logen besaß wie die anderen Theater, sondern sechs, ist nichts mehr zu sehen; auch das *San Moisè* der Familie Giustinian ist abgerissen worden. Dort, wo früher Vivaldis *Teatro Sant' Angelo* stand, ist heute die *Casa Barocci* zu sehen, ein Gebäude aus dem 19. Jahrhundert.

Bis zu seinem Aufbruch nach Wien wohnte Vivaldi mit Anna und seinem Vater, der 1736 starb, *in der Calle di Sant'Antonio della Riva del Carbon*; diese Gasse nennt sich nach der *Riva* davor, um sie von anderen Gassen zu unterscheiden, die ebenfalls nach dem heiligen

Antonius benannt sind. Vom Kanal aus ist das Haus mit den fünf Fensterachsen, eingekeilt zwischen zwei höheren Gebäuden, direkt an der Bootsanlegestelle *Rialto* schön zu sehen. Für die unbekannten Helden des Alltags ist die *Riva del Carbon* eine wichtige Adresse: nur dort dürfen Lastkähne kurz festmachen, damit die Lastträger entladen und ihre handgefertigten *carelli* aus Edelstahl vollpacken können, um von dort aus die Geschäfte der *Merceria* und rund um *San Bartolomeo* zu beliefern.

Die Kirche San Moisè, in deren Nähe sich einst das *Teatro San Moisè* befand, bereits in karolingischer Zeit erwähnt, wurde 1632 von den Grundfesten auf neu errichtet. Ihre bewegte Fassade ist aufsehenerregend, aber auch unvenezianisch. Sie passt eher nach Rom. Das Kircheninnere führt einen düsteren Barock vor, der mit dem von Vivaldis Musik wenig gemeinsam zu haben scheint, und doch untrennbar dazugehört.

Die *Corte dell'Albero,* an der das Haus stand, in dem Anna Girò mit ihrer Schwester Paolina Trevisana und ihrer Mutter offiziell wohnte, hat ihr Aussehen seit damals grundlegend verändert, die Abmessungen jedoch haben ihre Schönheit und der Platz hat seine Stille bewahrt.

Die *Ca' Cent'ani,* in Goldoni geboren wurde, nahe bei der Brücke *San Tomà* gelegen, ist seit langem das *Museo Goldoni* mit theaterwissenschaftlichem Institut und einer Dauerausstellung, die Bücher, Briefe, Handschriften, Kostüme, Theaterzettel und andere Erinnerungsstücke zeigt. Wem das Studieren dieser Exponate zu mühsam ist – doch sind Goldonis Komödien selbst das nie –, der kann sich an der Schönheit des Innenhofes ergötzen. *Casa Goldoni,* San Tomà-San Polo FON 041/523 63 53. Öffnungszeiten: Montag bis Samstag von 10 bis 17 Uhr, im Winter bis 16 Uhr.

Eine der vielen Tragödien in Venedig, die keinen zu Tränen rührt: Wo früher im *Teatro Ridotto,* einem Rokokotheater, Goldonis Komödien aufgeführt wurden, befindet sich heute ein Restaurant, das zum *Hotel Monaco* gehört und im Besitz der Benetton-Gruppe ist, die offenbar auf wundersamen Wegen die Vorgaben des Denkmalschutzes umgehen konnte.

Eleonora Duse & Gabriele D'Annunzio
Die Erosion der Emotionen

Was Venedig gefährdet, ist bekannt: diese unablässige Bewegung. *Moto ondoso* sagen die Venezianer zu jenen Wasserturbulenzen in den Kanälen, die ihrer Stadt an die Substanz gehen. Die Risse in den Mauern, das Absinken der Wände, die Wunden in den Fassaden zeigen, welche Schäden sie der *Serenissima* zufügen. Es ist nicht das Meer, es ist der Mensch, der Schuld daran trägt. Seit 1881 die dampfbetriebenen *Vaporetti* die Lizenz bekamen, die breiteren Kanäle zu befahren, ist es noch schlimmer geworden. Der *moto ondoso* lässt sich nicht verhindern, das weiß jeder. Hunderte von Frachtbootfahrern müssen die Stadt mit Waren versorgen, mit Gemüse und Fleisch, mit Obst und Haushaltswaren, mit Mehl und Möbeln, Wein und Hygieneartikeln. Und jedes Boot bewegt das Wasser. Doch mit mehr Logistik ließe sich die Zahl der Fahrten erheblich reduzieren und mit mehr Behutsamkeit seitens der Bootsfahrer die Schärfe der Wellenschläge. Doch es sind zu wenige, die das interessiert. Die meisten leben drauflos und genießen die *Serenissima*, solange es sie gibt.

Was sie gefährdet, ist bekannt: diese unablässige Bewegung. Eleonora Duse ist keine alte Frau, doch obwohl sie oft das Kinn nach oben reckt, den Blick gen Himmel gerichtet, sich auch bevorzugt in dieser Pose fotografieren lässt, kann keiner übersehen, dass die Wangen erschlafft sind. Die Haut ist mürbe, die Brückengewölbe der Augenbrauen brechen ein, als wären sie morsch, die Sprünge neben ihrem Mund werden länger. Mit siebenunddreißig hat sie bereits eine große Vergangenheit. Wie es mit der Zukunft aussieht, weiß keiner so genau, sie selbst am

123

allerwenigsten. Wie oft hat sie schon beschlossen, sich endgültig von der Bühne zu verabschieden, das erste Mal, als sie achtundzwanzig war; da hatte sie bereits eine sechzehnjährige Karriere als Schauspielerin hinter sich. Die hatte begonnen, als sie 1870, mit zwölf, die Rollen ihrer schwindsüchtigen Mutter übernahm, Rollen leidenschaftlich liebender Frauen. Es ist die Macht der Emotionen, die der Duse zusetzt. Die Duse kokettiert nicht auf der Bühne, sie durchlebt und durchleidet ihre Partien und verausgabt sich bis an die äußersten Grenzen. Spielen findet die Schauspielerin eine anstößige Bezeichnung für das, was ihr Beruf verlangt.

Dann sind da noch die Dramen der Wirklichkeit; der frühe Tod der Mutter, die vielen, selten glücklichen Liebschaften, die Verletzungen, die Enttäuschungen und Erniedrigungen. Knapp einundzwanzig war sie gewesen, als sie Martino Cafiero verfiel, als Herausgeber des *Corriere del Mattino* ebenso bekannt wie als Weiberheld. Kaum war sie schwanger, hatte er sie sitzen lassen. Heimlich war die Duse mit ihrem Sohn niedergekommen, der nur ein paar Wochen am Leben blieb. Die Heirat mit ihrem Kollegen Tebaldo Cecchi, die Tochter Enrichetta, die sie ihm gebar, haben die Sucht nach der großen Liebe nicht gestillt. Sie ließ sich ein mit einem sizilianischen Kollegen, hübsch, aber hohl und deshalb bald langweilig. Die Duse war weiter auf der Suche nach einem, der sie aufwühlt. Dass der *moto ondoso* sie angreift, ist ihr bewusst. Doch in Seelenruhe will sie nicht leben. Längst hätte sie die finden und bewahren, den inneren Wellenschlag beenden können. 1887 schon hat sie sich in einen Mann verliebt, der ihr alles geben wollte. Und dieser Arrigo Boito, Dramaturg und Theaterdichter, hat einiges zu geben, was der Duse fehlt. Als Kind von fahrenden Komödianten hat sie keine Schule regelmäßig besucht, spricht nur ihre Muttersprache, hat von Literatur, Geschichte, Kunst wenig Ahnung. Er ist belesen, gebildet, mehrsprachig. Er hat ihr die Bücher ausgesucht, sie beraten, welche neuen Rollen ihr lägen, welche neuen Bühnen sie erobern, welche Spielorte sie selbst beleben könnte. Außerdem war Arrigo, sechzehn Jahre älter als die Duse, in allem verläss-

lich. Ein treuer, ergebener Begleiter. Zusammenleben durften
die beiden nicht, weil Tebaldo Cecchi, auf dem Papier noch immer Ehemann der Duse, drohte, deren losen Lebenswandel an-
zuprangern, um ihr das Sorgerecht für die gemeinsame Tochter
Enrichetta zu entziehen. Trotzdem hatte es am 20. Februar 1888
noch so ausgesehen, als sei die Duse mit Boito am Ziel angekommen. Für Boito zumindest. *Seit einem Jahr leben wir wie in
einem Traum*, hatte er ihr geschrieben.

Es war jedoch eher ein Wunschtraum, denn die Duse hält es
nur aus mit einem erfolgreichen Mann, und ihre Bemühungen,
Boito zu einem zu machen, waren vergebens. Sie nennt ihn
einen Heiligen. Mit Heiligen geht eine Frau selten ins Bett.

Eleonoras Ruhm hat die Grenzen Italiens längst überschritten. Sie hat das Publikum in Spanien und Ägypten, in Frankreich
und Deutschland, in Österreich und Nordamerika, in England
und Ungarn erobert. Überall stand sie in Stücken italienischer
Autoren auf der Bühne, sprach von Petersburg bis Paris, von Bu-
dapest bis Chicago ausschließlich Italienisch. Trotzdem waren
ihre Zuhörer überzeugt, alles zu verstehen. Mehr, als wenn eine
andere Schauspielerin den Text in der jeweiligen Muttersprache
gesprochen hätte. Das ist allein der Duse zuzuschreiben, weil sie
Rollen eben nicht spielt, sondern lebt. Nach jedem Auftritt ist
sie erschöpft, nach jeder Tournee am Ende ihrer Kräfte, meistens
krank. Ändern will sie dennoch nichts. Sie klagt, Sklavin des
Publikums und der Autoren zu sein, gegen ihren Willen mit den
Gestalten, die sie darstellt, zu leiden. Doch sie leidet lieber als
sich zu langweilen. *Die Langeweile ist für jede Künstlerin tödlicher als
die Gefahr,* sagt sie. Den *moto ondoso* mit all seinen Nebenwirkun-
gen zieht sie der inneren Reglosigkeit vor.

Sie sucht das Risiko, wie sie das Unbequeme sucht.

Kaum einer versteht das. Auch der Besitzer des *Hotel Danieli*
und sein Kollege vom *Hotel d'Europe* schütteln den Kopf über
die Duse. Da bieten sie ihr wieder und wieder die schönsten
Suiten als kostenfreies Logis an, aber die Diva lehnt ab. Sie haust
lieber in einer engen Wohnung unter dem Dach des *Palazzo
Barbaro-Wolkoff,* wo es im Sommer heiß und stickig ist. Abgetre-

tene Teppiche, Bilder, die zu tief hängen, ein geflochtener Liegestuhl zur Entspannung, Studentenbude nennt sie diese Bleibe. Sie studiert dort sich selbst. Die dürftigen Zimmer hier sind für die Duse ein Palast der Erinnerungen. Stundenlang kann sie, ein Lorgnette in der Hand, am Fenster sitzen und hinausschauen in die Vergangenheit. Auf den Hafen, der sie daran denken lässt, dass ihre Ahnen Seefahrer gewesen sind und erst der Großvater zum Theater ging, um die erstarrte *Commedia dell'Arte* wiederzubeleben. Sie schaut hinüber in ihre Kindheit, aufs Ufer der Giudecca, wo hinter einem hohen verwitterten Gemäuer jener Garten liegt, in dem sie als kleines Mädchen oft gespielt hat.

Im strengen Sinn ist Eleonora Duse keine Venezianerin. Geboren wurde sie in der Lombardei, aufgewachsen ist sie nicht in Venedig, sondern im nahen Chioggia, wo eine *Calle Duse* an den Großvater erinnert. Dennoch ist Eleonora venezianischer als viele, die in Venedig zur Welt gekommen sind. Sie bezieht ihre Schönheit aus den Brüchen, und keiner weiß, wie lange sie noch durchhält. *Wenn sie die Bühne betritt*, hat George Bernard Shaw über die Duse geschrieben, *stellt sie es dem Zuschauer anheim, sein Opernglas zu benutzen und alle Falten zu zählen, die Zeit und Sorge in ihr Antlitz gegraben haben. Es sind die Beglaubigungsschreiben ihrer Menschlichkeit.* An diesen Schreiben arbeitet die Duse hart.

Der Besitzer des *Palazzo Wolkoff*, in dem sie wohnt, heißt, wie zu vermuten, Wolkoff, Alexander Wolkoff Mourozoff, und ist ein russischer Fürst; als Maler nennt er sich A. N. Roussoff. Er betet die Duse an, porträtiert sie mehrmals und redet sich ein, er sei ihr nah. Das ist er nur räumlich. Sie verrät dem Fürsten nicht, welche Erinnerungen sie unter seinem Dach einholen. Wie oft hatte sie allein in einer Dachkammer gesessen in ihrer Kindheit, einer Kindheit, die keine war. Mit fünf musste sie auf die Bühne hinaus, mit vierzehn zum ersten Mal als Shakespeares Julia in der Arena von Verona sterben. Leben musste sie damit, dass es Geborgenheit in dem Wanderleben der Eltern nicht gab. Gingen sie abends aus, um ein paar Kollegen zu treffen, dann sperrten sie Eleonora in irgendeinen dunklen Dachspeicher. Es war dort kalt im Winter, stickig im Sommer, einsam, manchmal unheimlich. Aber in klaren Nächten gab es dort einen Trost: Kletterte Eleonora hinauf zur Dachluke, konnte sie in den Sternenhimmel sehen. Jenes Glücksgefühl, das ihre Kindheit verschönte, erlebt Eleonora Duse im *Palazzo Wolkoff* erneut. Nun schaut sie durch Spitzbogenfenster oder von ihrer Dachterrasse aus ins Weite. Und das dunkle Trauma der Dachkammer wird verdrängt durch diese lichte Wohnung.

Der Herbst ist ruhig, die Luft ist klar, und meine Seele ist voller Frieden, gesteht sie in diesem lauen September des Jahres 1895. Ein erstrebenswerter Zustand? Für die Duse ein gefährlicher. Sie ist eine Frau von siebenunddreißig Jahren und will es noch einmal wissen.

Bootsfahrer, die rücksichtslos sind, die Kurven zu eng nehmen, so schnell wie möglich vorwärtskommen wollen, nur, um bei anderen Eindruck zu schinden, verstärken den *moto ondoso*. Sie schädigen mehr als andere die Substanz. Bewundert werden gerade sie.

Die Duse reagiert ähnlich, als sie sich mit einem Mann verabredet, fünf Jahre jünger als sie und eher berüchtigt als berühmt: Gabriele D'Annunzio. Sie hat genug über ihn gehört und gelesen, um zu wissen, was sie tut.

Arrangiert hat das Rendezvous D'Annunzios Agent Emilio Treves aus reiner Berechnung. Sein Schützling braucht die Beziehungen, den Namen, die Begeisterungsfähigkeit der Duse. Auch ihr Vermögen kann nicht schaden. Dass sie freigiebig ist, weiß jeder. Außerdem will D'Annunzio als Bühnenautor zu Ruhm und Geld kommen, und niemand auf der Welt kann da mehr für ihn tun als die Duse. Darin, andere Menschen für seine Karriere einzuspannen und ihre Schicksale literarisch auszuschlachten, hat er ein besonderes Talent. Der Großteil seiner Werke sind Schlüsselromane mit beiliegendem Schlüssel, denn dass der unwiderstehliche, frauenmordende Liebhaber, meist von einer nicht mehr jungen Ehefrau und einer jungen Geliebten umworben, das *alter ego* des Dichters ist, haben die Leser verstanden.

Mit sechzehn hatte er seinen ersten Gedichtband herausgebracht und war als Genie vermarktet worden. Nun, mit zweiunddreißig, kann er drei Romane, zahllose Gedichte und viele Novellen vorweisen, getragen vom Geist des *Fin de siècle*, der sich als Trauerschleier über die erotischen Phantasien legt. Die lebensmüde Attitüde verleiht den sexuellen Anzüglichkeiten einen Hauch von Weltschmerz. Das kommt an. Die Auflagen brechen Rekorde. Existieren kann D'Annunzio dennoch nicht von dem, was er einnimmt, jedenfalls nicht so, wie er sich das vorstellt.

Die Duse ist eine Diva. Aber sie lebt nicht so. Verwöhnungen flieht sie. Privat trägt sie keinen Schmuck und keine Schminke, frisiert ihr grau durchzogenes Haar unordentlich nach hinten, isst auf Reisen allein im Hotelzimmer, benutzt Hintertreppen und Hinterausgänge. Den Alltag zur Bühne zu machen, jede Mahlzeit in der Öffentlichkeit zum bestaunten Ereignis, jeden Schritt zum Auftritt, das ist ihr ein unerträglicher Gedanke.

D'Annunzio verkörpert das Gegenteil. Er inszeniert jede Minute seines Daseins, sieht er sich doch in einer Reihe mit Dante, Michelangelo und Tizian. Er ist ein Selbstdarsteller mit fürstlichem Gehabe, kein Bohemien. Einer, der den Skandal kalkuliert, weil er ihn braucht als Glanzlicht auf dem Gemälde seiner Vita. Niemand in Italien kann ihn übersehen, diesen Wicht mit der großen Geste. Auch die Duse konnte ihn nicht übersehen, damals, in Rom, als er sich ihr, die nach dem ersten Akt der *Kameliendame* erschöpft in die Garderobe wankte, in den Weg stellte und stöhnte: *O grande amatrice – Oh große Liebende.*

Doch in Rom hatte die Duse D'Annunzio nicht an sich herangelassen. Auf diese Sorte Pathos fiel sie nicht herein. Warum sollte sie es jetzt tun?

Sie liebt die leisen Töne. Er ist immer zu laut.

Sie beherrscht die sparsamen Gesten. Er übertreibt chronisch.

Sie ist bescheiden. Er ist maßlos.

Und was kann er der Duse schon als Gegenleistung bieten? Er verfügt weder über männliche Reize noch über finanzielle Mittel oder Kontakte, die ihr helfen könnten. Warum ist D'Annunzios Agent Emilio Treves auf die Idee verfallen, ausgerechnet dieser kleinwüchsige, schon fast kahlköpfige Geck könne die Duse entflammen? Es steht doch zu befürchten, dass sie, die große, ernsthafte Künstlerin, ihn einfach lächerlich findet. Sein Register als Weiberheld ist der Duse wohl bekannt. In groben Zügen jedenfalls.

Mit neunzehn hat er eine achtzehnjährige Herzogin, Maria Hardouin, Duchessa di Gallese, entführt, kurz darauf geschwängert und auf diese Weise die Heirat erpresst. Er war einundzwanzig, als sie ihn zum Vater ihres Sohnes Mario machte. Er war noch keine vierundzwanzig, als er die Herzogin sitzen ließ für Elvira Natalia Fraternali, schön, gescheit, provozierend und mit einem Herrn Leoni verheiratet. Barbara nannte er die neue Geliebte, wahlweise Barbarella, Jessica oder Ippolita. Während ihm Gattin Maria Sohn Nummer zwei, Gabriellino, gebar, verherrlichte er Barbara in seinem Werk *L'Innocente – Die Unschuldige.* Als es erschien, widmete D'Annunzio es jedoch einer sizilianischen Prinzessin. Die rote Strähne im schwarzem Haar und ihr Hang zu Skandalen gefielen ihm ebenso gut wie ihr Name: Maria Anguissola-Gravina Cruyllas di Ramacca. Dass der Dichter und die Prinzessin wegen sittenwidrigen Verhaltens verurteilt und dann freigesprochen worden waren, hatten die Zeitungen berichtet, ebenso, dass beide hoffnungslos verschuldet waren, aber weiterhin verschwenderisch lebten.

Als Vorbild für die katholische Jugend ist D'Annunzio nicht geeignet, als Hoffnungsträger für die Duse durchaus.

Treves hat das richtige Gespür.

Geschwindigkeit wirkt auf Gabriele D'Annunzio wie ein Lebenselixier. Jagden, Rennen, Wettläufe jeder Art, Flugzeuge, schnelle Hunde, schnelle Boote und schneller Wechsel der Geliebten. Er kennt das nicht, was die Duse mehr fürchtet als den Tod: Langeweile und Stillstand. *In der Kunst bedeutet Stehenbleiben einen Rückschritt,* erklärt sie oft.

Ihm braucht sie das nicht zu erklären.

D' Annunzio ist ein *moto ondoso* der scharfen Art.

In der Halle des *Hotel Danieli* sollen sie sich treffen. Ein geeigneter Ort, obwohl die Duse für sich persönlich das Schlichte vorzieht und das Theatralische ablehnt. Die Halle und das Treppenhaus des *Danieli* sind eine Bühne, eine reich dekorierte. Vielleicht hat sich D'Annunzio deshalb hier eingemietet, obwohl er es sich nicht leisten kann. Ihm liegt dieses Stilgemisch aus Orientalischem und Neugotischem in einem Palast des 15. Jahrhunderts. Rosafarbener Marmor, Perserteppiche, Gobelins, Muranolüster, goldene Ranken auf dem Gewölbe, bleiverglaste Fenster, bunt funkelnd. In Opulenz und Dekadenz schwelgt er gern, der Sohn eines Landbesitzers aus Pescara, der eigentlich *Rapagnetta* hieß, zu deutsch kleine Rübe. Der Name passt zu D'Annunzios Schädel, nicht aber zu seinem Bild von sich selbst und zu seinen Absichten.

Gabriele D'Annunzio weiß um die Wirkung Venedigs. *Kennen Sie irgendeinen anderen Ort der Welt, der wie Venedig in gewissen Stunden imstande ist, die menschliche Lebenskraft anzuregen und alle Wünsche bis zum Fieber zu steigern?*, fragt er rein rhetorisch. Und die Halle des *Danieli* steigert die Wirkung von Venedig wie ein gutes Parfum den Duft der Haut. In diesem Serail, das die Sinne umnebelt, kann D'Annunzio gelingen, was ihm in Rom misslang. Hier kann er die Duse fiebrig machen und umnebeln.

Ihm wie ihr geht es bei dem Treffen eigentlich um ein Geschäft. Sie soll das vergessen.

Eleonora Duse steht von außen betrachtet auf dem Gipfel ihres Erfolges. Selbst ein Kritiker wie Hermann Bahr, der schonungslos ihre äußeren Nachteile beschreibt, ihre Gestalt plump, ihre Gebärden schwer und träge nennt und behauptet, ihre Miene wirke so verwischt und unentschieden, als ob Tränen alles Besondere weggespült hätten, feiert ihre Wandlungsfähigkeit, die sie zur Siegerin über alle Konkurrentinnen gemacht hat. Sogar über Sarah Bernhardt, diese laszive Schönheit.

Die Duse selbst aber hat das Gefühl, gescheitert zu sein. Komödien von Feydeau, Melodramen von Dumas, immer dasselbe. Routine, die in ihr alles abtötet. Sie will endlich eine moderne Frau spielen und ausbrechen aus dem Käfig ihres Repertoires. D'Annunzio soll Stücke schreiben, in denen sie neue, ungehörte, unabgenutzte Worte sagen wird, Stücke, die Bewegung in erstarrte Bühnentraditionen bringen. Wie diese Dramen aussehen sollen und ob D'Annunzio der geeignete Autor ist, weiß sie nicht. Dass sie ihm nutzen kann, weiß sie. Dass er sie ausnutzen könnte, bedenkt sie nicht. Sie ist schließlich eine gewiefte Geschäftsfrau. Es hat sich herumgesprochen, wie hart die Duse verhandeln kann. Sie kennt ihren Preis und denkt nicht daran, sich darunter zu verkaufen.

D'Annunzio muss sie also verführen. Leicht wird ihm das nicht fallen, denn als Frau entspricht die Duse nicht seinem Geschmack. Was ihn animiert, sind überschlanke Frauen mit langen Beinen, Armen, Hälsen. Sie dürfen kapriziös, exaltiert, schamlos sein, aber bitte nicht mütterlich.

Die Frau, die an diesem Septembertag das *Danieli* betritt, könnte man beinahe für seine Mutter halten. Sie ist früh gealtert und verbirgt den Körper, der seine straffen Formen verloren hat, unter weitfallenden Kleidern. Zum großen Teil Werke von Mariano Fortuny, aus teuersten Seiden gefertigt, aber schmucklos. Der Kenner sieht, was sie gekostet haben. D'Annunzio ist ein Kenner, er ist süchtig nach Fortunys Stoffen, mit denen er jede Behausung in ein Serail und sich selbst in einen arabischen Prinzen zu verwandeln vermag. Diese Frau muss er gewinnen. Er kann mit Worten sein Äußeres vergessen machen und mit seiner Kindlichkeit überrumpeln. Wie ein Kind vermengt er Märchen mit Tatsachen, verspricht Königreiche und nimmt lächelnd, ohne zu danken.

Verfällt er der Duse oder nur dem, was sie für seine Laufbahn bedeuten kann? Verfällt sie D'Annunzio oder nur dem Gefühl, er sei das Allheilmittel für ihre Nöte? Dass der wache Verstand der Eleonora Duse eingeschläfert wird, steht außer Zweifel. Vor einem Jahr noch hat sie Boito gestanden, ihre Gefühle gegenüber diesem Selbstverherrlicher aus Pescara, der schon mit sechzehn seinen Unfalltod vermelden ließ, um in die Schlagzeilen zu kommen, seien zwiespältig. *Ich verabscheue D'Annunzio, aber ich bete ihn an.* Doch ihre erste venezianische Begegnung mit ihm schildert sie wie einen Tagtraum. Im Morgengrauen habe sie, benommen umherirrend nach einer schlaflosen Nacht, auf einmal vor D'Annunzio gestanden, wie er im Frühnebel aus einer Gondel stieg.

Vita dura – che bisogna o ferir o essere feriti, hat er geschrieben. Hartes Leben, das zwingt, zu verwunden oder verwundet zu werden. Dieses Bekenntnis reizt die Duse. Es scheint wie ein Zauberspruch zu wirken, der D'Annunzio zum Magier werden lässt. Sie übersieht das Berechnende in seinem Blick, redet von einem *Bündnis der Herzen*, das an jenem 26. September 1895 geschlossen worden sei. Die Duse sehnt sich nach dem *moto ondoso*, egal, wie weh er ihr tut. Noch weiß sie nicht, dass Gabriele D'Annnunzios Phantasien sadistisch und blutrünstig sind.

Und er? Ist er nüchtern geblieben? In sein Notizbuch trägt er an diesem Tag ein: *Amori e dolori sacra – Der Liebe und dem Schmerz geweiht.*

In Venedig beginnt eine Beziehung, die anderswo kaum begonnen hätte, denn hier erscheinen Fragen unsinnig, die sonst unvermeidlich wären. Weiß Eleonora, dass in den Abruzzen jene Herzogin Maria Hardouin di Gallese, die Gabriele d'Annunzio mit achtzehn schwängerte, in Depression und Einsamkeit mit zwei Kindern auf ihn wartet und dass sie nach wie vor auf dem Papier seine Ehefrau ist? Weiß Eleonora, dass ihr Liebster, den sie Gabri nennt oder *figlio*, von der Prinzessin mit roter Strähne, die ihren Mann und ihre Kinder für ihn im Stich ließ, eine schon zweijährige Tochter hat, die Renata heißt und *Cicciuzza* genannt wird? Vielleicht setzt sie darauf, den Egomanen durch Güte zu bekehren.

Mir ist, als könne einer, der die Duse gesehen hat, nichts Gemeines und Rohes mehr tun. Er müsste sich vor ihr schämen, hatte Michele Gherescenson einmal geschrieben.

Gemeinsam ziehen die beiden durch die Stadt, fahren

hinüber auf die Giudecca, die Garteninsel, denn die Duse liebt *giardini* jeder Art. *L'orto mi parla – Der Garten spricht zu mir*, sagt sie. Im *Giardino Eden* kann sie ihre Erinnerungen aufsteigen lassen an jenes Eden ihrer Kindheit, auch wenn der wieder instand gesetzte Park dort seinen Namen dem Besitzer, einem Engländer namens Frederic Eden verdankt. Hier, auf der Giudecca, isst sie mit Gabri in der Locanda *L'Altanella* auf der *Altanella*, der hölzernen Terrasse zum Kanal hinaus *sarde in saor*, jene süßsauer eingelegten Sardinen mit Rosinen und Pinienkernen, die Duses *figlio* so gut schmecken. Weil sie das Einfache liebt, führt er sie auch in die *Locanda Montin* im *Sestiere Dorsoduro*, wo sich hinter dem Haus ein idyllischer Laubengang öffnet, unter dem in einem warmen Herbst wie diesem die Gäste Salami und Brot zu einer *ombra Raboso*, einem einheimischen Rotwein, essen können. Und sie zeigt ihm ihr Venedig, nicht nur ihre Wohnung im *Palazzo Wolkoff* und die des Fürsten, mit einer Antiquitäten- und Gemäldesammlung von Museumsreife, die in D'Annunzio seine fürstlichen Gelüste wachkitzelt. Ob sie auch gemeinsam Fortuny besuchen in seinem gotischen Palast am *Campo San Benedetto*, dem *Palazzo Pesaro degli Orfei*? Ein Haus, das ihr gefallen muss, weil die asymmetrische Fassade nichts Repräsentatives kennt, weil der Innenhof mit Glycinen, Oleander, alten Marmortrögen und zierlichen Säulen versponnen ist in stillen Träumen. Ein Haus, das ihm gefällt, weil das Atelier von Fortuny eine Bühne ist für seinen Auftritt. Die Balkendecke in sieben Metern Höhe, der fruchtig rote Terrazzoboden, die bunten Seiden an den Wänden schimmern in magischem Licht, das von den bleiverglasten Butzenscheiben gebrochen wird. Diese Inszenierung verrät den Bühnenbildner Fortuny, den Spezialisten, der für die einige Jahre zuvor in Berlin gegründete AEG Beleuchtungskörper entwickelt hat und das Zufällige kalkuliert. Kein Wunder, dass er D'Annunzios Freund wird.

Doch zuerst einmal ist da die Duse.

Alle kennen sie, alle bewundern sie und öffnen ihr die Türen zu ihren Palästen und Gärten. Im *Sestiere San Polo* gibt es da den *Palazzo Saranzo Capello*, am *Ponte Capello* gelegen, gegenüber vom *Rio Marin*. Im Garten wächst ein Granatapfelbaum. Sie atmet die Atmosphäre, er notiert im Kopf die Idee für einen Roman: ein Liebespaar küsst sich unter diesen Früchten, Symbole für die Liebe und für den Tod. Die Duse führt ihn ein in jene Kreise Venedigs, die sich ihm, dem Skandalautor, sonst kaum erschlössen. Die Venezianer geben sich nach außen moralisch streng. Wenige Fremde kennen die *Casetta Rossa* von innen, das in pompejanischem Rot gestrichene Haus auf der linken Seite des *Canal Grande*, zurückgesetzt hinter einem jener seltenen Gärten in dieser steinernen Stadt. Es gehört Federico, Fürst von Hohenlohe, genannt Fritz, dessen Schwester Marie mit der Duse befreundet ist. Von außen schlicht, betört das kleine rote Haus die Besucher im Inneren mit jener morbiden Grandezza halbblinder Spiegel, die in Venedig besonders gut ankommt.

Im November wohnt Gabri längst bei Eleonora im *Palazzo Wolkoff*, lebt auf ihre Kosten. Im Foyer des *Teatro La Fenice* hält er in diesem Monat zum Abschluss der ersten Biennale eine Rede. *Allegorie des Herbstes* überschreibt er sie, diese Eloge auf die Schönheit des Dekadenten, des Ersterbenden, eine Eloge auf Venedig. Und auf die Duse?

D'Annunzio merkt rasch, wie viel ihm die Duse bringt und wie bereitwillig sie ihm alles gibt. Venedig hat seine Wirkung getan. Er schreibt in den folgenden Jahren Stücke für sie wie *La Città morta*, *Il Sogno d'un mattino di primavera* oder *La Gioconda*, Stücke mit wenig Handlung und viel Pathos, mit schwacher Psychologie und mächtigem Wortgetöse. Die Duse sorgt dafür, dass sie aufgeführt werden, finanziert die aufwändigen Kostüme, Requisiten und Kulissen, zieht mit ihrem Namen das Publikum an und ignoriert die Kritiker, die einhellig behaupten, an diesen Dramen sei nichts sehenswert außer der Duse.

Zwei Jahre nach ihrer Begegnung mit D'Annunzio, im Juli 1897, gibt Eleonora ihre Wohnung im *Palazzo Wolkoff* auf, verlässt Venedig und zieht nach Settignano bei Florenz. In ein Haus, das nicht sie, sondern ihr Gabri *La Porziuncola* nennt, wie

die Einsiedelei des heiligen Franziskus. Die Wände sind weiß-
getüncht, die Einrichtung ist nicht erlesen, da muss D'Annunzio
das Domizil der Duse mit Worten aufwerten zu einer Wall-
fahrtsstätte. In demselben Jahr bekommt D'Annunzios Gattin in
den Abruzzen ihren dritten Sohn, Veniero. Von D'Annunzio.
Und er bezieht in Settignano gegenüber der *Porziuncola* eine
heruntergekommene Renaissancevilla, *La Capponcina*, der er
mit seinem Geschmack, den Stoffen Fortunys und dem Geld
der Duse wieder Pracht und Glanz verleiht.

Hat die Duse Venedig verlassen, um nüchtern zu werden
und klar zu sehen?

Er beansprucht für sich *die Rechte des fleischlichen Lebens.* Sie
gewährt sie ihm. Er behauptet: *Ich bin untreu aus Liebe.* Sie glaubt
ihm.

Doch es ist ihr anzusehen, dass der *moto ondoso* sie an den
Grundfesten angreift. Das Publikum, die Freunde, die Kritiker
können das nicht verhindern, sie wollen es auch nicht. Dass es
vom Untergang bedroht ist, macht Venedig für viele Reisende
noch begehrenswerter. Dass sie zerbrechlich wirkt, macht die
Duse für ihre Anhänger noch bewundernswerter.

1899 wird *La Gioconda* uraufgeführt. 1876 war schon einmal
ein Stück dieses Titels uraufgeführt worden, eine Oper von
Amilcare Ponichielli nach einem Libretto von Arrigo Boito,
früher Liebhaber, immer noch Freund der Duse. Boitos Stück
spielt in Venedig. D'Annunzios Drama spielt im Innersten seiner
Eitelkeit: Der Bildhauer Lucio Settala betrügt seine Gattin Silvia
mit seinem Modell Gioconda Danti. Als Silvia ihre Ehe zu retten versucht, glaubt Gioconda sich verlassen, tobt, versucht ihr
steinernes Bildnis zu zerstören, wird von Silvia daran gehindert,
wirft die Statue um und zerschmettert damit Silvias Hände. Settala verlässt die Gattin für immer mit seiner Geliebten. Den Zu-
schauern, die das Verhältnis D'Annunzio und Duse aus der
Nähe kennen, gibt das zu denken. Auch die Tatsache, dass die
berühmten Hände der Duse, kleine, breite Arbeiterhände von
größtem Ausdruck, in der zweiten Hälfte des Stücks unter den
Ärmeln verschwinden, dass der Dichter die Diva ihres Aus-

drucksmittels beraubt, erscheint vielen bedenklich. Für die Duse zählt D'Annunzios Kunst mehr als alles andere. Wirkt Venedig noch immer?

Der nächste Roman, an dem Gabri arbeitet, soll dort spielen.

Als der Impresario der Duse vom Inhalt des Buches erfährt, drängt er sie, den Druck verbieten zu lassen. *Ich kenne den Roman, und ich werde den Druck nicht verhindern. Mein Leiden zählt nicht, wenn es darum geht, der italienischen Literatur noch ein Meisterwerk zu schenken,* sagt sie. Der Impresario kündigt daraufhin den Vertrag mit der Diva. Auch anderen Warnern bescheidet sie lächelnd*: … ich bin vierzig und ich liebe!* Doch sie ist zweiundvierzig und merkt, dass auch diese Liebe Risse bekommen hat.

Im Januar 1898, während die Duse auf Tournee in Amerika ist, wird das für sie geschriebene Drama *La citta morta* auf Französisch in Paris aufgeführt. Hauptdarstellerin auf Wunsch von D'Annunzio: Sarah Bernhardt.

Im März 1900 erscheint das Werk, eine Dreiecksgeschichte. Die drei Hauptpersonen: ein gefeierter junger Dichter und Komponist, seine eifersüchtige, alternde Geliebte, Schauspielerin von Beruf, und deren junge, schöne Konkurrentin. D'Annunzio macht es den Lesern leicht zu verstehen, wer gemeint ist. Den Dichter nennt er Stelio Effrena; *stelio* heißt im Italienischen die Sterneidechse, wendig, elegant und nicht zu fassen, und *effrenatus* bedeutet im Lateinischen nichts anderes als zügellos. Die alternde Geliebte nennt er *Perdita* oder *Foscarina*, die Verlorene oder die Düstere. Das Ganze spielt in Venedig, vor allem in jenem herbstlichen Venedig, an dessen morbider Schönheit sich D'Annunzio so sehr berauscht wie an seinen eigenen Worten. Stelio hält eine Rede im Dogenpalast, die genau mit der übereinstimmt, die D'Annunzio im *Teatro La Fenice* hielt, jene *Allegorie des Herbstes*. Unter einem Granatapfelbaum küsst Stelio seine Geliebte. *Malegrano – Der Granatapfel*, soll die Trilogie heißen, deren erster Teil sein neuestes Werk ist. Der Titel: *Il Fuoco – Das Feuer*. Doch es löscht in Eleonora, was Gabriele an jenem 26. September in Venedig entflammt hatte. Nüchtern erkennt sie, was D'Annunzio ihr antut. *Er hat mich so bloßgestellt, dass ich mich nackt fühlte. Sein grausames Genie hat mich neu erschaffen. Er hat mich vorgeführt wie ein Tier auf dem Markt.*

Doch erst vier Jahre danach, im März 1904, achteinhalb Jahre nach der Begegnung im *Danieli*, kommt es zum endgültigen Bruch. Die Duse befreit sich von dem Mann, dessen Stücke sie auf ihren Tourneen vor halbleeren Häusern gespielt und für die sie ihm dennoch die vollen Tantiemen bezahlt hat.

Venedig hat den *moto ondoso* bisher überstanden. Die Duse übersteht die Trennung von D'Annunzio. Seine dichterische Potenz lässt nach, die männliche nicht. Sein Dasein gerät von da an zu einer Zurschaustellung atemloser Liebesabenteuer, ihr Leben wird zunehmend innerlich. Sein Gott ist er selbst, sie sucht ihre katholischen Wurzeln.

Im Sommer 1912 reist die Duse noch einmal für einige Monate nach Venedig. In Gesellschaft eines jungen Talents, das dichtet, skandalumwittert ist, berüchtigt für sexuelle Eskapaden und darauf setzt, für die Duse Dramen schreiben zu können: Cordula Poletti, deren offen ausgelebte Neigung zu Frauen der Duse wie fast jedem bekannt ist. Doch diesmal lässt sie die Liebesschwüre mit einem Lächeln an sich vorbeiziehen. Ist es ein abgeklärtes oder ein bitteres Lächeln? Die Duse wohnt beim Bruder der Fürstin Marie von Thurn und Taxis-Hohenlohe in der *Casetta Rossa* am *Canal Grande*. Marie bewundert die Duse. *Ein wunderbares, überragendes Wesen.* Und bemitleidet sie. *Eine Verzweifelte. Eine kranke, alternde, tief unglückliche Frau.*

D'Annunzio leidet weder an schmerzlichen Erinnerungen noch an schlechtem Gewissen, als er 1915 nach Venedig zurückkehrt und sich einlädt in die *Casetta Rossa*, beim Besitzer Federico Prinz von Hohenlohe; er bekommt von ihm die Erlaubnis, während des Krieges dort sein Hauptquartier als heldenruhmsüchtiger Abenteurer aufzuschlagen. Ob er sich erinnert, wem er diesen Kontakt verdankt?

Noch immer benutzt er die große Gefährtin und brüstet sich mit ihrer Liebe. *Wie hast du mich geliebt*, schmachtet er, als er die Duse trifft. Sie jedoch sagt ihrer Freundin Olga Signorelli:

… das ist ein Mann, der noch Illusionen hat. Wenn ich ihn, als wir uns trennten, wirklich so geliebt hätte, wie er glaubt, wäre ich gestorben. Aber ich war fähig zu leben.

Sie hat zurückgefunden zu jener selbstbewussten Haltung, mit der sie in jungen Jahren die Partie der Mirandolina in Goldonis *La Locandiera* zu einer Glanzrolle machte. Die Venezianer konnten den Dialog zwischen der venezianischen Wirtin und dem Cavaliere auswendig.

Cavaliere: Zum ersten Mal spüre ich, was Liebe ist.

Mirandolina: Niemand hat mir jemals Befehle erteilt.

Cavaliere: Ich will Ihnen nicht befehlen: Ich bitte Sie. (Er folgt ihr)

Mirandolina (hochmütig sich umwendend): *Was wollen Sie eigentlich von mir?*

Cavaliere: Liebe, Mitgefühl, Mitleid.

Mirandolina: Ein Mann, der noch heute morgen die Frauen nicht leiden konnte, verlangt jetzt auf einmal Liebe und Mitleid? Um so einen kümmere ich mich nicht, das gibt es nicht, das glaube ich nicht. (Ab)

Die Duse ist abgetreten. So entschieden wie Mirandolina.

D'Annunzio fehlt sie. Um genau zu sein: Es fehlt ihm ihr Ruhm, ihre Tiefe und ihr Geld. Gewaltig greift er in seinen Wortschatz, um sie rückfällig zu machen. *Mit welch göttlicher Zärtlichkeit hast Du meine Anstrengungen sorgsam behütet. Da Du die einzige Offenbarung bist, die eines Dichters würdig ist, und da ich ein großer Dichter bin, ist es notwendig – vor den heiligen Gesetzen des Geistes – dass Du Deine Kraft meiner Kraft übergibst – Du Eleonora Duse mir Gabriele D'Annunzio.*

Sie fällt nicht um. Sie weiß sich zu retten. Erst zwanzig Jahre nach diesem Brief stirbt sie. Kein Tod in Venedig, sondern in Pittsburgh.

Weitere vierzehn Jahre später, am 1. März 1938, stirbt er. In seiner Villa *Il Vittoriale* in Gardone, am Gardasee. Hätte die Duse seine letzten Worte gehört, sie hätte ihn bemitleidet: *Ich langweile mich.*

Abb.: *Femme fragile* werden
sie die Kulturhistoriker später nennen, um sie von einer
femme fatale zu unterscheiden, wie ihre große Rivalin
Sarah Bernhardt sie verkörpert hat. Ein Bildnis der
Eleonora Duse (1858–1924),
das der Künstler, bürgerlich
bekannt als Alexander
Wolkoff Mourozoff, mit
A. N. Roussoff signierte,
zeigt das schöner als jede
Fotografie. Unter seinem
richtigen Namen, Alexander
Wolkoff Mourozoff, war der
russische Fürst ein ergebener
Duse-Anbeter und Besitzer
des Palastes, in dem er mit
kostbaren Kunstgegenstän-
den und seiner Tochter lebte
und sie die Wohnung unter
dem Dach gemietet hatte.

Abb.: Gabriele D'Annunzio
(1863–1938), stolz darauf,
nach einem Erzengel be-
nannt zu sein und im Nach-
namen die Ankunft zu
verkünden, wurde 1924 auf
Vorschlag der faschistischen
Regierung durch König
Viktor Emanuel III. geadelt
und erhielt den in der
Primogenitur erblichen
Titel eines *Principe di Monte-
nevoso*. Der englische Autor
Gilbert Adair hatte wenig
Respekt vor Titeln und
Werken des Meisters: er

D'ANNUNZIO

sprach von der *geckenhaften, an einen Truthahn erinnernden Untersetztheit*
des Dichters und befand, der aufgeputzte Kahlkopf ähnle einem hartge-
kochten Ei in einem Fabergé-Eierbecher.

Orte

Abb.: Der *Palazzo Barbaro-Wolkoff* liegt zwischen *Santa Maria della Salute*
und dem *Palazzo Venier dei Leoni,* dem Guggenheim-Museum. Vom
Canal Grande aus ist er am besten zu sehen. Die Adresse: *Ramo Barbaro* 50.

Das *Hotel Danieli Excelsior* befindet sich zum großen Teil im *Palazzo
Dandolo Gritti Bernardo,* erbaut im 15. Jahrhundert. Der Palast prägt das
Gesicht der *Riva degli Schiavoni* entscheidend und fällt auf alten Stadt-
ansichten wie denen Canalettos immer sofort ins Auge, weil er nur
von einfachen, niedrigen Häusern umstanden war. Die Loggia im
piano nobile nimmt mit ihrem Maßwerk Bezug auf den Dogenpalast.
Seit 1536 im Besitz der Familie Gritti, ging der *Palazzo* später durch
Heirat an mehrere Patrizierfamilien, wie die Nani-Mocenigo und
die Michiel. Schon in der Zeit, als D'Annunzio hier residierte, stand
das Haus als Hotel im Baedeker auf Platz 1 der venezianischen
Unterkünfte. *Hotel Danieli,* Castello 4196, Riva degli Schiavoni,
FON 041/522 64 80.

Die *Antica Locanda Montin* hat etwas vom Charisma des Einfachen ein-gebüßt, doch die Pergola im Garten verlor nichts von ihrem Reiz und auch der Gastraum zieht nach wie vor, schon der großen Vergangen-heit wegen, Künstler an. Die *Locanda* liegt in der Nähe der *Accademia* und des *Palazzo Valmarana*, heute *Valmarana-Cini*. In diesem Palast befindet sich ein Museum, die *Collezione Cini* mit Werken toskani-scher Maler von Piero della Francesca bis Botticelli. Teil dieser Samm-lung ist ein Briefkonvolut, in dem sich die Kopie eines Schreibens der Duse an D'Annunzio befindet – die Originale hat ihre Tochter Enri-chetta angeblich zerstört. *Eines Tages fühlte ich mich in zwei Teile zer-brochen, von Deinen Händen, und ich wusste nichts mehr über uns. Es hilft nichts. Es ist so. Ich kann kein Werk mehr von Dir lesen, Dich sprechen ist meiner Seele so unmöglich, dass Wiedergeborenwerden mir leichter erscheinen würde.* Antica Locanda Montin, Dorsoduro, Fondamenta Eremite oder auch Fondamenta Borgo, FON 041/522 71 51. www.locandamon-tin.com – *Palazzo Valmarana-Cini*, Dorsoduro 864. Öffnungszeiten sind vor Ort zu erfragen.

Wer betrübt ist, dass in Venedig kaum noch Lokale touristisch unent-deckt sind, muss nur auf die Giudecca übersetzen. *L'Altanella* ist noch immer eine Osteria, die sich ihre Unschuld bewahrt hat. Dass dieses Lokal bereits seit vier Generationen ein Familienbetrieb ist, spricht für sich. *L'Altanella*, Giudecca 268, Calle delle Erbe, FON 041/522 77 80.

Ein Spanier wurde zum Liebling der Venezianerinnen, der Wahlvene-zianerinnen und der Besucherinnen, von Eleonora Duse über deren enge Freundin, die Tänzerin Isadora Duncan, bis zu Peggy Guggen-heim. Von Anfang an zeigte Mariano Fortuny y Madrazo (1871–1949), 1889 nach Venedig gezogen, sein Geschick, mit seinen Gewändern Erscheinungen zu verklären. Zu seinem Markenzeichen wurden dann die kostbaren Kleider aus unregelmäßigem Plissee im Schnitt antiker Chitons, die er seit 1907 herstellte. Wie vielseitig er war, führt der *Museo Fortuny* bis heute vor.

Fünf Geschäfte in Venedig verkaufen Produkte der Manufaktur Fortuny auf der Giudecca. Im *piano nobile* des *Palazzo Zuccato* hängen auch Originale von Fortuny und antike Sammlerstücke von Reisen in exotische Regionen. *Museo Fortuny, Palazzo Fortuny (Pesaro degli Orfei)*, Campo Benedetto (venezianisch Beneto), San Marco 3780, geöffnet von Dienstag bis Sonntag von 10 bis 18 Uhr. mkt.museo@commune.vene-zia.it – *Fortuny Tessuti Artistici*, Giudecca 805, Fondamenta San Biagio, FON 041/522 40 78. Garten und Showroom können nach Anmeldung besichtigt werden. www.fortuny.com – Die ursprüngliche Manufaktur von Fortuny befindet sich in einem Gebäude, das heute *Venetia Studium* beherbergt. Giudecca 805, Fondamenta San Biagio, FON 041/522 40 78. www.venetiastudium.com – Auf der Giudecca wird des Mariano Fortuny auch gedacht in der *Fortuny Bar* im *Hotel Cipriani*. Unter Glas sind dort einige seiner fragilen textilen Meisterwerke ausgestellt. Feinsinnige trinken beim Betrachten den Cocktail Mimosa. *Hotel Cipriani*, Giudecca 10. FON 041/520 77 44 www.hotelcipriani.com

Der *Palazzo Soranzo Capello* beim *Ponte Capello*, gegenüber dem *Rio Marin*, ist für Reisende nur von außen zu besichtigen. Der Garten, in dem die Kussszene von D'Annunzios *Fuoco* spielt, ist der Öffentlichkeit leider ebenfalls nicht zugänglich.

Um die Ecke vom Eingang zum *Palazzo Albrizzi* erinnert eine Tafel an der Hauswand daran, dass im Ersten Weltkrieg Italiens österreichische Feinde am 10. August 1916 diesen Palast zerstören wollten. Zumindest behauptete das D'Annunzio, der den Text verfasste und die Reste eines Geschosses dort einmauern ließ.

Abb. S. 143: Noch im 18. Jahrhundert war die Giudecca Ausflugsziel der *nobili*, die sich hier ihre Parks anlegen ließen, die sie drüben vermissten. Doch mit dem Untergang der Republik Venedig gerieten diese Gärten in Vergessenheit. Großenteils waren es Gartenkundige aus anderen Ländern, die um 1900 begannen, die Anlagen wieder in den ursprünglichen Zustand zurückzuversetzen, Brunnen zu renovieren, gestürzte Säulen und Statuen wieder aufzurichten. Der *Giardino Eden* auf der Giudecca liegt am hinteren Ende des *Rio della Croce*. Er ist nicht rund um die Uhr, aber an den meisten Tagen für die Öffentlichkeit zugänglich. Mit jenem Garten auf der Giudecca, zu dem die Duse sich oft am späten Nachmittag hinüberfahren ließ, ist er wohl nicht identisch. Der gehörte einer Frau, die sie aus Kindertagen kannte, war meistens menschenleer und völlig verwildert. Mit Liebe beschreibt die Duse, was dort wuchs: Jasmin und Rosen, Klatschmohn und Oleander, Zitronenbäume und Maisstauden. Eine hohe Mauer umschloss ihn und auf der Mauer hielten sich ein paar kleinwüchsige Feigenbäume. Bei einer Zypresse befand sich eine kleine Tür, von der aus sie über grünen Klee zur Lagune gehen konnte. Was Frederic Eden, der 1884 die tausend Quadratmeter eines verkommenen Paradiesgartens kaufte, vorfand und bis zum Ende des Jahrhunderts renovierte, hatte aber durchaus Ähnlichkeit mit jenem verlorenen Park der Duse.

Abb. S. 144: Die *Casetta Rossa*, das rote Häuschen am *Canal Grande*, in pompeijanischem Rot gestrichen, ist nur vom Wasser aus zu sehen. Sie gehörte Friedrich Prinz von Hohenlohe, Bruder der Fürstin Marie von Thurn und Taxis. Besonders geliebt von den Gästen wurde das kleine Speisezimmer, die Wände von oben bis unten bedeckt mit alten Spiegeln. Das Essen kredenzten die Gastgeber des roten Hauses in

143

Porzellan mit Ansichten der Brenta-Villen, nur altes Silber wurde aufgedeckt. Während des Ersten Weltkriegs wurde der Prinz von Hohenlohe als Österreicher und damit Feind der Italiener aus Venedig verbannt und vermietete das Haus an Gabriele D'Annunzio. Das Bild zeigt ihn 1915 in Kriegsuniform auf dem Balkon der *Casetta Rossa*.

Die *Scuola Dalmata di San Giorgio degli Schiavoni* liebte die Duse. Es gehörte zu ihren einsamen Ritualen, dort zuerst die Fresken von Carpaccio anzusehen, die Szenen aus dem Leben der damaltinischen Schutzpatrone Georg, Hieronymus und Tryphon zeigen, dann die Treppe hinauf in die Sakristei zu gehen, einen düsteren, hohen Raum, in dem hinter einer Portiere ein Weihwasserbecken an der Wand hing, eine aus Marmor gemeißelte Frauenhand, die in ihrer Höhlung das Weihwasser hielt. Als Kind schon hatte sie diese Hand entdeckt. *Meine Mutter hatte eine solche Hand*, sagte sie. *Eine traurige, kranke Hand. Scuola Dalmata di San Giorgio degli Schiavoni*, Castello 3259 A, Calle dei Furlani, FON 041/522 88 28. Öffnungszeiten Dienstag bis Samstag von 10 bis 12.30 Uhr und von 15 bis 18 Uhr, Sonntag von 10 bis 12.30 Uhr.

Ernest Hemingway & Adriana Ivancich
Die Temperatur des Jagdtriebs

Winter in Venedig, das lockt wenige. Schon gar nicht einen Mann, der sich vor dem Älterwerden fürchtet. Winter ist Starre, Altwerden ist Starrwerden, am Ende die Leichenstarre.

Mühsam hat Federico Graf Kechler, im Veneto zu Hause, Ernest und Mary Hemingway überreden müssen, ihren Winterurlaub nicht wie geplant in Portofino zu verbringen. Dort gäbe es wenigstens Palmen, Orangen- und Zitronenbäume.

Hemingway sähe, wie die meisten, Venedig lieber im Frühling. Ohne zu überlegen, wie der sich bemerkbar machen soll in einem steinernen Labyrinth, das kaum Parks kennt und Gärten wie Juwelen in Tresoren verbirgt. Was soll denn spürbar sein vom Blütenrausch in einem Ort der baumlosen Plätze, der nackten Promenaden ohne Rabatten? Venedig ist keine Stadt der vier Jahreszeiten, auch wenn Vivaldi als Venezianer sie so beworben hat. Seinen Zyklus *Le Quattro Stagioni* hat er nicht in Venedig komponiert, der entstand auf der *Terraferma*, während seines Aufenthalts in Mantua, wo es innerhalb und außerhalb der Mauern blüht, grünt, reift, welkt, verdorrt und neu erblüht.

Hemingway müsste sich nicht fürchten vor dem Winter. Er hat Angst vor seinem fünfzigsten Geburtstag, aber er hat seit drei Jahren eine neue Frau, die vierte, neun Jahre jünger als er, die halb irisch, halb deutsch ist – *eine schreckliche Mischung* – *aber eine süße Frau. Mein Rubens in Taschenformat.* So beschreibt er selbst Mary Welsh, eine Rosigblonde, die er in London kennengelernt hat, als sie Journalistin bei der *Times* war und noch die Geliebte von Hemingways Kollegen Irwin Shaw. Der hat sie ihm vorgestellt, dem hat er sie abgejagt. Hemingway ist Jäger, er ist es immer. Ob er auf einer Safari in Afrika Großwild jagt oder, wie im Jahr 1942, mit seinem Schiff Jagd macht auf deutsche U-Boote in der Karibik. Gnade kennt der Jäger nicht. Hemingway behauptet, er habe in den beiden Weltkriegen einhundertzweiundzwanzig Soldaten getötet. Als unbarmherzig zu gelten macht ihm nichts, nur als unmännlich zu gelten wäre Schande. Sein Vater, der Landarzt Dr. Clarence Edmond Hemingway, ein Mann mit den Augen eines Raubvogels, hatte seinem fünfjährigen Sohn bereits eine Jagdflinte in die Hand gedrückt. Mit zweiundsechzig hatte er sich aus Angst vor dem finanziellen Ruin erschossen. Ein Feigling für Ernest. Das möchte er niemals werden, deshalb hat er des Vaters Pistole versenkt und später zusammen mit seinem erstgeborenen Sohn den Schwur geleistet, sich niemals umzubringen.

Nicht die Kunst zieht Hemingway am Ende des Jahres 1948 nach Venedig, sondern das Versprechen des Grafen Kechler, die Jagd in der Lagune sei ein Erlebnis. Pfeifenten, Rebhühner, Bekassinen, Fasane. Die Kechlers gehören zu einer Schar deutscher Edelleute, die schon kurz nach 1600 in Venedig heimisch wurden und auf der *Terraferma*, in der Gegend um Treviso bis hinüber in den Nordosten, nach Udine, Landgüter und Villen gebaut haben. Trotz des deutschen Familiennamens ist Federico Graf Kechler Italiener: die *Caccia* auf Niederwild ist unverzichtbarer Teil seiner Existenz. Diejenige Villa der Familie Kechler, in der sich Federico während der Jagdsaison am liebsten aufhält, liegt nicht in Venedig. Sie liegt in San Martino, im Norden der Stadt auf dem Festland, nahe an der Lagune. Die Lagune, ob vor Burano oder Torcello oder drüben, an der *Terraferma*, von Mestre gen Osten, erzählt von der Herkunft der *Serenissima*. In solchen Sümpfen wurde sie erbaut.

Die Lagune ist unberechenbar. Sie frisst und gebiert Inseln, sie kann Salzwasser, Süßwasser und Brackwasser bergen. Ungenießbares Wasser ist es immer. Sie atmet mit den Gezeiten. Und sie eröffnet Jagdgründe von eigener Gefährlichkeit. Irrgärten aus Schilf, Röhricht, Gestrüpp. Ihre Fallen sind Moraste, ihre Tücken die dichten Nebel. Schlammbänke, schwerer, meist schwarzer Sand, übersät mit Treibholz, Sumpfwiesen, dichte

Hecken. Keine Erhebung hilft dem Jäger, sich zu orientieren. Das Knistern der Stille schreckt sogar Abgehärtete und die irisierenden Farbspiele rauben dem Neuling den Verstand. Eine Herausforderung für Hemingway, der meint, ihn könne nichts mehr das Fürchten lehren.

Einquartiert hat Kechler die Hemingways in eine Suite, dritter Stock, im *Hotel Gritti*. Für einen Mann aus Oak Park, Illinois, und eine Frau aus Minnesota mit gemeinsamem Wohnsitz auf einer kubanischen Finca genau das Richtige. Ein Palast aus dem frühen 16. Jahrhundert, die Front dem *Canal Grande* zugewandt, die Rückseite dem *Campo Santa Maria del Giglio*. Blattvergoldete Türumrahmungen, bemalte Balkendecken, Marmorböden, Fresken, antike Möbel und Konsolen, Polster aus Seidendamast, gewoben auf venezianischen Webstühlen, barocke Gemälde, ein Porträt des einstigen Hausherrn, des Dogen Andrea Gritti. Reise in eine fremde Vergangenheit.

Hemingway reist jedoch in seine eigene.

Vor dreißig Jahren, mit neunzehn, war er zum ersten Mal im Veneto, nicht weit von Venedig, als Fahrer des *American Field Service*. Zuerst war er der Sanitätsstation in Schio östlich des Gardasees zugeteilt, doch die Friedlichkeit dort zog ihn ins seelische Tief. Nachdem er in einem Rotweinrausch versackt war, hatte er sich aus freien Stücken für eine Behelfskantine in den Schützengräben an den Ufern des Piave, im Norden Venedigs gemeldet. Er hätte den Soldaten nur Schokolade, Zigaretten und Kaffee besorgen sollen, aber er musste immer schon dort sein, wo das Risiko reizte. Am 8. Juli 1918 schlug in der Nähe von Fossalta di Piave, nur einen Meter neben ihm, eine Granate ein, zerfetzte einen Soldaten, verwundete viele. Granatsplitter spickten Hemingways rechten Ober- und Unterschenkel. Trotzdem schleppte er auf seinem Rücken einen der Kameraden, dem es die Beine weggerissen hatte, zur nächsten Sanitäterstation. Das hat ihm einen Orden eingebracht, davon weiß Mary, seine Frau. Doch von dem, was darauf folgte? Jäger, auch Frauenjäger, verstehen zu verhindern, dass ihre Witterung aufgenommen wird.

Drei Häuser neben dem *Gritti*, auf derselben Seite des *Canal Grande*, befindet sich der *Palazzetto Contarini Fasan*. Einer der Besitzer aus der Familie Contarini machte so besessen Jagd in der Lagune, dass es sogar den venezianischen Patriziern auffiel und sie den Fasan seinem Namen anhängten. *Casa di Desdemona* nennen die Venezianer diesen spätgotischen Bau, weil Otellos Frau hier angeblich gewohnt hat. Macht sich Hemingway, wenn er täglich mehrmals daran vorbeifährt, über den Zusammenhang von Jagdtrieb und erotischem Eroberungstrieb Gedanken? Der Doge Andrea Gritti, auf dem Porträt im Foyer des Hotels ein strenger Mann, war ebenfalls ein Jäger, jagte nach Gewinn, Geschäftsideen, Kunstschätzen aus dem Orient und weiblichen Schönheiten. Als seine Wahl zum Dogen diskutiert wurde, schrie einer der *nobili*, es sei undenkbar, einen Mann in dieses Amt zu wählen, der vier Bastarde in der Türkei sitzen habe. Und als er wegen Spionageverdachtes in Konstantinopel ins Gefängnis gesperrt wurde, waren es türkische Edelfrauen, die seine Freilassung erbaten und erreichten.

Freilassung – auch Hemingway fühlt sich eingesperrt. In den Erwartungen, die an ihn gestellt werden, in die Konsequenzen des Erfolges. Seit Jahren warten seine Verehrer, die *In einem anderen Land* oder *Wem die Stunde schlägt* verschlungen haben, auf einen neuen Roman. Seit 1940 ist nichts mehr erschienen von dem Mann, der wie keiner zuvor in kurzen Sätzen von der Liebe und vom Krieg erzählt. Und vom Krieg in der Liebe und der Liebe zum Krieg. Hemingway hat nun schon Jahre gelitten an der Angst vor dem weißen Papier. Die Versuche, seinen inneren Widerstand in Alkohol zu lösen, sind ihm anzusehen. Sein Gesicht ist aufgedunsen und gerötet. Doch jetzt sitzt er endlich wieder an einem Roman, eigentlich nur als Artikel geplant, dann zur Kurzgeschichte gewachsen, die nun zu einer immer längeren Geschichte wird. In Venedig und auf der *Terraferma* im Norden und Nordosten der Stadt spielt das Ganze. Was Hemingway als Erzähler berühmt gemacht hat, ist das Verweben von Erlebtem und Erdachtem. Braucht er nun ein Erlebnis, ein frisches, kein abgehangenes, um den Roman fertig schreiben zu können? Oder will er nur vor Ort überprüfen, ob seine Beschreibungen stimmen?

Mit Mary spricht er darüber nicht.

Wenn er jemandem begegnen will, der sein Leben durch einen Blick, ein Wort, eine Berührung ändert, der die Starre löst, dann ist Hemingway am richtigen Ort. Venedig ist Begegnung. Enger als sonst irgendwo sind hier in Venedig die Lebenslinien verknüpft. Spuren von Dichtern, Diven und Dogen, Malern, Mäzenen, Musikern und Kurtisanen kreuzen sich, in der Gegenwart oder über die Zeit hinweg. Marlene Dietrich, bei Hemingway nur *The Kraut*, kennt er seit bald fünfzehn Jahren, sie war vor ihm da. Autogrammkarten hängen gerahmt in den Kaffeehäusern. Sein alter Freund Ezra Pound, derzeit wegen seiner faschistischen Propagandareden in der geschlossenen Abteilung einer psychiatrischen Klinik in England eingesperrt, ist ebenfalls gegenwärtig. Die Venezianer ziehen bei jeder Gelegenheit her über den mussolinihörigen Dichter. Seine Lebensgefährtin, die Geigerin Olga Rudge, ist tatsächlich anwesend, versucht den Venezianern die Bedeutung Vivaldis zu vermitteln und die Tatsache, dass Ezra Pound Jude und keineswegs antisemitisch sei. Beides versucht sie vergeblich. Ruskin, dessen *Stones of Venice* Hemingway nun liest, wohnte im selben Palast wie er. D'Annunzio, den Wortschwülstigen, von dem Hemingway, der Wortkarge, angewidert und angezogen zugleich ist, trifft er hier auf Schritt und Tritt.

Sich zu vergegenwärtigen, wie viele Fäden sich an jeder Stelle der Stadt verknoten, kann Schwindel erregen. Doch nur wer sich auf dieses unauflösbare Ineinandergreifen von Geschichten und Gerüchten in Venedig einlässt, versteht es. Darin ist die *Serenissima* der Lagune, die sie umfängt, ähnlich, wo sich das Meer mit dem Land verbindet und das Land mit dem Meer.

Hemingway ist erst wenige Tage da, als er über Kechler einen Mann namens Raimondo Nanuk Barone Franchetti kennenlernt. Die Franchetti, eine für Außenstehende unübersichtliche Dynastie, da zu viele Raimondo und Giorgio heißen, gelten in Venedig etwas. Barone Giorgio Franchetti hat der Stadt eine ihrer

Schönheiten, die bereits unrettbar zerstört schien, wiederge-
schenkt: die *Ca' d'Oro*, neben dem Dogenpalast das Prächtigste,
was die venezianische Gotik geboren hat. Sie war von Maria
Taglioni, Tänzerin im Hauptberuf, Sammlerin venezianischer
Paläste im Nebenberuf, grob misshandelt worden. Giorgio Franchetti hatte die geschändete *Ca' d'Oro* 1894 gekauft und alles, was
er an Geld und Zeit besaß, an körperlicher und seelischer Energie hineingesteckt, um ihr die Würde zurückzugeben. Dass er sie
testamentarisch samt ihrem reichen Innenleben dem Staat ver-
macht hatte, ist dem Ruhm der Franchetti unter Venezianern zu-
träglich. Fremde wissen davon nichts. Es sei denn, sie kämen wie
Ernest Hemingway mit jenen Heimatstolzen in Berührung, die
sonst lieber unter sich bleiben. Franchettis Familie besitzt einen
Stadtpalast am *Canal Grande*, den *Palazzo Gussoni Cavalli Franchetti*, aber wie Kechler bewohnt Raimondo um diese Jahreszeit
lieber seinen Herrensitz am Rand der Lagune, in San Gaetano
bei Caorle, nordöstlich von Venedig. Er hat Hemingway eingeladen, ihn dort zu besuchen. Die Lagune von Caorle ist um die
600 Hektar groß, mit ihren menschenleeren Inseln und Ufern
ein ausgedehnter Jagdgrund. Und der Landsitz des Barone Franchetti bietet alles, Raum, Stil und Luxus. Die Franchetti sind kein
alter Adel; zum Baron war erst Raimondos Ahnherr Abramo gewählt worden, weil damit seine Verdienste als Erbauer der ersten
italienischen Bahnlinie gewürdigt werden sollten. Verarmter Adel
sind die Franchetti auch nicht. Raimondo hat eine österreichische Baronesse Rothschild geheiratet.

Ernest und Mary reisen gemeinsam an.

Dass sie zwei verschiedene Zimmer auf dem Landgut beziehen, erklären sich die übrigen Hausbewohner und das Personal
unterschiedlich. Die einen behaupten, Hemingway, groß und
schwer, finde die Doppelbetten zu eng für zwei. Die anderen
meinen, es krisele zwischen den beiden und sie suchten den
räumlichen Abstand. Nach außen wirkt Mary wie die ideale
Frau für Hemingway. Sie angelt mit ihm, trinkt mit ihm, fährt
mit ihm Ski, geht sogar auf die Jagd mit ihm, aber die regel-

mäßigen Streitereien richten Verwüstungen an. Sein Vorwurf: Mary habe zu wenig Mitgefühl für ihn. *Ich wollte, sie hätte etwas jüdisches Blut, dann wüsste sie, dass andere Leute auch Schmerzen empfinden.*

Fühlt Mary, dass hier auf ihren Mann Erinnerungen einstürmen?

Herrenhäuser wie die von Kechler oder Franchetti kennt er. In der Mitte eine Villa mit drei Etagen, seitlich davon langgestreckte eingeschossige *Barchesse*, in denen die Boote für Ausflüge in die Lagune liegen, rundum Zugebäude, weite Wiesen, flache Äcker, bestanden mit Mais oder mit den Rosen von Treviso, wie der Radicchio hier genannt wird. Damals, vor dreißig Jahren, waren viele dieser ausgedehnten Landsitze als *Case del soldato*, als Unterkünfte für Soldaten mit Beschlag belegt, manche wurden als Nachschublager genutzt. Hemingway hatte den Weg zur Frontlinie meistens per Fahrrad zurückgelegt, Zigaretten und Schokolade im Rucksack, auf weißen leeren Straßen unter Platanen, auf ebenen Wegen entlang der Weiden an Flüssen und Kanälen. Er hatte viel von dieser Gegend gesehen. Nachdem er schwer verwundet in einem mailänder Spital gelandet war, hatte es ihn noch einmal hierher verschlagen. In die *Villa dei Reali* bei Dosson, Quartier des amerikanischen Generalstabs; dort war in den *Barchesse* ein Spital eingerichtet worden und der junge Invalide war noch nicht ganz genesen. Was damals geschehen war auf dem ehemals königlichen Landsitz, der dem der Franchetti und Kechlers ähnelt, kann Hemingway nicht vergessen haben, auch nach dreißig Jahren nicht. *Glück, das ist einfach eine gute Gesundheit und ein schlechtes Gedächtnis*, sagt Hemingway selbst. Bei ihm ist die Gesundheit mittlerweile schlecht, das Gedächtnis aber nach wie vor gut.

Agnes von Kurowsky hatte sie geheißen, die deutschstämmige Krankenschwester aus Philadelphia, eine große schlanke Frau, sieben Jahre älter als er, rotblondes Haar, blaugraue Augen. Sie war es, die im Mailänder Lazarett verhindert hatte, dass Hemingway sein rechtes Bein amputiert wurde, weil sie ein neues Verfahren zur Wundwaschung kannte. Agnes hatte sich in Ernest verliebt, er hatte sich in sie verliebt. Als sie sich wieder trafen in Dosson bei Treviso, hatten sie einander die Ehe versprochen. Kurz danach, im Januar 1919, kehrte Ernest in die USA zurück, fest entschlossen, sich bald in Treviso, wo Agnes mittlerweile arbeitete, oder im nahen Venedig eine Stelle als Journalist zu suchen. Da war der Brief von Agnes gekommen. Sie werde einen adligen italienischen Oberst heiraten. Hemingway sei ihr zu jung. Der wahre Grund oder nur ein vorgeschobener?

Nun betritt er zur selben Jahreszeit wie damals jene Welt der Erinnerungen. Der Jäger Hemingway ist dünnhäutig. Die Wunde der Zurückweisung ist nicht verheilt. Was kann er tun, um den Schmerz zu lindern?

Als er mit seinen neuen Freunden nach der Jagd ins Landhaus des Barone heimkehrt, brennt im offenen Kamin des großen Saals Feuer. Davor kauert eine junge Frau. Sie ist wohl auf dem Weg hierher in den Regen geraten. Ihr schwarzes langes Haar ist nass. Sie kämmt es, das Gesicht dem Kamin zugewandt. Ein aristokratisches venezianisches Gesicht, das sich Hemingway verschließt. Eine weiche Wangenpartie, gelblich matt, ins Olive gehend. Ein Profil, wie er es noch nie sah. Die Nase, hoch angesetzt, lang, der Rücken schmal und geschwungen. *Reines Byzanz*, denkt Hemingway.

Adriana Ivancich heißt die junge Frau, ein Name, der nach Balkan klingt. Die Wurzeln der Ivancichs liegen auch in Trogir, aber Adriana ist 1930 mitten im *centro storico* von Venedig zur Welt gekommen, in einem *Palazzo* in der *Calle del Rimedio*, zur Seufzerbrücke und zum *Canal Grande* blickend, seit Generationen im Besitz der Ivancichs.

Gerade erst ist Adriana aus der Schweiz zurückgekommen, wo sie Französisch gelernt hat. Aber doch nicht, um ihre Zeit mit einem alternden Amerikaner zuzubringen. Sie soll jetzt in die venezianische Gesellschaft eingeführt werden und nach einem Mann Ausschau halten. Einem vermögenden, denn die Ivancichs haben kein Geld mehr. Zu Beginn des Zweiten Welt-

kriegs, da war Adriana zehn, hatten ihre Eltern ihr Vermögen
verloren und sich aus Venedig zurückgezogen, aufs Land, in ihr
Anwesen in San Michele al Tagliamento, an der Grenze zum
Friaul. Ein großes Landgut, in dessen Zentrum die *Villa Mocenigo Ivancich* liegt, erbaut von Baldassare Longhena. Dann zer-
störte ein Bombenangriff der Alliierten das Dorf und große
Teile des Anwesens Ivancich. Eigentlich aus Versehen. Die Alliierten bombardierten den Ort der Brücke wegen, die dort über
den Tagliamento führt, eine strategisch wichtige Brücke. Doch
Mutter Dora wahrte Stil und Anspruch. Die Tochter Adriana
schickte sie auf den *Liceo Classico* in Venedig, Latein, Altgriechisch, *Divina Commedia* und Petrarcas Sonette.

Noch bevor der Krieg vorbei war, erschütterte eine Schre-
ckensnachricht die mühsam aufrecht erhaltene Würde der Familie: *Carabinieri* meldeten, dass Adrianas Vater in einer Seiten-
gasse gefunden worden war. Ermordet. Adrianas Bruder Gian-
franco war schwer verwundet heimgekommen. Er weiß bis
heute nicht, womit er seine Tage ausfüllen soll. Vielleicht mit
Schreiben?

Adriana, Mutter, Schwester und Bruder leben in dem, was
der Krieg von ihrer Villa übrig ließ, von dem, was ihre Felder
bringen, in diesem San Michele, einem Dorf, das für Reisende
romantisch sein mag. Für ein junges Mädchen ist es trostlos.
Gut, dass ringsum Leute wie die Franchetti oder Kechlers wohnen, die gastfreundliche Häuser führen, wo immer wieder neue
Besucher Abwechslung in die zäh fließende Zeit werfen.

Aber dieser Amerikaner mit grauem Bart im roten Gesicht,
das ist nicht die Abwechslung, die sich eine Achtzehnjährige erhofft. Er sitzt im Sessel, ein Glas in der Hand, und redet. Bemerkt er, dass er sie langweilt? Über dreißig Jahre ist er älter als
Adriana. Was er erzählt, ist weit weg von der Welt der jungen
Frau. Er spricht langsam, was eine Venezianerin unruhig macht.
Oft versteht sie ihn nicht. Er redet und redet. Muss sie sich das
anhören, diese Suaden über Jagd und Krieg und Hochseefisch-
fang, über Afrika und Kuba und Florida, wo sie doch froh ist,
endlich wieder zu Hause zu sein?

Trotzdem hört sie ihm zu. Sie wird fotografiert, wie sie neben dem Sessel Hemingways hockt, die gefalteten Hände auf die Lehne gelegt, das Kinn auf die Hände, ohne ihn anzuschauen. Sie schaut in sich hinein und lauscht.

Hat Hemingway das Gefühl, hier seiner Retterin begegnet zu sein?

Von Hemingways Frau bekommt Adriana kaum etwas zu sehen. Hat Mary ihrerseits genug gesehen?

Noch bevor das Wochenende bei den Franchetti zu Ende ist, hat Hemingway, auch wenn vor allem er und weniger sie geredet hat, erfahren, dass Adriana streng katholisch ist. Er lädt sie ein, ihn in Venedig zu besuchen. Natürlich nur, damit sie Mary, seine Frau, näher kennenlernen könne.

Es ist kühl und regnerisch, als Adriana nach Venedig kommt. Sie trägt einen dicken dunklen Mantel, der ihre Figur plump erscheinen lässt. Mary trägt einen Trenchcoat, in der Taille eng geschnürt. Adriana hat das dunkle Haar bieder zusammengesteckt. Marys hellblondes gewelltes Haar ist jugendlich geschnitten. Für Hemingway zählt nur Adriana. Adriana malt, schreibt Sonette, kann Bembo rezitieren, betet vor Tizians Madonnen. Adriana ist Venedig, ist das Echte mit großer Vergangenheit. Eine erlesene Beute, die Forderungen an den Jäger stellt, ohne sie auszusprechen. Hemingway hasst formelle Kleidung. Adriana zuliebe zieht er einen Smoking mit Frackhemd, Fliege und Manschettenknöpfen an. Ob es Adriana auffällt, dass das eine ungewohnte Verkleidung für ihn ist? Schnappschüsse verraten es. Wenn er das linke Bein übers rechte Knie legt, geben seine kurzen Sportsocken die nackte Wade preis.

Adriana zeigt ihm die Metzgereien mit dem besten San Daniele-Schinken und den Würsten *alla cacciatora*, auf Jägerinnenart, führt ihn an den Fischmarkt am *Rialto* mit den grüngrauen Hummern auf glitschigem Steinboden, den Körben und Kisten voll Muscheln, Krebsen, Seespinnen und Seeigeln, öffnet ihm ihr Elternhaus in der *Calle del Rimedio*. *Rimedio* bedeutet Heilmittel, Belebungsmittel.

Er führt sie in *Harry's Bar*. Der Besitzer, Giuseppe *Beppe* Cipriani, so alt wie Hemingway, hat seine Bar hier schon seit mehr als zwanzig Jahren. Selbst wenn er Adriana kennt, zu erkennen gäbe er es nicht, denn er hält zu den Gästen Distanz. Ein grauhaariger Herr in dezent grauem Anzug mit dezent grauem Verhalten, der Zärtlichkeiten nicht bemerkt.

Mary aber kann es nicht entgehen, wie die beiden sich näher kommen, wie Adriana unverzichtbar wird für Ernest. Da ist es unwichtig, ob er sie mit Worten oder Leidenschaft erjagt, mit seinem Ruhm erbeutet oder mit seiner Hilfsbedürftigkeit gewonnen hat. Mary bittet die mehr als zwanzig Jahre Jüngere um eine Aussprache. Treffen sie sich im *Gritti* oder einer stillen Osteria? Sicher nicht in *Harry's Bar.* Danach ist Mary beruhigt. Behauptet zumindest Adriana. Mary habe eingesehen, dass ihre, Adrianas Zuneigung, rein geistiger Natur sei und dass sie kein Hindernis, sondern eine Hilfe sei, was Hemingways Ehe angehe. Adriana ist fromm, ihre Stimme ist sanft, ihre Gebärden wirken unschuldig. Mit *figlia*, Tochter, spricht Hemingway Adriana an. Ist sie wirklich nicht mehr als eine Ersatztochter für Hemingway, der nur Söhne hat?

Die Lüge tötet die Liebe, aber die Aufrichtigkeit stört sie erst recht, hat er selbst gesagt.

Er sagt nicht, dass er Adriana braucht und warum. Die Jäger in der Lagune verstünden Hemingway, der Barone Franchetti ebenso wie der Conte Kechler und all die anderen *nobili* Venedigs, die triumphierend Pfeifenten, Rebhühner, Bekassinen und Fasane nach Hause bringen. Trophäen stärken das Selbstbewusstsein, wenn es in den Staub getreten wurde, ob durch Siegermächte, durch Kritiker oder eine abweisende Frau.

Den Stolz der Venezianer brachen Napoleons Truppen, Hemingways Stolz brach die erste Geliebte seines Lebens.

Adriana bleibt in Venedig, als Hemingway mit Mary aufbricht, und doch reist sie mit.

In dem Sommer nach seiner Rückkehr aus Venedig offenbart sich Hemingway in Briefen an Adriana als selbstlos Liebender. In Briefen an andere, wie seinen Verleger Charles Scribner, entblößt er sich als gnadenlos Jagender. *Einmal habe ich einen besonders frechen SS-Kraut umgelegt. Als ich ihm sagte, dass ich ihn töten würde, sagte der Kerl doch: Du wirst mich nicht töten. Weil du Angst davor hast und weil Du einer degenerierten Bastardrasse angehörst. Außerdem verstößt es gegen die Genfer Konvention. Du irrst dich, Bruder, sagte ich zu ihm, schoss ihm in den Schädel, so dass ihm das Hirn aus dem Mund kam, oder aus der Nase, glaube ich.*

Im September 1950 erscheint der Roman *Across the River and into the Trees* in den Vereinigten Staaten. Ein Wintermärchen aus Venedig. Wieviel Erlebtes steckt darin? Der Vorsatz liest sich, als fürchte Hemingway seine venezianischen Freunde.

Im Hinblick auf die gegenwärtige Tendenz, Romancharaktere mit wirklichen Menschen zu identifizieren, erscheint es angebracht festzustellen, dass in diesem Buch keine richtigen Menschen vorkommen. Beide, Charaktere wie Namen, sind erfunden.

Das Buch ist Mary gewidmet. Hemingway untersagt, das Werk in Italien zu veröffentlichen. Warum? Um Adriana zu schützen? Die Ähnlichkeit zwischen der Heldin Contessa Renata, einer achtzehnjährigen Venezianerin, mit Adriana ist unübersehbar. Ihre Affäre mit Colonel Richard Cantwell, einem Mann um die Fünfzig, der im *Hotel Gritti* wohnt, in *Harry's Bar* trinkt und mit einem venezianischen Baron auf Entenjagd in der Lagune geht, ist keineswegs unschuldig geschildert. Präzise beschreibt er Adrianas Reize, all die Häuser, Wege, Dörfer, Märkte, Plätze, Menschen, die er mit ihr zusammen erlebt hat, natürlich auch *Harry's Bar.*

Authentisch? Vielleicht. Ganz sicher unerträglich kitschig, urteilen Amerikas Kritiker nahezu einstimmig.

Dieser Roman ist ein Unglücksfall, schreibt der *Saturday Review of Literature. Er ist nicht nur Hemingways schlechtester Roman, sondern obendrein eine Synthese aus allem, was an seinen vorherigen Romanen schlecht war. Das lässt für die Zukunft Schlimmes ahnen.*

Am Ende des Romans beschließt der Colonel, die Liebe und das Leben bis zum letzten Herzschlag auszukosten. Er und Renata küssen sich, gestehen sich ihre Liebe, beschwören sie. Obwohl oder gerade weil der Colonel sich dem Tode nahe fühlt.

Venedig im Winter. Gut zum Lieben, gut zum Sterben.

Hemingway reist im Winter 1950 wieder in die *Serenissima*. Will er seinen Liebesroman in der Wirklichkeit vollenden?

Mary reist mit. Ernest und sie wohnen wie gehabt im *Hotel Gritti*. Dort steigt auch ein alter Gefährte von Hemingway ab, A. E. Hotchner, bewährter Kumpan im Boxen und im Saufen. Doch Hemingway will ihm vor allem sein Venedig vorführen. Er ist es nun, der erklärt, Venedig sei nur im Winter schön. Spricht Adriana aus ihm? *Keine Händler da, die Taubenfutter verkaufen, keine Straßenphotographen, die Bilder von Touristen machen, keine Warteschlangen vor den Kirchenportalen, keine Musikkapellen, die den Massen durstiger Deutscher mehr schlecht als recht aufspielen. Sogar die blöden Tauben sind weg und wir sind wie zwei junge Venezianer, die nach einer langen Seereise in ihre Stadt zurückkehren.*

Venezianer? Und jung? Hemingway ist, das müsste Hotchner wissen, immer so jung wie die Frau, die er fühlt. Er führt Hotchner auf den Fischmarkt, wo er mit dem Freund rohe Venusmuscheln aus der Schale schlürft, ein aphrodisierendes Mahl. Und er bringt ihn zu Adriana. Hotchners Diagnose: Muse, Tochter, Seelenkrankenschwester, jedenfalls keine Geliebte. Kann Mary beruhigt sein? Oder ist *Harry's Bar* gefährlicher für ihren Mann als diese junge Frau? An der Seite von Hotchner scheint Hemingway in der Bar die Hemmungen abzulegen, die er an Adrianas Seite kannte.

Er geht auf die Jagd, doch nicht im Revier des Barone Franchetti. Und nur auf Pfeifenten, nicht auf junge Frauen.

Beppe Cipriani hat auf Torcello eine *Locanda* eröffnet, exklusiv, aber ländlich. Mit Bar. Hier kann Hemingway vom Haus aus mit dem Schrotgewehr losziehen, hinaus ins Dickicht der Lagune. Hier braucht er keinen Smoking anzuziehen. Hier fällt es keinem auf, wenn er sich abends gegen zehn aufs Zimmer zurückzieht, sich sechs Flaschen *Amarone*, diesen teuren, hochprozentigen bräunlichroten *Ripasso* aus dem Valpolicella bringen lässt, die dann morgens geleert neben dem Schreibtisch stehen. Es wirkt so, als sei ihm in diesem Herbst bereits der Alkohol näher als Adriana Ivancich.

Weiß Mary, dass er seiner *figlia* regelmäßig geschrieben hat seit dem letzten Besuch? Bekommt sie mit, wie oft er Adriana trifft? Erfährt sie, dass er sie Hotchner mit Stolz präsentiert?

Vier Jahre später reist Hemingway ohne Mary, aber mit Hotchner nach Venedig, quartiert sich sowohl im *Gritti* als auch auf Torcello, in der *Locanda Cipriani* ein. Ob er in der Bar dort an seinem Stammplatz in der Ecke sitzt oder in *Harry's Bar*. Gordon's Gin sei das beste Antiseptikum und das beste Schmerzmittel der Welt, erklärt er Beppe und jedem anderen. Hemingway braucht das. Zwei Flugzeugabstürze hat er hinter sich. Die Niere gerissen, die Leber gequetscht, die Haut einer Hand noch immer nicht nachgewachsen, die Hand selbst verkrüppelt, die Rückenwirbel für immer lädiert.

Als Beppe Cipriani ihm vorschwärmt, wie gut das Wildgeflügel in diesem Herbst schmecke, winkt Hemingway ab. *Ich könnte kein Gewehr mehr heben, geschweige denn etwas treffen.*

Mit dem Jagen ist es vorbei. Mit dem auf Enten, Rebhühner, Bekassinen und Fasane jedenfalls. Als er mit Hotchner durch die Tauben auf dem Markusplatz geht, sagt er: *Eines muss man dem Täuberich lassen. Er hat immer Lust zu vögeln.* Manches verrät dem Beobachter, dass Hemingway Angst hat. Vor seinen nächtlichen Stimmungen? Vor der Folter seiner Schmerzen? Vor dem Tod? Oder vor dem Verlust seiner Potenz? Markige Sprüche nähren diesen Verdacht. *Nie einen Schwulen hauen*, erklärt er Hotchner, als zwei kichernde Herren in Pelzmützen vorbeigehen, *er schreit.*

Die Zweifel an seiner Männlichkeit versucht Hemingway in Whisky, Gin, Martinis und Rotwein zu ertränken, aber sie können schwimmen. Nur wenn Adriana ihn bewundernd ansieht, ihm zuhört, als sei die Welt ringsum versunken, dann fühlt er sich als Mann.

Zusammen mit Hotchner ist er eingeladen im Palast der Ivancichs hier in Venedig. Angeblich nur, weil dort seine Hilfe gebraucht wird. Diesmal nicht von Adrianas Bruder, der von Hemingway schreiben lernen will, sondern von ihrer Schwester, die einen italienischen Marineoffizier geheiratet hat. Der kommt zurück aus Norfolk, Virginia, wo er stationiert war und den Hamburger entdeckt hat. Federico hat vorgewarnt, er werde in Venedig nichts venezianisches, sondern weiterhin seine Hamburger essen. Hemingway überträgt die Kochaufgaben an Hotchner und stattet sich in *Harry's Bar* vor dem Besuch mit einer Zehnpfunddose Kaviar aus. Er hat gelernt, dass Adriana gute Formen schätzt. *Wir können doch in einem Renaissance-Palast am Canal Grande nicht nur Buletten essen.*

Federico weiß mehr, als Ernest Hemingway erwartet und mehr, als Mary Hemingway vermutet. Mary Hemingway kennt wohl auch kaum die Briefe, die ihr Mann nach wie vor nach Venedig schickt. Sonst hätte sie ihn nicht alleine ziehen lassen. *Ich habe Dich niemals mehr geliebt als in der Stunde meines Todes … Es war ein wirklich schrecklicher Kampf, Tochter, und jetzt kämpfe ich seit sechs Tagen darum, am Leben zu bleiben und Dich sehen zu können.*

Mary hat meine Gefühle für Dich immer als eine Cosa sagrada betrachtet.

Als eine geheiligte Sache? Wie eine Heilige führt sich Adriana nicht auf.

Wissen Sie, als Sie totgemeldet wurden, erzählt ihr Schwager Federico, *haben sich das Ihre hiesigen Freunde sehr zu Herzen genommen. Adriana flehte mich an, sie mit nach Kuba zu nehmen, sie wollte Ihre Finca niederbrennen. Kein anderer sollte in Ihrem Bett schlafen, auf Ihrem Stuhl sitzen oder den weißen Turm hinaufsteigen. Sie hatte allen Ernstes die Absicht, den Swimmingpool zu zertrümmern. Armes verdammtes gesegnetes Mädchen.*

Arm, weil sie die Gejagte ist?

Verdammt, weil sie dem Jäger nicht entkommt?

Und warum gesegnet? Weil der Jäger, der nicht mehr jagen kann, mit einem Lorbeerkranz auf dem weißen Haar dasteht?

Hemingway, gebrochen an Körper und Seele, hat mehr denn je das Zeug zum Helden in diesem Jahr 1954. Dem Jahr seiner Katastrophen, dem Jahr seiner Triumphe. Mit *The Old Man and the Sea* hat er einen Sensationserfolg erzielt, der kaum

159

seinesgleichen kennt: Das Magazin LIFE hat die Geschichte vollständig in einer Ausgabe abgedruckt, die sich innerhalb von achtundvierzig Stunden fünf Millionen Mal verkaufte. Er hat den Pulitzer-Preis und den Nobelpreis für Literatur zugesprochen bekommen.

Es soll dennoch sein letzter Auftritt vor Adriana, sein letzter Auftritt in Venedig sein. Als einer, der nicht mehr jagen kann, will er sich ihr nicht länger zeigen und auch nicht dieser Stadt, deren Lagune ihn an alles erinnert, was er verloren hat.

Sieben Jahre später wird es für Ernest Hemingway mitten im Sommer Winter. Am 2. Juli 1961 erschießt er sich, im selben Alter wie sein Vater. Aber nicht mit einer Pistole. Hemingway greift zu einer Schrotflinte, mit der er in der Lagune Enten, Fasane, Rebhühner und Bekassinen gejagt hatte.

Adriana Ivancich lebt mit dem Toten weiter. Sie schreibt ihre Erinnerungen an Hemingway auf. *Il Torre Bianco* heißt das Buch, doch es beschert Adriana weder Anerkennung noch Geld.

Vier Jahre danach erscheint der Roman über Renata trotz Hemingways Verbot auf Italienisch. Den Umschlag hat Adriana, geborene Ivancich, gestaltet, mittlerweile fünfunddreißig, von einem Griechen geschieden, der sie mit Eifersucht verfolgte, verheiratet mit einem deutschen Grafen namens Rex. Die Zeitschrift *Epoca* bringt, wonach das Publikum giert. Auf dem Titelbild Adriana und der Satz: *Ich bin Hemingways Renata.*

Hat sie des Geldes wegen zugesagt? Ihr Mann hat außer dem Adelsprädikat nichts zu bieten.

Renata – der Name wird manchen der venezianischen Freunde und Bekannten zu denken geben: *re-nata*, die Wiedergeborene. Müsste nicht eher der Held Renatus heißen? Wenn es nach Adriana geht, sicherlich. *Hemingway erzählte mir, er sei während der Arbeit an ‹Über den Fluss und in die Wälder› krank geworden und habe den Roman beiseite gelegt, weil er glaubte, er werde niemals mehr etwas schreiben können. Nachdem er aber mich getroffen hatte, habe er gespürt, wie eine neue Kraft von mir auf ihn überging.*

Ehrlich scheint Adriana geblieben zu sein. Sie gibt zu, der

Roman habe sie nicht beeindruckt. Die Dialoge findet sie langweilig und diese Renata in keiner Weise glaubwürdig: … *nein, ein junges Mädchen mit diesem Charme und dieser Familientradition, noch dazu so jung, schleicht nicht aus dem Haus, um ein verliebtes Rendezvous zu gewähren und einen Martini nach dem anderen herunterzuschlucken, als ob es Kirschen wären.*

Hemingway ist tot. Aber er kann etwas für Adriana tun. Er kann ihr postum Bedeutung geben. Sie muss nur deutlich machen, wie viel sie für sein Werk bedeutet hat. *Du hast es fertig gebracht, dass ich wieder schreiben kann,* habe er zu ihr gesagt. *Dafür werde ich dir ewig dankbar sein. Ich konnte mein Buch beenden und habe der Heldin deine Züge gegeben.*

Ausgerechnet der Heldin im *schlechtesten Roman Hemingways.*

Adriana weiß sich zu helfen. Sie erinnert sich an andere Sätze. *Jetzt werde ich noch ein Buch für dich schreiben, und es wird mein schönstes werden. Es handelt von einem alten Mann und dem Meer.*

Der Nobelpreis ist geteilt. Was Adriana sonst noch verrät, enttäuscht die Leser. Nein, da sei nichts Körperliches gewesen, nicht mehr als Umarmungen, Umarmungen von Vater und Tochter. Und doch muss er sie umklammert haben und lässt sie nicht mehr los.

Gottverdammt schön, hat Hemingway Venedig genannt.

Armes, verdammtes Mädchen.

Es zehrt an ihm. Es hat nichts anderes, woran es zehren kann. Auch finanziell. Im Oktober 1967 verrät Adriana Gräfin Rex die geheiligte Sache. Es muss ihr schwer gefallen sein. Die Londoner *Times,* früher Arbeitgeber von Mary Hemingway, veröffentlicht Auszüge aus Hemingways Briefen an Adriana. Witwe Mary geht gerichtlich dagegen vor.

Warum, wenn darin nur von Umarmungen die Rede ist, Umarmungen von Vater und Tochter?

Ich bin müde, leer … ausgehöhlt, und Du fehlst mir, hat Hemingway an Adriana geschrieben. Während die Ehefrau Mary im Zimmer nebenan saß.

Noch in demselben Jahr kommt die *Cosa sagrada* unter den Hammer. Adriana Gräfin Rex hat die fünfundsechzig Briefe von Hemingway dem Auktionshaus *Christie's* überantwortet. 120 000 Mark sollen sie bringen, aber ein New Yorker Antiquariat bekommt bei der Hälfte bereits den Zuschlag.

Ist es ein Zufall, dass auch Adriana in Depressionen gleitet und zu trinken anfängt? Oder ist es, weil der Jäger sie noch immer verfolgt?

Hat sie Venedig, den Veneto, das Elternhaus verlassen, ist zuerst nach Mailand, dann nach Rom gezogen wegen ihres Mannes? Oder weil sie auf der Flucht vor den Erinnerungen ist?

Das Wild hat keine Waffe.

1983 wird Adriana auf ihrem Grundstück gefunden, aufgehängt im Geäst eines alten Baums. Sie lebt noch. Doch für eine Rettung ist es zu spät.

Abb. oben: Venedig zu entdecken, wenn es sich zurückzieht, nicht schminkt und nur den Seinen gehört: der erste Winter in Venedig bedeutete den Beginn einer Leidenschaft. Ernest Hemingway (1899–1961) spazierte mit seiner Frau Mary, beide im Trenchcoat, durch die leeren Gassen eines grauen Venedig und war bester Laune. *Wozu nach New York reisen, wenn es Paris und Venedig gibt?*

Abb. rechts: Eine Venezia-nerin zu entdecken, die den Besuch der Stadt erst zum Ereignis macht: davon träu-men vielleicht einige männliche Venedigreisende, doch durch die Abwande-rung der echten Ve-nezianerinnen ist dieser Wunsch heute schwerer zu erfüllen als zu Hemingways Zeiten. Bezauberte ihn Adriana Ivancich (1930–1983), weil sie Teil von Venedig war und Teil seiner Wirkung?

Orte

Der *Palazzo Pisani Gritti* stammt zu großen Teilen aus dem 15. Jahrhundert, doch es sind noch Elemente des 13. Jahrhunderts in ihm erhalten. Die Front zum *Canal Grande* war ursprünglich mit Fresken von Giorgione geschmückt. 1814 kaufte Camillo Conte Gritti der letzten Erbin aus dem Haus der Pisani den Palast ab, ließ das Innere von Borsato und Santi umbauen und neu ausgestalten. Von ihm erwarb die Baronin Wetzlar den seither *Palazzo Gritti* genannten Prachtbau, die Effie und John Ruskins Gastgeberin spielen sollte. Hemingway hatte Ruskins *Stones of Venice* gelesen, riet Hotchner zu dieser Lektüre und nannte die Smaragde der Romanheldin Renata eben so – *Stones of Venice.*

Verehrer Hemingways können seine Suite buchen. *«Das ist das Hotel, in dem wir wohnen, Jackson.»* [...] *«Sieht mir okay aus», sagte Jackson. «Es ist okay», sagte der Colonel.*

Hotel Gritti Palace, San Marco 2467, Campo Santa Maria del Giglio, FON 041/79 46 11. www.luxurycollection.com/grittipalace

Abb. S. 165: Mit dem Bau der *Ca' d'Oro* hatte Marino Contarini, Sohn eines Prokurators, 1421 begonnen. Teile des byzantinischen Vorgängerbaus, wie den *Portico* an der Front zum *Canal Grande,* bezog er in den Neubau ein. Den Architekten von Matteo Raverti bis Bartolomeo Bon redete der Bauherr gewaltig drein. Die einmaligen Arbeiten der lombardischen Steinmetze an der Fassade sind zwar erhalten und sorgsam restauriert, doch das Gebäude sah ursprünglich völlig anders aus, als es sich heute präsentiert: Contarini hatte einen Maler aus Frankreich, deswegen auf Venezianisch Zusanne da Franza genannt, damit beauftragt, große Teile der Marmorverkleidung reich zu vergolden und farbig zu bemalen. Von daher stammt die Bezeichnung *Haus aus Gold.* Doch zu viele Erben konnten sich einige Jahrhunderte später nicht einigen, was mit dem Palast geschehen sollte. Er verkam zur Ruine. 1802 kaufte ihn ein Signore Pezzi als *baufälliges Gut,* doch danach ging es weiter bergab, bis 1895 Giorgio Barone Franchetti die *Ca' d'Oro* erwarb. Mit höchstem finanziellem, emotionalem und körperlichem Einsatz machte er sich an die Rettung dieser geschändeten Schönheit. Jeder Besucher wurde eingespannt in die Restaurierungsarbeiten. Giorgios Freund Gabriele D'Annunzio musste helfen, *auf den Knien am Boden rutschend im Erdgeschoss Serpentin und Porphyr in die Mörtelmasse des Mosaiks zu verlegen.* Hemingway schrieb in *Über den Fluss und in die Wälder* zu dem Kriegshelden und Kollegen: *Aber*

D'Annunzio machte wahrhaftig immer nur heroische Gesten. Diese war es ausnahmsweise nicht.

Nach letzten Überbleibseln ließ Franchetti die Tapete aus dem frühen 15. Jahrhundert rekonstruieren. Die Zusatzfenster, die Maria Taglioni in die Mauern hatte brechen lassen, wurden wieder geschlossen. Die *Ca' d'Oro* kehrte zu sich selbst zurück. Als die Rettungsaktion beendet war und der Palast in altem Glanz leuchtete, brachte Barone Franchetti dort die von der Taglioni zu Schleuderpreisen verscherbelten Kunstschätze ein. Mit detektivischer Passion hatte Franchetti sie bei Antiquitätenhändlern auf der ganzen Welt aufgestöbert. Sein Wunsch, die Sammlung solle nach seinem Tod in den Besitz des Staates übergehen, erfüllte sich leider zu früh: um den Schmerzen seiner Krankheit zu entkommen, nahm sich der Baron 1922 das Leben. *Ca' d'Oro*, Öffnungszeiten: täglich von 9 bis 17 Uhr

Abb. S. 166: Ausnahmezustand für Beppe Cipriani, Gründer von *Harry's Bar*, ein Normalzustand für Hemingway, seinen Stammgast: beide in Sombrerohüten hinter einer Batterie geleerter Gläser. *Ich erinnere mich, dass es drei Tage dauerte, bis sich mein Vater von dem Kater erholt hatte,* sagt Arrigo Cipriani. Das Foto gehört zu den bestgehüteten Reliquien des Hauses, in dem schon seit Beginn der 1970er Jahre Arrigo regiert. Die Bar heißt übrigens nicht nach Arrigo, sondern Arrigo nach der Bar, beziehungsweise nach dem Mann, dem ihre Ent-

stehung zu verdanken ist: Mister Harry Pickering, einem Venedig-
touristen, der Beppe geliehenes Geld mit einem sensationellen Zins
zurückerstattete. Im ersten Stock der wohl berühmtesten Bar Europas
bekommen Neulinge noch am ehesten einen Platz. Hemingway hätte
sich dort niemals hingesetzt; oben ist Sibirien, wissen Kenner. *Harrys'
Bar, San Marco 1323, Calle Vallaresso,* FON 041/528 57 77.
www.cipriani.com

Santa Maria del Giglio, um 900 von der Familie Jubanico, venezianisch
Zobenigo, gegründet, fällt den meisten Reisenden vor allem wegen
der barocken Fassade auf, 1678 nach Plänen von Giuseppe Sardi
errichtet. Auch sie wurde von Hemingway verewigt. Der Jäger spricht
aus dem Colonel, dem etwas ganz anderes an dieser Kirche auffällt.
*Bevor er einbog, blieb er einen Augenblick stehen und blickte auf die Kirche
Santa Maria del Giglio. Was für ein wunderbarer, kompakter, in sich geschlos-
sener, und doch wie zum Flug bereiter Bau, dachte er. Ich hätte nie geglaubt,
dass eine Kirche wie ein Jagdflugzeug aussehen könnte. Muss mal feststellen,
wann sie gebaut worden ist und wer sie gebaut hat.* Kirche *Santa Maria del
Giglio,* auch *Santa Maria Zobenigo, Campo Santa Maria del Giglio.*

Die *Locanda Cipriani* auf Torcello ist mit ihrem verwilderten Garten
heute noch eine Idylle wie zu Hemingways Zeiten, nur kostet sie er-

heblich mehr. Für Hemingway wäre hier immer ein Zimmer frei
gewesen. Menschen ohne Nobelpreis müssen sich frühzeitig um eines
der sechs Zimmer und Suiten bemühen. Auch im Lokal, dessen Küche
unverstellt venezianisch ist, ist nur schwer ein Platz zu ergattern.
Locanda Cipriani, Torcello 29, Piazza San Fosca, FON 041/73 01 50.
www.locandacipriani.com

Wo in den 1940er und 1950er Jahren noch Bäcker, Metzger und Ge-
müsehändler ihre Läden hatten, werden heute Kleider von Prada und
Gucci verkauft. Die Bäcker und Metzger verlassen den *centro storico*, die
Ladenmieten sind in astronomische Höhen gestiegen. Die feinste
Metzgerei im *Sestiere San Marco* wird von den Einheimischen *Cartier*
genannt, wer dort seine Rechnung bezahlt, weiß warum. Um einen
Feinkostladen zu finden, wie ihn Hemingway beschreibt, verfügt sich
der Gourmet lieber nach Castello, zu *I Tre Mercanti*. *Castello* 5364,
Campo della Guerra, FON 041/522 29 01.

> *Außerdem, dachte er, als er im Vorübergehen in die Schaufenster der ver-
> schiedensten Läden blickte – der charcuterie mit den Parmesankäsen und den
> Schinken aus San Daniele und den Würsten alla cacciatora und den Flaschen
> mit dem guten schottischen Whisky und echtem Gordon Gin … ich fühl mich
> gar nicht so schlecht.*

Nahe bei der Seufzerbrücke und dem Familienpalast der Ivancich
übernachten können Mitfühlende im *Hotel Colombina*, auch *Locanda
Rimedio* genannt, in der *Calle del Rimedio*. Castello 04416,
FON 041/277 0525.

167

George Sand & Alfred de Musset
Die Risiken der Mütterlichkeit

Kein Zweifel, diese Frau passt nach Venedig.

Ob das Dottore Pietro Pagello auch befindet, als er sie zum ersten Mal sieht?

Der Mediziner ist Chirurg, noch keine siebenundzwanzig, und arbeitet am *Ospedale Civile* in Venedig, einem großen und für italienische Verhältnisse modernen Krankenhaus in *Castello*, obwohl es sich hinter Marmorfassaden des 15. Jahrhunderts verbirgt. Von der Welt hat Pagello noch nicht allzuviel mitbekommen. Geboren im nahen Castelfranco Veneto, hat er sein Studium in der Heimat, in Padua, absolviert. Sich in Paris weiterzubilden, bei den großen Kollegen, und dort Kontakte zu knüpfen, ist sein Traum. Ein Traum wird es wohl auch bleiben, denn Pagello spricht so gut wie kein Französisch.

Es ist ein milder Januarmorgen im Jahr 1834, als Pagello auf der *Riva degli Schiavoni* am *Albergo Reale* vorbeispaziert und die Fassade hinaufschaut. Hier, im einstigen *Palazzo* des Dogen Dandalo, übernachtet internationale Prominenz. Doch bei dieser Witterung stellt sich niemand auf einen der engen Balkone, die vor gotischen Spitzbogenfenstern kleben. Fast niemand. Im ersten Stock, vor dem Eckzimmer, ziehen zwei Gestalten die Blicke des Passanten auf sich. Den jungen Arzt irritiert nur eine. Die langen Locken tiefschwarz, der obere Teil des Kopfs von einem scharlachroten Turban bedeckt, weißes Hemd, Krawatte, in der Rechten eine Zigarre. Pagello kann die Blicke nicht abwenden. Wölbt sich das Hemd nicht? Zeichnen sich da nicht Brüste ab unter dem Herrenhemd? Doch, das ist eine Frau, eine Frau mit gelbstichiger Gesichtshaut. Der Mann, mit dem sie redet, ist deutlich jünger als sie, vermutlich jünger als Pagello selbst; blass, elegant, das rotblonde Haar kinnlang, der Bart rötlichblond und sorgfältig in Form gebracht, ein weiter Umhang um den offenbar schmalen Körper. Einer dieser Dandys, wie sie in Venedig oft zu sehen sind. Aber die Frau, diese Frau mit Turban, die wirkt befremdlich. Trotzdem: sie passt hierher. Besser vielleicht, als es der Arzt aus Castelfranco wissen kann, der sich in seiner Freizeit lieber der Erforschung von Fischen widmet als der Geschichte Venedigs.

Eine Frau, die sich auf dem Balkon in dieser Aufmachung zeigt, passt hierher. Venedigs Männer werden das zwar ungern unterschreiben, die Annalen der Stadt aber belegen es, die geschriebenen und noch deutlicher die ungeschriebenen. Frauen, die sich männlicher Domänen bemächtigt haben, sind hier keine Seltenheit. Allerdings sind sie selten sehr beliebt. Eine Ausnahme bildet da Giustina Rossi, von der auch einer wie Dottore Pagello gehört hat, das ist Teil des Schulwissens; sie hatte am 15. Juni 1310 einen Putsch niedergeschlagen, den Männer aus den Familien Querini, Badoer und Tiepolo angezettelt hatten. Die Details sind recht genau überliefert: Giustina schlug den Aufstand mittels eines Marmorblumentopfes nieder, manche behaupten auch, es sei ein marmorner Mörser gewesen, der von ihrem Balkon herabstürzte, als darunter gerade der Anführer, Bajamonte Tiepolo, vor einem der in Venedig üblichen jähen Sommergewitter Schutz suchte. Mit ihm wurden Banner und Hoffnungen der Revolutionäre begraben. Sie warfen die Waffen von sich und suchten Trost bei ihren Müttern, jenem bei Italiens Helden besonders beliebten Aufenthaltsort. Ob es ein Haushaltsunfall oder Absicht war, dass Giustina Rossi mitten ins schwache Herz der Revolution traf, gilt als umstritten, sicher ist, dass die Stadtväter es für eine Heldentat hielten, denn sie erließen ihr und ihren Nachfolgern auf unbefristete Zeit die Einkommensteuer.

Zweifellos absichtlich war im Jahrhundert danach eine andere Venezianerin gegen die Männer angetreten, Christiane de

Pisan, die erste hauptberufliche Schriftstellerin des Abendlandes. Sie veröffentlichte 1404 ihr heute bekanntestes Werk, *Le livre de la cité des dames*, die Utopie eines Stadtstaates, den eine Königin regiert und in dem Frauen den Ton angeben. Leider hatte sie es in Frankreich publiziert und auf Französisch, doch die Leser erkannten, dass mit dem Stadtstaat Venedig gemeint war. Erst 1600 schlug dort Lucrezia Marinella unter dem scheinheiligen Titel *La nobiltà e l'eccellenza delle donne* aufs Blech, wenige Wochen später erschien das Buch *Il Merito delle Donne – Das Verdienst der Frauen*, mit dem unmissverständlichen Untertitel: *Warum Frauen würdiger und vollkommener sind als Männer*. Dass die Verfasserin sich hinter dem Pseudonym Moderata Fonte verstecken zu müssen glaubte, war bedenklich, doch ein paar Jahrzehnte später, im Jahr 1645, zog wieder eine Venezianerin mit Wortgewalt über die venezianischen Männer her, bezichtigte sie, verleumderisch und bösartig zu sein, die geistigen Qualitäten der Frauen zu verkennen, ihre Gattinnen und Töchter der Freiheit zu berauben, ihnen das Studium zu verwehren, und unter Todesandrohung das Schreiben zu untersagen, vor allem aber die Konvente der Stadt zu Aufbewahrungsanstalten gescheiter Frauen zu missbrauchen: 1642 waren achtzig Prozent der Patrizierinnen auf diese Weise von ihren tyrannischen Vätern weggesperrt worden. Die Verfasserin des Buches *Inferno monacale – Die Nonnenhölle*, Arcangela Tarabotti, wusste wovon sie sprach: sie war selbst Nonne wider Willen. Die Ausbruchsversuche der zwangsweise verschleierten Frauen wurden damals martialisch unterbunden durch zugemauerte Türen, Schlösser an allen Öffnungen und verriegelte Fenster. Tarabotti und ihre Komplizinnen hatten etwas losgetreten. Von da an waren Venedigs Frauen zunehmend frech geworden. Krönung dieser Entwicklung: 1678 hatte die Venezianerin Elena Lucrezia Cornaro Piscopia als erste Frau der Welt die Insignien der Doktorwürde erhalten. Das weiß hier jeder, es ist wohl auch Pagello bekannt. Viele gelehrte Töchter machten es ihr nach. Doch hatten diese Frauen in einem Punkt Anstand bewiesen: sie hatten ihren Geist nicht in der Öffentlichkeit vorgeführt, sondern beim Papa, im *portego* vor geladenen Gästen, an der Universität in Padua im Gelehrtenkreis oder, noch besser, im Kloster in ihrer Zelle brilliert.

Der Anblick auf dem Balkon muss Pagello irritieren.

Was ist das für eine Frau, die derart ungeniert zeigt, dass sie sich alles herausnimmt, was Männern zugestanden wird?

Wie auch immer Dottore Pagello darüber denkt: diese Frau prägt sich ihm ein. Er notiert das Erlebnis in sein Tagebuch.

Die Frau selbst hat den Passanten nicht bemerkt. Sie ist mit sich und ihren Problemen beschäftigt. Dabei müsste sie keine haben. Seit sie zuerst mit *Indiana*, dann, im letzten Jahr, mit ihrem Roman *Lélia* für einen Skandal und einen Verkaufsrekord sorgte, ist sie finanziell unabhängig, kann sich vor Verehrern beiderlei Geschlechts kaum retten, darf überall in Männerkleidung und schweren Stiefeln auftreten, kann sich ein Hotel wie dieses hier leisten und einen sechs Jahre jüngeren Liebhaber, wie derzeit den Dandy Alfred de Musset. Sie passt in die Stadt der aufsässigen Frauen, in eine Stadt, deren Kurtisanen von den Damen der Pariser Gesellschaft schon vor dreihundert Jahren beneidet wurden, weil sie sich die Freiheiten einfach nahmen, von denen die Gesitteten träumten. Und in der sich die weiblichen Intellektuellen nach Geisteskräften wehrten. In der Vergangenheit und in der Gegenwart finden sie hier viele Frauen, gelehrte und ungelehrte, Dichterinnen, Philosophinnen, Komponistinnen, Mathematikerinnen, die, wie George Sand es in *Indiana* verkündete, die Ehe für ein Gefängnis halten und den Ehemann für den Aufseher.

Davon kann der junge Mediziner, der er auf dem Balkon des *Albergo Reale* diese eigenartige Erscheinung erblickt, nichts wissen.

Rätselt er, wie die Frau mit Turban und der Mann mit Bart zueinander stehen — Bruder und Schwester, Kollegen, Freunde oder Liebende? Durchläuft ihn eine Ahnung, dass er die Frau dort oben bald kennenlernen wird?

Angereist sind diese Gäste des *Albergo Reale* schon am 12. Dezember 1833, zwei Tage nach Alfreds dreiundzwanzigstem

Geburtstag; eingetragen haben sie sich als Alfred de Musset und George Sand. Sie hätte korrekt einen anderen Namen angeben müssen: Amantine-Lucile-Aurore, Baronesse Dudevant. Für Venedig haben sie sich nicht etwa entschieden, weil es ihnen als unverheiratetem Paar zuhause, in Paris, zu gefährlich wäre, ihre Liebe öffentlich zu bekennen. In dieser Hinsicht kann ihnen niemand Hemmungen nachsagen. George hat, seit sie neunzehn ist, noch jede ihrer Liebschaften so selbstbewusst vorgeführt wie ihre grauen Hosen mit Bügelfalte und den kurzen Reitermantel, den sie dazu trägt. Und dass Alfred Frauen aller Schichten so gründlich ausprobiert hat wie alkoholische Getränke jeder Preislage, weiß in Paris auch jeder, zumindest in den einschlägigen Zirkeln, in denen sie als Literaten verkehren. George Sand und Musset sind in die *Serenissima* gereist, weil sie sich von Venedig erwarten, was sich alle Paare von Venedig erwarten: dass die Nächte länger, die Küsse heißer, die Blicke tiefer werden. Die Wirkung einer Wunderdroge.

Auf dem Weg hierher haben sie sich durch nichts, was Abergläubische in die Flucht schlüge, abschrecken lassen. Dass der Reisewagen nach Lyon, den sie in Paris bestiegen, die Nummer 13 trug, hat sie ebenso wenig behelligt wie die Tatsache, dass er bei der Abfahrt schon um Haaresbreite einen schweren Unfall erlitten hätte. Die Unannehmlichkeiten der Seefahrt von Marseille nach Genua hatten Musset zugesetzt. Er bibberte seekrank in der Kabine, sie sah ihm beim Leiden zu, ein Zigarillo zwischen den Lippen. In Genua war George von einem fiebrigen Infekt aufs Lager gestreckt worden, weshalb der Feingeist Musset bei den Freudenmädchen der Stadt Trost suchen und seine Sorgen in Grappa, Vin Santo und Rotwein ertränken musste.

Es sind aber weniger die gesundheitlichen Probleme, die verhindern, dass auf dieser Reise die Liebesglut so zuverlässig brennt wie der *Pasquito* zwischen den Lippen von George.

Ihre Vorstellungen von einer romantischen Reise sind den seinen entgegengesetzt, denn sie hat ihre Disziplin nicht zuhause gelassen. Weil sie den neuen Roman zu Ende bringen muss, auf den ihr Verleger wartet, zieht sie sich stundenlang mit einer Ration Milch zurück; bedrängt Musset sie währenddessen mit seinen Gelüsten, wirft sie ihn hinaus. Er weiß, wie er sich dafür rächen kann, wo sie verwundbar ist: Sie habe ihn niemals mit den Wonnen der Liebe beglückt, hat er ihr vorgeworfen. Das trifft eine Intellektuelle, die oft als unweiblich disqualifiziert wird und wieder einmal einen Geliebten hat, der erheblich jünger ist als sie selbst. Musset will sie treffen; ihn langweilt Georges Gerede von erhabener Liebe längst, weil er dabei nicht auf seine Kosten kommt.

In Venedig soll alles anders werden. So, wie es im letzten Jahr zu Beginn ihrer Liebe gewesen war, als Georges blaue Mansarde zum Lustgarten wurde, in der sie sich wie die Kinder verkleideten, als Alfred sie täglich zum Lachen brachte mit Karikaturen der Besucher und als Dienstmädchen in Rüschenschürze und Röckchen die Tischgäste bediente.

Die Ankunft bei Nacht war nicht poetisch gewesen, aber wenigstens dramatisch, klamm und totenstill. Die schwarz gestrichene Gondel hatte George an einen Sarg erinnert. Als sie bei *San Marco* anlegten, hatte das Mondlicht, fahl und rötlich, die Kuppeln, Türme, Dächer und marmornen Fassaden in ein Szenario verwandelt, als breche demnächst der letzte Tag für diese Stadt an. Wie ein Turner-Gemälde, fanden beide. Sie verehren William Turner. Doch Weltuntergangsstimmungen animieren nicht. George ahnt, dass diese Liebschaft nicht allzu lange halten wird. *Ich habe mich verliebt und diesmal sehr ernstlich*, hatte sie Ende August einem alten Freund, dem Kritiker Sainte-Beuve, mitgeteilt. *Es steht mir nicht zu, dieser Zuneigung eine Dauer zu prophezeien ...* Auch dem Geliebten hatte sie ihre Befürchtungen vorsorglich mitgeteilt. Sie habe Angst, dass *ihre ernsthafte Art ihn erschrecken und langweilen* werde, hatte sie ihn im letzten Juni noch schriftlich gewarnt. Trotzdem hofft sie, Venedig werde ihnen ein paar Wochen Liebesglück bescheren.

Angekommen im *Albergo Reale*, in der Suite Nummer zehn mit zwei Betten und barocken Kommoden, hatte Alfred jedoch seiner Reisegefährtin eröffnet: *George, ich habe mich getäuscht, ich bitte Dich um Verzeihung, aber ich liebe dich nicht.*

Gut, dass es eine verschließbare Tür zwischen den beiden Schlafzimmern gibt.

Es kann sein, dass Mussets Erkenntnis, diese vorzeitig gealterte Dreißigjährige sexuell nicht zu begehren, mit ihrer aktuellen Befindlichkeit zu tun hat. Eine Ruhrerkrankung mit schleimig-blutigen Durchfällen macht nicht attraktiver.

Vielleicht wird ihm auch jetzt erst bewusst, dass er sich fürchtet, von dieser Frau erdrückt zu werden. Was die Herkunft angeht, könnte er sich ihr überlegen fühlen, Sohn aus adligem Hause, erzogen auf den *Lycée Henri IV.*, der berühmtesten Schule des Landes. Ihre Mutter war eine Putzmacherin aus Paris, und der Vater rühmte sich zwar, ein Urenkel August des Starken zu sein, war jedoch nur die Frucht seiner Affäre mit der Mätresse Aurora von Königsmarck.

Nein, es ist die Unbedingtheit, mit der diese George Sand ihr Leben lebt, die manche Männer ängstigt. Beim fast doppelt so alten Baron Dudevant, den George, damals noch Aurore Dupin de Franceuil, mit achtzehn geheiratet und mit einem Sohn beschenkt hatte, war sie ausgezogen, mit neunzehn hauste sie ohne eigene Wohnung mit wechselnden Geliebten in Paris, mit vierundzwanzig bekam sie eine Tochter, deren Vater zu spielen sie ihren Gatten überreden konnte, mit sechsundzwanzig ließ sie den neunzehnjährigen Jurastudenten Jules Sandeau durchs Fenster in ihr Schlafzimmer, von dem sie nichts behielt als die Hälfte seines Nachnamens – Sand. Ihren ersten Romanversuch hatte sie im Ofen verbrannt, den zweiten, zusammen mit Sandeau verfasst, erfolgreich verkauft, dann mit ihrem Werk *Indiana* über die Sklaverei der Ehe das Publikum gespalten. Mit dem nächsten, *Lélia*, war sie zum Schreckensbild der Konservativen, aber zum Idol der Linken und aller der Frauen geworden, die wie George Sand Lust auf ein Leben in Leidenschaft statt in Langeweile verspüren.

Musset ist in Paris ein stadtbekannter Frauenschwarm. Auch er ist George Sand verfallen, einer Frau, die sich äußerlich missglückt findet. Sieht Musset erst jetzt, dass sie damit recht hat? Die Lider zu schwer, die Wangen zu lang, die Nase zu fleischig, das Kinn zu träge, das Hinterteil zu tief sitzend und zu breit. Wett macht sie das keineswegs durch Esprit in der Unterhaltung, die geistreichen Einfälle kommen ihr nur beim Schreiben. Ist es allein der Erfolg, der ihr jede Menge jugendlicher Verehrer beschert? Oder ist es diese Mischung aus Wärme und Lust an der Provokation, aus mütterlicher Fürsorglichkeit und männlichen Eroberungsgelüsten? Obwohl sie sich wie ein Mann anzieht, ist das Bemuttern ihr stärkster Trieb. Venedig verzaubere, heißt es. Musset wird hier offenbar entzaubert. Während George nichts als Fleischbrühe, Wasser und Hafergrütze zu sich nimmt, verkostet er die Tänzerinnen vom *Teatro La Fenice*, den *Zenever*, den *Visner*, den *Verdiso* oder *Marzemino* der Spelunken im *Sestiere San Polo* und alles, was an Rauschgiften zu haben ist.

Dass George ihn dazu nötigen wollte, während ihrer Erkrankung keine andere Frau zu berühren, hat anscheinend seinen Appetit noch gesteigert. Musset hat sämtliche *osterie, bettole, bàccari* und *spelonche* der Stadt kennengelernt, George Sand vor allem die Apotheken.

Jetzt, Mitte Januar, ist sie auf dem Weg der Genesung und revanchiert sich für seine Exzesse – sie arbeitet. Den Tag über und oft die Nächte durch. Dreizehn Stunden am Schreibtisch hält sie durch. Stört der Geliebte sie, sperrt sie ihn aus. Musset zieht die Konsequenzen. Er macht weiter wie gehabt.

Pagello kann nicht hören, was die beiden dort oben auf dem Balkon des *Albergo Reale* reden. Er kann allenfalls aus der Lautstärke und dem Tonfall schließen, dass es kein Liebesgeflüster ist.

George kümmert es nicht, ob jemand etwas von ihrer Krise mitbekommt. Zu viele Nächte hat sie allein auf diesem Balkon gestanden, im Morgengrauen den Wasserratten zugesehen, die sich quiekend auf den Marmorplatten am Ufer balgten, dem Geplätscher an den Ufermauern zugehört, hat das genau notiert und gewartet, dass Musset heimkehrt. Aber er kommt meistens erst, nachdem sie schon gefrühstückt hat. Betrunken, abgerissen und opiumberauscht fällt er dann ins Bett.

Daran ändert sich nichts seit diesem Tag, an dem Pagello das Paar beobachtet hat.

Am 30. Januar kehrt Musset erst vormittags von seiner nächtlichen Exkursion zurück. Blutflecken auf der teuren Kleidung, Blut an den Händen, im Gesicht. Er sei in eine Schlägerei verwickelt worden. Georges Wut weicht nach wenigen Stunden wachsender Panik. Alfred redet wirr, schreit, grimassiert, wird von Tobsuchtsanfällen gepackt und fällt wieder erschöpft in die Kissen. Für George ist weder die Aussicht, dass er hier in Venedig unter ihren Händen stirbt, noch die, dass sie sie in unzurechnungsfähigem Zustand erwürgt oder erschlägt, verlockend. Es ist Donnerstag. Vor dem Wochenende hat etwas zu geschehen. Ein Arzt muss her.

Die Apotheke am *Campo San Luca* ist diejenige, bei der George Sand bisher hauptsächlich ihren Bedarf gedeckt hat. Vielleicht hat sie, die Jägerin des Skurrilen, der Name dieser *Farmacia* gebannt: *Alla Vecchia e Al Cedro Imperiale – Zur alten Frau und zur kaiserlichen Zeder.* Vielleicht hat ihr auch die Lehmfigur dieser alten Frau gefallen, die den Eingang ziert, oder die Geschichte, mit der dieser eigentümliche Name erklärt wird: Im Saum eines Mantels soll die Alte, die hier verewigt ist, ihre gesamten Ersparnisse eingenäht haben. Als ihr ahnungsloser Sohn den alten, abgetragenen Mantel, der im hintersten Winkel des Speichers versteckt war, einem Bettler schenkte und die Mutter dahinterkam, begann eine fieberhafte Suche nach dem Almosenempfänger. Der Sohn spürte ihn auf, händigte ihm einen neuen Mantel statt des alten aus und kaufte diese Apotheke. Welche Rolle die Zeder in dieser Geschichte spielt, weiß keiner zu sagen. Doch Apotheker kennen die Ärzte der Umgebung. Schriftlich wendet sich George Sand an Dottore Pietro Pagello vom *Ospedale Civile.*

Am nächsten Tag taucht er unangemeldet zur Visite im *Albergo Reale* auf. Pagello ist dabei, Alfred de Musset zu untersuchen, als George Sand eintritt. Sie ist elegant angezogen, ganz Dame, ausgehbereit. Pagellos Diagnose für den Kranken: Hirnhautentzündung und dadurch bedingtes Nervenfieber. Sie schaut den Arzt an. Gebräunte Haut, dunkle Locken, der Schatten eines Oberlippenbarts.

Ob Dottore Pagello sie auf ihren Einkaufsgängen begleiten wolle?

Sie kaufen nicht, sie reden. Drei Stunden lang gehen sie auf dem Markusplatz auf und ab. Was sie sich sagen, können die anderen Passanten verstehen, denn Sand und Pagello unterhalten sich auf Italienisch. Der Einzige, den interessieren könnte, was sie sich sagen, liegt jedoch krank in seinem Bett des *Albergo Reale*. Die Venezianer kennen solche Dialoge. *Es waren die vertrauten Variationen des Verbums ti amo − ich liebe Dich*, erklärt Pagello später.

Trotz der neu erwachten Leidenschaft verbringt George Sand nun ihre Nächte am Bett des Kranken, der deliriert, totenähnlich schläft, aufschreckt. Sie wacht nicht allein. Über den schweißnassen Körper seines Patienten hinweg versengt Pagello die Fremde mit seinen Blicken, während Musset schläft, umarmt er sie. Das entspricht zwar nicht dem Kodex ärztlichen Verhaltens, aber durchaus den Bedürfnissen von George Sand.

Langsam scheint es aufwärts zu gehen mit Musset. Stört den Kranken so viel Fürsorge oder hat er in Fiebertrance doch mitbekommen, dass seine Krankenpfleger nicht mit seiner Pflege beschäftigt sind? Er bittet die beiden, ihn allein zu lassen. Pietro und George setzen sich im kleinen Salon an den Tisch vor dem offenen Kamin.

Ob sie nicht Lust habe, einen Roman zu schreiben, der in Venedig spielt, fängt der Arzt harmlos an.

Vielleicht, sagt sie, steht auf, geht zum Schreibtisch, holt Papier und Feder und fängt an zu schreiben. Seite um Seite.

Er sieht ihr zu. Langweilig wird es einem kaum an der Seite einer solchen Frau. Fremde wissen nicht, wie öde es in Venedig sein kann, wie eng das Dasein ist für einen Krankenhausarzt, der zu den Kreisen der reichen *nobili*, der erfolgreichen Künstler und Gelehrten keinen Zugang hat.

George Sand spürt, dass Pagello sie bewundert. Nichts braucht sie mehr, um sich wieder begehrenswert zu fühlen. Die Schwäche der starken Frauen?

Schließlich faltet sie die Bögen zusammen, steckt sie in ein Couvert und händigt es ihm aus.

Wem er das überreichen solle, fragt er.

Sie nimmt den Umschlag wieder an sich und schreibt darauf: *Dem begriffsstutzigen Pagello.*

Zu Hause angekommen, liest er die Seiten aus dem *Albergo Reale*. Alles klingt so atemlos, wie sie es geschrieben hat.

Geboren unter verschiedenen Himmelsstrichen, haben wir weder die gleichen Gedanken noch sprechen wir die gleiche Sprache: gleichen sich wenigstens unsere Herzen? beginnt der Text, weniger ein Brief als ein Fragenkatalog.

Welche Leidenschaften hat Dir die verschwenderische Sonne mitgegeben, die Deine Stirne gebräunt hat? Ich verstehe zu lieben und zu leiden, und Du, auf welche Weise liebst Du? Die Glut Deiner Blicke, Deine ungestümen Umarmungen und die Kühnheit Deiner Begierde locken mich und machen mir Angst. Ich kann Deine Leidenschaft weder teilen, noch sie bekämpfen. In unserem Lande liebt man anders; neben Dir komme ich mir vor wie eine bleiche Statue. Ich betrachte Dich mit Erstaunen, mit Verlangen und Unruhe.

Musset ist Franzose, aber auch ihm kommt George wie eine bleiche Statue vor. Will sie Vorwürfen wie denen von Musset vorbeugen?

Pagello muss beim Lesen dieses Briefes auffallen, wie sehr seine Verfasserin auf der Hut ist. Er muss sich fragen, warum sie ihm mangelndes Verständnis unterstellt, obwohl sie ihn kaum kennt. Er ist Arzt. Hört er die gekränkte Seele, die hier schreit?

Ich weiß nicht, ob Du mich wirklich liebst, schreibt George Sand. *Ich werde es wohl nie wissen. Du beherrschst nur ein paar Worte in meiner Sprache und ich spreche die Deine nicht gut genug, um Dir tiefer gehende Fragen stellen zu können.*

Sie warnt ihn vorsichtshalber vor der Unvereinbarkeit ihrer beider Charaktere. *Meine schwache Natur und Dein feuriges Temperament müssen sehr verschiedene Gedanken hervorbringen. Entweder sind Dir die tausend kleinen Leiden, die mich befallen, völlig unbekannt oder sie kommen Dir verächtlich vor; Du musst lachen über das, was mich zum Weinen bringt.*

Vielleicht kennst Du überhaupt keine Tränen? Wirst Du mein Beschützer oder mein Herr sein? Wirst Du mich über das Leid hinwegtrösten, das ich erlitten habe, bevor wir uns begegneten? Wirst Du verstehen, warum ich traurig bin? Kennst Du das Mitgefühl, die Geduld, die Freundschaft? Vielleicht hat man Dich in der Überzeugung erzogen, dass Frauen keine Seele haben.

Als Ichthyologe beschäftigt Pagello sich in seiner Freizeit mit toten Fischen, da kommt es zu keinen Diskussionen. Es läge nahe, dass ihn ein Brief verschreckt, mit dem in der Phase erster Verliebtheit bereits die Machtverhältnisse geklärt werden sollen.

Werde ich Deine Gefährtin oder Deine Sklavin sein? Begehrst Du mich oder liebst Du mich? Wenn Deine Begierde befriedigt ist, wirst Du mir dann danken? Wenn ich Dich glücklich gemacht habe, wirst Du es mir dann sagen? Weißt Du eigentlich, wer ich bin? Und beunruhigt es Dich, es nicht zu wissen? Bin ich für Dich etwas Unbekanntes, was Du zu entdecken suchst, oder bin ich für Dich nichts als eine Frau, die denen gleicht, die in einem Harem fett werden?

Fragen, vor allem Fragen. Trotzdem erfährt er, auf was für eine Frau er sich da einlässt. Sie verschweigt nicht, dass sie vor der Liebschaft mit Musset einige Männer auf Tauglichkeit geprüft hatte.

Vielleicht bist Du der Erste, vielleicht der letzte unter ihnen. Ich liebe Dich, ohne zu wissen, ob ich Dich achten könnte: ich liebe Dich, weil Du mir gefällst; vielleicht werde ich Dich bald hassen müssen.

Es gehören gute Nerven dazu, nach der Lektüre eines solchen Briefes eine Affäre fortzusetzen. Pagello ist sich bewusst, das er ein hohes Risiko eingeht. Er ist gerade dabei, sich seinen eigenen Patientenstamm aufzubauen. Ein Verhältnis mit der Sand wäre auf Dauer nicht zu verheimlichen, der Skandal so gut wie sicher, denn ein Arzt, der sich mit einer solchen Frau einlässt, schadet in Venedig seinem Ansehen mehr, als einer, der seine Kunstfehler auf dem Friedhof auf *San Michele* vergraben lässt.

Dass die Situation eskalieren wird, ist allen Beteiligten klar. Im *Albergo Reale* kommt es zu bizarren Szenen. Musset bildet sich ein, auf dem Tisch am Kamin, an dem George mit Pagello gesessen hatte, nur eine Tasse gesehen zu haben. Haben sie zusammen aus einer getrunken? Er steigert sich hinein in Wahnideen. Als er George überrascht, wie sie im Morgengrauen einen Brief schreibt, ist er überzeugt, sie wolle ihn in eine psychiatrische Klinik einweisen, reißt den Brief in Fetzen, wirft die Fetzen zum Fenster hinaus. George rennt im Unterrock die Treppe mit dem roten Läufer hinab, auf die *Riva degli Schiavoni* hinaus, liest die Fetzen auf. Wahn und Wirklichkeit vermischen sich. Musset befürchtet, den Verstand zu verlieren. Warum ist er eifersüchtig? Er war es doch, der vor mehr als drei Monaten George erklärt hat, sie nicht mehr zu lieben. Er zieht aus, nimmt sich irgendwo zwei Zimmer, stellt einen italienischen Bediensteten namens Antonio ein.

Alfred und George verkehren nur noch schriftlich miteinander, in kurzen Nachrichten, die sie von Gondoliere austragen lassen.

Was Musset während des *Carnevale* treibt, erfährt George nicht. Sie selbst schaut sich das Spektakel vom Fenster aus an und ist davon nicht beeindruckt. *Sein Ruf scheint mir besser zu sein, als die Sache selbst.*

Alfred treibt sich in wechselnden Gasthöfen herum und ist entschlossen, so bald es die Wetterverhältnisse erlauben, heimzureisen. George macht Pläne, um zu bleiben. Anfang März bereits schreibt sie ihrem Halbbruder Hippolyte Chatiron: *Venedig ist das Schönste, was man sich auf Erden denken kann.*

Wer in Venedig liebt, liebt Venedig.

Ihre Depressionen haben sich in Nichts aufgelöst. Sie schwärmt für die Bauten, den Himmel, die Menschen, die Gondeln, die Kirchen die Gemäldesammlungen, das Mondlicht, das Meer, die Eleganz der Frauen, den Gesang der Gondolieri. An Pagellos Seite taucht sie ein in seine Stadt. Er kennt mehr Kaffeehäuser als nur das *Florian* und *Quadri*, er kennt Cafés, die voller Armenier und Türken sind. Das fällt George, wenn sie mit einer quastenverzierten Mütze oder dem zum Turban geschlungenen Schal ihre ellenlange Pfeife raucht und eine Tasse Kaffee nach der anderen leert, nicht weiter auf. Die Familie des Pietro Pagello jedoch will mit solch einer Frau nichts zu tun haben. Pietros Vater und sein Bruder Roberto sehen in seinem Verhältnis zur George eine Verletzung ihrer Ehre. Die Affäre des Dottore ist Stadtgespräch. Das Liebespaar scheint sich davon nicht behelligen zu lassen. Sie zeigen sich zusammen in *Osterie*, in Geschäften, im *Teatro La Fenice*, im *Teatro Goldoni* und im Marionettentheater. Dass George erst vor kurzem eine lebensgefährliche Darmerkrankung hinter sich gebracht hat, ist vergessen: bedenkenlos isst sie Austern, die aus den Kanälen zwischen Häusern gefischt werden. Die venezianischen Vergnügen seien preiswert, schwärmt George in den Briefen nach Hause: die Flasche Zypernwein 25 Sous, feine Brathühner, das Stück für 6 Sous, ein Paar Schuhe aus Saffianleder 4 Francs. Ausgehen kostet fast nichts. Zu dritt, George, Pietro und sein Vertrauter Rebizzo, besuchen sie das *Caffè Florian*, jeder nimmt drei Portionen Eis, eine Tasse Kaffee, ein Glas Punsch und Kuchen, so viel er will zu sich und dann zahlen sie für alles zusammen nur 4 österreichische Pfund, umgerechnet 18 Sous, in Paris der Preis für eine Tarte mit einer Tasse Schokolade. Ihrem Halbbruder Hippolyte rechnet George vor, dass hier eine weiträumige Wohnung mit Gondel samt Gondoliere, der zugleich Hausdiener spielt, für 720 Francs im Jahr zu haben sei; etwas Vergleichbares, eine Wohnung mit Kutsche und Kammerdiener, koste in Paris das Zwanzigfache, zwischen 12 000 und 15 000 Francs im Jahr. George genießt es, auf den Märkten einzukaufen, weil die Gewürze und Delikatessen aus aller Herren Länder kommen und halb so teuer sind wie in Paris. *Warum sollte ich auf diesem Ast nicht mein Nest bauen?* fragt sie Hippolyte, fragt sie sich selbst. Sie vermisst nur ihre Kinder, große Gesellschaft vermisst sie nicht.

Vergessen ist die Liebesgeschichte mit Musset jedoch keineswegs, speziell das Kapitel Venedig darin; es wird in die Literaturgeschichte eingehen, das ist Musset, das ist George Sand bewusst. Bemüht sich Musset deshalb um einen Abschluss dieses Venedigabenteuers, bei dem er gut dasteht? Er trifft sich mit Pagello und George, verkündet, er wolle mit ihnen einen Freundschaftsbund bilden und trinkt mit ihnen auf die Überwindung der Eifersucht.

Am 29. März reist Alfred de Musset aus Venedig ab. George gibt ihm Geleit bis Mestre und marschiert dann den ganzen Weg zu Fuß zurück, mit fast leeren Taschen. Um sich zu bestrafen oder um zur Besinnung zu kommen? Musset ist nicht allein aufgebrochen. Er hat seinen venezianischen Diener Antonio mitgenommen und zwei *seltsame Gefährten*, wie er sie selbst bezeichnet: eine unendliche Traurigkeit und eine unendliche Freude. Traurig ist er, George zu verlieren, die er wieder begehrt, seit sie sich ihm entzieht. Freudig stimmt ihn, dass er als nobler Geist dasteht, der seiner Geliebten ein Opfer bringt, indem er zugunsten eines anderen auf sie verzichtet.

Wie groß ist dieses Opfer?

Eine Woche später erhält George bereits einen Brief des ehemaligen Liebhabers, von unterwegs, in Genf, geschrieben. *Ich liebe dich noch zärtlich, meine George,* versichert er ihr. Aber er gibt sich generös. *Ich liebe Dich, aber ich weiß Dich bei einem Mann, den Du liebst, und so bin ich beruhigt.* Reuig erklärt er: *Ich habe Dich so unglücklich gemacht; und beinahe hätte ich Dir noch Schlimmeres zugefügt! Ich werde es noch lange vor mir sehen, dieses von den langen Nachtwachen bleich gewordene Gesicht, das sich achtzehn Nächte über mein Kopfkissen beugte. Ich werde Dich noch lange vor mir sehen in diesem unheilvollen Zimmer, in dem so viele Tränen geflossen sind.* Trotzdem wird sie diesen Brief schwerlich Pagello zeigen, denn Musset rechnet ab mit ihr. *Du hattest Dich geirrt. Du hieltest Dich für meine Geliebte und warst doch nur meine Mutter.* Damit sie auch versteht, was er damit meint, setzt er noch nach: *Was wir begingen, war Inzest.*

George Sand gibt Musset recht. *Mein kleiner Liebling, mein Kind,* nennt sie ihn, als sie ihm antwortet. Die Korrespondenz zergeht in Sentimentalitäten. Tränen hier, Tränen dort. *Die Tränen fließen in Strömen über meine Hände, während ich Dir*

schreibe, lügt er. Die Tinte, unverwässert und makellos, über-
führt ihn.

Doch angeblich weint er weiter. *Du gehst unter dem schönsten
Himmel der Welt spazieren, gestützt auf einen Mann, der Deiner wür-
dig ist. Tapferer junger Mann! Sag ihm, wie sehr ich ihn liebe und dass
ich die Tränen nicht zurückhalten kann, wenn ich an ihn denke.* Und
George antwortet angemessen tränenreich: *Von Pagello sage ich
Dir nichts, als dass er fast ebensoviel weint wie ich.*

Vor Ort geht es trocken zu. George Sand nimmt sich mit
Pietro Pagello eine Wohnung beim *Campo San Fantin*: Der Platz
entspricht genau Georges Geschmack, nicht allein, weil sich
dort der *Teatro La Fenice* befindet. Es ist ein Platz, der eine
Schriftstellerin auf neue Gedanken bringt. Dass die *Scuola di San
Fantin*, die der *Chiesa San Fantin* gegenüberliegt, auch *Scuola
della buona morte* − Schule des guten Todes genannt wird, regt die
Phantasie an. Hinter der barocken Fassade hatte jahrhundertelang eine Bruderschaft ihren Sitz, die das *Kollegium der Gehenk-
ten* hieß, denn sie gab den zum Tod Verurteilten das letzte Geleit, bevor sie zwischen den beiden Blutsäulen auf dem Markusplatz an den Galgen kamen oder ihnen dort der Kopf
abgeschlagen wurde. Weil die Schergen danach noch die Körper des Delinquenten in vier Teile zerhackten, hatten die Brüder viel Arbeit. Bevor die Leiche durch Geschick der Brüder
unter geweihte Erde kam, setzten sie die fünf Teile wieder zusammen, damit der Tote im Sarg wieder menschlich aussah. Die
Brüder kümmerten sich auch um jene Hinrichtungskandidaten,
denen auf der Fahrt zum Markusplatz die Hände abgehackt und
die Armstümpfe mit Pech gestrichen wurden, damit sie nicht
ohne Mitwirkung des Henkers verbluteten, und um die Lei-
chen derer, die in den Bleikammern des Dogenpalastes erdrosselt worden waren.

Vielleich fragt sich George nun, weshalb diese Stadt als die
Stadt der Liebenden verkauft wird.

Pagello hat kein Geld, aber er macht alles richtig. Manches,
ohne es zu wollen. Er ist acht Stunden am Tag außer Haus, bei
Patienten, Georges kommt zum Arbeiten, was ihrer Laune zu-

träglich ist. Weil er es sich nicht leisten kann, Blumen für die Geliebte zu kaufen, und weil es keine öffentlichen Gärten gibt, die sich unauffällig plündern ließen, zieht er frühmorgens los in die Vororte, um Sträuße für George zu pflücken.

Liebt er sie oder liebt er nur das farbig Fremde, das sie in seinen grauen Alltag bringt? Liebt sie ihn oder ist es nur seine Bewunderung für sie, die bei ihr zärtliche Gefühle auslöst?

Pagello opfert George sein Kostbarstes: die Familie. Sein Vater will nichts mehr zu tun haben mit einem Sohn, der die Familienehre befleckt. Pagello bleibt bei George. Sein Bruder Roberto versucht, ihm die Geliebte madig zu machen. *Quella sardella − welche Sardelle*, lästert er. Was Pietro denn mit dieser mageren, gelben Person wolle. Pagello bleibt bei George. Aparlice Manin, seine letzte Geliebte, die er George zuliebe abserviert hat, gibt nicht kampflos auf. Venedig ist die Stadt der Frauen, die brennen, und sei es vor Eifersucht. Dass sie ihm die Weste zerreist, muss Pietro verstehen; wie soll Aparlice es nachvollziehen können, dass er sie für eine Frau verlässt, die zehn Jahre älter ist als sie und in Venedig nichts darstellt als eine Störung? Keiner hier weiß, dass in Frankreich der Name von George Sand bereits in einem Atemzug mit dem von Alexandre Dumas *père*, von Victor Hugo und Honoré de Balzac genannt wird. Aparlice ist die Schwester des Daniele Manin, eines einunddreißigjährigen Juristen, Sohn des Rechtsanwalts Medina, der 1759, als er sich taufen ließ, seinen verräterisch jüdischen Namen Medina ablegte, den seines Paten, Ludovico Manin, annahm und von diesem in jeder Hinsicht aufgenommen wurde. Ludovico war Venedigs letzter Doge gewesen. Er hatte sein Amt weinend angetreten und hatte es weinend beendet. Dennoch: Die Manin sind nicht irgendeine Familie und Daniele ist nicht irgendein Advokat. Mit siebzehn schon Doktor beider Rechte, also des weltlichen und des Kirchenrechts, gilt er als einer der Brillantesten seines Faches und als ein Patriot, der es den Österreichern zeigen wird.

All diese Kontakte hat Pagello sich durch die Affäre mit George verscherzt, durch die er sich zum Außenseiter in seiner

Stadt macht. Er scheut es offenbar nicht, sich mit ihr zu zeigen, doch er tut es lieber außerhalb von Venedig. Wie George ist er gut zu Fuß. Gemeinsam zeigt er ihr auf langen Wanderungen die Umgebung Venedigs, wandert mit ihr Anfang April durch die Alpen im Norden der *Serenissima*, zu Pagellos Heimatstadt Castelfranco, nach Cittadella, Vicenza, Bassano, Oliero, Crespano, Possagno, Asolo und dann über Treviso und Mestre zurück nach Venedig. Daran, dass George unterwegs graue Hosen und einen Kittel trägt, hat sich Pagello längst gewöhnt. Ebenso daran, dass sie dauernd schreibt; wenn nicht an einem Roman, dann an einem Brief, bevorzugt an den ehemaligen Geliebten.

Ist sie in Gedanke zu sehr bei dem, was in Paris über sie geklatscht wird? Musset ist für vieles bekannt, Diskretion gehört nicht dazu. George kann sich hochrechnen, dass in Paris behauptet wird, sie, die Erfinderin der liebeshungrigen, nimmersatten Romanheldin *Lélia*, hole sich in Venedig, was Lélia sich erträumte. Musset hat sich die bessere Rolle ausgesucht, die des edelmütigen Opfers. Als Alfred Tattet in Venedig Station macht, einer von Mussets engsten Freunden, versucht die Sand, ihn in ihrem eigenen Interesse zu impfen: *Wenn jemand Sie fragt, was Sie über die wilde Lélia denken, so antworten Sie nur, dass sie nicht vom Meerwasser und vom Blut der Männer lebt.*

Wie eine männerfressende Bestie benimmt sich George jedenfalls nicht. Sie drapiert Vorhänge, bestickt Decken, Bezugsstoffe für Sessel und Gobelins für die Sofas. Und was sie schreibt, ähnelt den Handarbeiten. Es hätte nicht den Brief ihres Verlegers gebraucht, der mehr als deutlich wird. George Sand spürt es selbst: Was sie hier schafft, taugt nichts. Brav gestrickte Geschichten, der Roman *Jacques* genauso wie *Leone Leoni* oder der erst begonnenen *André*.

Was schläfert ihr Talent ein? Ist es die rückhaltlose Bewunderung Pagellos? Ist Venedig zu schön? Fehlt ihr der Widerstand, der die Stärke der starken Frauen erst herausfordert?

George will zurück nach Paris. Unglück ist die Quelle des Mythos und der Inspiration. Sie sagt, sie müsse zurück, der Kinder wegen. Pagello mag ihr naiv vorkommen, dumm ist er nicht.

Als sie ihn fragt, ob er mit ihr reisen wolle, zieht er sich zurück und vertraut seine Probleme dem Einzigen an, mit dem er darüber reden kann: seinem Tagebuch. *Ich war völlig verwirrt und sagte ihr, ich wolle mir das bis zum nächsten Tag überlegen. Ich wusste, dass ich nach Frankreich gehen und von dort ohne sie zurückkehren würde. Aber ich liebte sie über die Maßen und hätte tausend Unannehmlichkeiten eher die Stirn geboten, als sie eine so lange Reise allein machen zu lassen.*

Glaubt er das oder schreibt auch er bereits für die Literaturgeschichte? Was er dem Vater mitteilt, hört sich anders an. *Ich bin im letzten Stadium meines Wahnsinns. Morgen breche ich nach Paris auf, wo ich die Sand verlassen werde.*

Am 24. Juli 1834, mehr als sieben Monate nach ihrer Ankunft mit Musset, verlässt George Sand Venedig. Pagello begleitet sie. Im Gepäck haben sie außer den Manuskripten von George vier Gemälde aus Pietros Besitz. Mittelmäßige Pinseleien. George hat ihn überredet, sie mitzunehmen. Er versteht nicht, was das soll, doch offenbar protestiert er nicht. Befürchtet er, sie könne sonst seine Pläne durchschauen? Am 14. August kommen sie in Paris an. Die Stadt empfängt sie mit verschränkten Armen, jedoch mit weit geöffneten Augen und Ohren. Was wird das für ein Mann sein, für den die Sand Alfred de Musset aufgegeben hat? Die Pariser erwarten einen Casanova der Oberklasse, der ihrem Klatsch Nahrung gibt. Einen venezianischen Aristokraten, unwiderstehlich und außergewöhnlich. Pietro Pagello ist ein gewöhnlicher junger Arzt mit viel Freundlichkeit und wenig Schliff, ein Mann, der unbeholfen wirkt in dieser Welt. Warum sieht George jetzt erst, dass seine Westen viel zu groß sind? Dass sein Lächeln einem Jungmädchenlächeln gleicht? Auch er ein Kind, kein Mann, kein Meister der Liebe, nur ein lieber kleiner Kerl.

Venedig versinkt in Paris, die Romantik von dort versinkt in der Wirklichkeit hier. George hat Angst, auf ihren Landsitz in Nohant zu fahren und dort mit ihrem Mann Casimir allein zu sein, sie bittet ihn, Pagello als Puffer einzuladen und er gehorcht. Musset gegenüber behauptet George, noch immer glücklich zu sein mit Pagello. Sie weiß, dass sie es nicht mehr ist, vielleicht nie so war.

Musset spürt dennoch, was ihr fehlt. Er inszeniert den nächsten Akt vollendet, kündigt an, für immer in eine unbenannte Fremde zu ziehen, erbittet ein letztes Treffen, einen letzten Kuss.

Ich werde nicht sterben, bevor ich nicht mein Buch über mich und Dich (über Dich vor allem) fertig habe … Ich schwöre es bei meiner Jugend und bei meinem Genie, auf Deinem Grab werden nur makellose Lilien wachsen. Mit diesen meinen Händen werde ich auf ihm Dein Grabmal errichten, aus reinerem Marmor als unsere vergänglichen Ruhmesstatuen. Die Nachwelt wird unsere Namen im Munde führen wie die jener unsterblichen Liebespaare, die man mit einem einzigen Namen benennt, wie Romeo und Julia, wie Héloise und Abaelard. Niemals wird man von dem einen sprechen, ohne auch den anderen zu erwähnen.

Die unbenannte Fremde liegt in Süddeutschland. Musset bricht am 25. August nach Baden-Baden auf, George am 29. nach Nohant. Ohne Pagello. Er wage es nicht ihrem Mann zu begegnen, er sei Italiener, er sei katholisch, die Ehe sei ihm heilig.

George steigt wieder ein in das Drama, inszeniert von Musset: sie schneidet sich die Haare ab. Damit die Nachwelt sich auch daran erinnert, lässt sie sich von ihrem Freund Eugène Delacroix so malen. Blass, eine Märtyrerin, die vollen Locken wie mit einem stumpfen Messer abgesäbelt.

In Nohant vertieft sich George in Liebesbriefe, nicht in die von Pagello, in die von Musset. Ist es die Eifersucht, die ihn wieder begehrlich macht? Oder ist es einfach die Entfernung?

Sag mir, dass Du mir Deine Lippen, Deine Zähne, Deine Haare gibst, dieses Haupt, das mir gehörte, und dass Du mich umarmst, Du mich! … Meine George, wie dürstet mich nach Dir.

George flieht in den Wald von Nohant, mit Bleistift schreibt sie ihm, was er erwartet. *Du liebst mich noch allzu sehr. Wir dürfen uns nicht mehr sehen.*

Sie berichtet Musset von Pagello, nennt ihn einen braven

und reinen Jungen. Doch die Briefe von Pagello sind nicht brav und rein, sie sind misstrauisch, verletzend und vor allem ungeschickt. Die von Musset sind übertrieben, vielleicht auch verlogen, aber sprachlich meisterhaft.

Eine Frau wie George Sand will eines niemals: Opfer werden. Nun wird sie es, ohne es zu bemerken. Pagello wirkt in Paris keineswegs wie ein am Boden zerstörter Liebhaber. Er lässt es sich dort gut gehen und verbringt die Tage genau so, wie er es sich erträumt hat. Hört Vorlesungen, diskutiert mit Kollegen und kauft ein. 1500 Francs hat George ihm zukommen lassen, angeblich aus dem Erlös seiner Bilder. Ahnt er, dass es ein Schwindel ist, mit dem Mama George versucht, dem braven, reinen Jungen seine Würde wahren zu helfen? Er ist glücklich über seine brandaktuelle Fachliteratur, seinen Kasten mit modernstem chirurgischem Besteck und bereitet seine Rückreise vor. Sie will an Pagellos Eifersucht glauben. Die braucht sie für Musset. *Vielleicht ist er zu dieser Stunde bereits abgereist. Ich werde ihn nicht zurückhalten …*

Pagello ließe sich auch nicht halten.

Und Musset? Er ringt in Baden-Baden keinesfalls mit einer tödlichen Krankheit, er sitzt im Casino und gewinnt. *Dass ich nach Paris zurückkehren werde, schockiert Dich vielleicht, und ihn auch*, schreibt er an George. *Wenn er leidet, nun so soll er leiden, dieser Venezianer, der mich zu leiden gelehrt hat.*

George ist überzeugt, Pagello müsse wegen Mussets angedrohter Rückkehr gramerfüllt sein, reist nach Paris, um den Venezianer zu trösten in seinem Leid. Der aber leidet gar nicht.

Der Abschied, notiert Pagello nüchtern, *ist stumm.*

Er drückt ihr die Hand, vermag es nicht, ihr in die Augen zu sehen. Sie wirkt auf ihn wie vor den Kopf geschlagen, er hat das Gefühl, allein seine Anwesenheit mache sie verlegen.

Ein halbes Jahr später, im März 1835, endet auch die Affäre zwischen Musset und Sand. Zu Ende ist die Geschichte damit keineswegs. George und Alfred schlachten nun das venezianische Abenteuer aus.

Sie bringt die *Briefe eines Reisenden* heraus, *einer* Venedigreisenden müssten sie korrekt heißen. Das Publikum weiß auch so Bescheid. George hatte Musset angeboten, zu kürzen oder zu ändern, wo er wolle, doch das vergisst sie irgendwann. Mussets Variation desselben Themas erscheint 1836 unter dem Titel: *Bekenntnisse eines Kindes seiner Zeit.* Das zynische Kind ist in Paris jedem bekannt und die Geliebte, die nur eine Mutter ist, genauso. Mussets Verleger kann sich freuen und eine ehemalige Geliebte von Musset namens Louise Collet möchte sich finanziell mitfreuen: 1851 bringt sie ihr Werk, genannt *Er* heraus. Mit Erfolg, denn Sensationsgierige verschlingen auch Geschmackloses.

George besitzt immerhin auch in dieser Angelegenheit Stil. Erst nachdem Musset sich 1857 innerlich in Absinth ertränkt hat, vollendet sie ihr Buch über Liebesfreud und Liebesleid in Venedig: 1859 erscheint *Sie und Er.* Musset kann nicht mehr nachlegen, sein Bruder Paul übernimmt das für ihn. Im selben Jahr kommt sein Werk *Er und Sie* heraus, eher ein Machwerk, in dem George zu dem erklärt wird, was sie nur zu sein vorgibt – ein Vamp, der Männern den Lebenssaft aussaugt.

Dieses Bild soll sich halten bis zu ihrem Ende. *Madame Sand hält Einzug im pfirsichfarbenen Kleid,* kommentiert einer der Brüder Goncourt ihren Auftritt, *eine Toilette zum Verlieben. Ich vermute mit der Absicht, Flaubert zu vergewaltigen.* Da ist George vierundsechzig Jahre alt.

Und der venezianische Arzt, was hat er von dieser Geschichte außer ein paar Büchern und einem Kasten mit chirurgischem Besteck?

Vielleicht am meisten. Pagello wird den Stern George Sand zur Erhellung seiner ansonsten unbedeutenden Existenz nutzen, sich durch sie zum Dichter berufen fühlen. Er wird eine lokale Legende, Vater vieler Kinder und einundneunzig Jahre alt.

Abb.: George Sand, geborene Amantine-Aurore-Lucile Dupin, verheiratete Baronesse Dudevant (1804–1876), als Einunddreißigjährige mit selbst geschnittenem Haar, gemalt von Eugène Delacroix. Neben ihren vieldiskutierten Affären fand George Sand Zeit, eine sensationell produktive Schriftstellerin zu werden, von Nietzsche und Baudelaire geschmäht, von Balzac, Flaubert, Heine und Dostojewski gefeiert. Einhundert-

achtzig Bände ihres erzählerischen Werks erschienen bereits zu Lebzeiten, ihr Briefwerk umfasst noch einmal fünfundzwanzig dicke Bände.

Abb.: Alfred de Musset (1810–1857), heute mehr bekannt als Dandy, den die Bühne der Stadt Paris als Selbstdarsteller schätzte, denn als vielseitiger Autor, der mit Theaterstücken ebenso Erfolg hatte wie mit Gedichten und Erzählungen. Für die enttäuschte Liebe, eines seiner zentralen Themen, sammelte er persönlich Erfahrungen, meist als der Enttäuschende. Es war wohl seinem Narzissmus zuzuschreiben, dass er sich trotz der Erfolge als Liebhaber und Autor – 1845 wurde ihm das Kreuz der Ehrenlegion verliehen – verkannt fühlte und versuchte, seine Depressionen in Alkohol zu lösen.

Abb.: Pietro Pagello (1807–1898), Mediziner und Ichthyologe, geboren in Castelfranco im Veneto, ließ sich bald nach der Liaison mit George Sand in Belluno nieder, wo er später Primarius, also Chefarzt für Chirurgie, und Präsident des Fischereiausschusses wurde. Dass er sich zum Poeten berufen fühlte und neben Sachbüchern zur Chirurgie, Orthopädie und Geburtshilfe auch Gedichtbände veröffentlichte, ist wohl der Nachwirkung von George zuzuschreiben.

Orte

Der ehemalige *Albergo Reale* im *Palazzo Bernardo Dandolo* heißt längst *Hotel Danieli*. Nicht nur große Literaten von Charles Dickens über Honoré de Balzac bis hin zu Marcel Proust stiegen hier ab. Auch Richard Wagner war dreimal zu Gast: im Sommer 1858, im Winter 1861 und für wenige Tage im Oktober 1880. *Hotel Danieli*, Castello 4196, Riva degli Schiavoni, FON 041/522 64 80. www.luxurycollection/danieli

Abb. S. 193: Der Arbeitsplatz des Pietro Pagello existiert nach wie vor. Zwischen den *Fondamenta Nuove* und der Kirche *Santi Giovanni e Paolo*, auf Venezianisch *Zanipolo* gelegen, verwirrt das Äußere dieses Krankenhauses viele Reisende, würde doch kaum einer hinter den mit Marmor inkrustierten Fassaden sehr bescheidene Krankenzimmer vermuten. *Ospedale Civile*, Strada Statale Giovanni e Paolo, 30122 Castello.

Was George Sand nach dem damaligen Besitzer *Farmacia Ancillo* nannte, ist die *Farmacia Alla Vecchia e Al Cedro Imperiale* am *Campo di San Luca*, die bis heute in schönster Stilreinheit erhalten ist. Sie hat wohl den wunderlichsten Namen unter den alten Apotheken der Stadt. *Al Lupo Coronato*, zum gekrönten Wolf, gibt den Fremden allerdings ebenso Rätsel auf. Die ältesten Apotheken im *centro storico*: *Alle Fede – Zum Glauben, Al Castoro – Zum Bieber, Alle 'Ercole d'Oro – Zum goldenen Herkules, Alle Due Sirene – Zu den beiden Sirenen* (womit die verführerischen gemeint sind, nicht die alarmierenden), *Al Pellegrino – Zum Pilger, Alla Croce di Malte – Zum Malteser Kreuz, Alle sei Gigli – Zu den sechs Lilien* und *Alla Colonna e Mezza – Zu den eineinhalb Säulen. Farmacia Alla Vecchia e Al Cedro Imperiale,* San Marco 4598, FON 041/52 22 638.

Das *Caffè Florian* gilt als Stammlokal nahezu aller berühmten Venedigreisenden, ist es doch kaum zu umgehen. Zu denen, deren Besuch hier verbürgt ist, gehören neben Rousseau, Hippolyte Taine, Schopenhauer, Lord Byron, Dumas *père*, Thomas Mann, Henry James und Jean Giono auch George Sand und Alfred de Musset. *Caffè Florian,* San Marco 56, Piazza San Marco, FON 041/520 56 41. www.caffeflorian.com

193

Abb.: Wer Mokka stark liebt, wie George Sand ging traditionell ins *Caffè Quadri* gegenüber, das erste Kaffeehaus, das in Venedig schon im 18. Jahrhundert echten türkischen Mokka servierte. *Gran Caffè Quadri*, San Marco 120, Piazza di San Marco, FON 041/522 21 05. www.quadrivenice.com

Marlene Dietrich & Erich Maria Remarque
Die Potenz des Zeremonienmeisters

Wenn ihr die Schleppe getragen wird, ist sie in ihrem Element.
Sie will gefeiert werden, die *Serenissima*. Aber nicht bacchanalisch. Sie braucht eine Zeremonie, die sie erstrahlen lässt, als
wäre sie noch immer die Größte. Obwohl sie weiß: Damit ist es
längst vorbei.

Als Marlene Dietrich Anfang September 1937 nach Venedig
reist und sich im *Hotel Des Bains* auf dem Lido einmietet, ist sie
seit Mai arbeitslos. Im Mai hatte in sämtlichen Fachzeitschriften
der Filmbranche eine Anzeige gestanden, bezahlt vom Verband
der unabhängigen amerikanischen Kinobesitzer: *Die folgenden
Stars sind Gift für die Kinokasse: Joan Crawford, Bette Davis, Marlene
Dietrich, Greta Garbo, Katharine Hepburn.* Daraufhin war sie in
der Liste der beliebtesten Filmschauspielerinnen auf Platz 126
gefallen. Die Paramount Pictures hatte sie aus dem bereits bestehenden Vertrag entlassen.
Schon im August ist sie mit ihrer Tochter Maria und dem
Leibwächter nach Europa abgereist. Kurz vor dem Aufbruch
hatte Marlene den Mann angerufen, zu dem sie, vaterlos und
stiefvaterlos, mit sechsunddreißig Papi sagt. Es ist Rudolf Sieber,
den sie vor vierzehn Jahren geheiratet, vor dreizehn Jahren aus
dem Bett verbannt und zu ihrem ergebenen Diener gemacht
hat. Maria weiß erst seit zwei Jahren, dass Rudolf sicher ihr leiblicher Vater ist. Davor war er nur einer von vielen, die in Frage
kamen. *Papi, wir verlassen Amerika. Es heißt, Dietrich Filme verkaufen sich nicht mehr,* hatte Marlene gesagt und die Kabinenkoffer
gepackt.
Anzumerken ist Marlene Dietrich diese öffentliche Demü

tigung nicht, weder äußerlich, noch was den Auftritt oder die Lebenshaltung angeht. Kabinen erster Klasse auf der *SS Normandie*, Suite im *Hotel Lancaster* in Paris, Champagner zu jeder Tageszeit, dann mit Papi und dessen russischer Geliebter Tamara Matul zusammen über die Luxushotels in der Schweiz nach Salzburg, zu den Festspielen, wo Marlene sich und ihren Hofstaat samt Leibwächter komplett mit neuen Trachtenmoden von Lanz ausstaffiert hat.

Und nun Venedig, der Lido, das *Grand Hotel Des Bains*. Die Stadt, die Insel, das Hotel der Zeremonien.

Venedig feiert sich seit Jahrhunderten mit mehr Festen als jede andere Stadt des Abendlandes. Die meisten dauern einige Tage. *Festa* kommt von *festus*, was eine religiöse Feier meint. Die Frömmigkeit bietet Venedig willkommenen Vorwand für pompöse Aufzüge, Einzüge und Umzüge, Prozessionen und Bälle, Regatten und Rituale, Wettkämpfe und Spiele, Galaaufführungen und Galafestmahle. Die Regeln werden streng befolgt, was Kleidung und Gebete, das Essen, die Musik, die symbolischen Handlungen angeht. Jahr für Jahr wiederholen sich detailgenau die Choreographien an der Tafel und in der Kirche, auf den Straßen und Plätzen, bei den Wundern und Weihen. Die Meister der Zeremonien werden verehrt, sie geben jene Ordnung vor, die an Sicherheiten glauben machen. Was sich an Unsicherheiten dahinter verbirgt, will keiner sehen. Zeremonien sind in Venedig das beliebteste Mittel gegen die Angst vor dem Ende. Niemals wurde das größte Fest des Jahres, das zur Feier des Erlösers, des *Redentore*, reicher inszeniert als in jenem Juli 1797, zwei Monate, nachdem die noch niemals eroberte *Serenissima* von fünftausend französischen Soldaten besetzt worden war.

Auf dem Lido gehen, als Marlene Dietrich mit ihrem Hofstaat anreist, gerade erst die Filmfestspiele zu Ende. Zum vierten Mal sind sie zelebriert worden mit rotem Teppich und politischer Prominenz im *Palazzo del Cinema* am *Lungomare Marconi*. Den Preis als beste Darstellerin hat Bette Davis gewonnen, die neben der Dietrich auf der Schwarzen Liste stand. Die Zeremonie bei der Verleihung hat Bette Davis vermutlich vergessen lassen, zumindest für ein paar Stunden, dass sie in den USA als Kassengift galt. Verachtet Marlene Dietrich das Spektakel, wo der Preis für den besten Film Mussolinis Namen trägt und faschistische Mitläufer gehätschelt werden? Oder sehnt sie sich danach, wie Bette Davis in einer Zeremonie gefeiert zu werden?

Grund für die Dietrich, hierherzukommen, ist ein Treffen mit dem Mann, durch den sie aufstieg und der nun mit ihr abstürzte, Josef von Sternberg. Er hat sich bei den Filmfestspielen um neue Kontakte bemüht, die möglicherweise auch seinem *Blauen Engel* noch einmal zu Auftrieb verhelfen.

Dass Zeremonien Struktur vorgeben, empfinden diejenigen als Wohltat, die nicht wissen, wie es weitergeht. Das *Hotel Des Bains* mit seinen festgelegten Zeiten, Tischen, Plätzen, Ritualen und Vorschriften ist für Marlene Dietrich und Josef von Sternberg ein Sanatorium. Hier, wo auch beim Frühstück Garderobe erwartet wird, sind sie am richtigen Platz.

Am 5. September ist Marlene Dietrich angereist. Am 7. September sitzen der Regisseur und sein Star zusammen beim Mittagessen im *Hotel Des Bains* auf der Terrasse. Der gesamte Tross ist dabei. Tochter Maria, ihre Gouvernante, Papi, Tamara, der Leibwächter. Es erfordert Mut, einzudringen in einen derart fest geschlossenen Kreis.

Den Mann, der an den Tisch tritt, hat die Dietrich sofort erkannt. Sie hat hart daran gearbeitet, überall erkannt zu werden, um dann viel Geld dafür auszugeben, von Leibwächtern unerwünschte Verehrer abhalten zu lassen.

In Venedig ist dem Erkanntwerden gar nicht zu entkommen.

Vielleicht fühlen sich deshalb die Stars hier so wohl, Filmstars vor allem. Die vielen Plätze der Stadt, geschlossen wie Zimmer, Salons oder Säle, haben nichts Intimes. Es sind Bühnen, die rund um die Uhr Gelegenheit zum Auftritt bieten. Die größte Bühne ist die *Piazza di San Marco*, die einzige *Piazza* in der Stadt, doch auf jedem *Campo* wird genauso agiert. Wer

Zuschauer ist und wer Darsteller, ist weniger wichtig als die Unterhaltung.

Eigentlich haben die Venezianer diese Bühnen für sich selbst gebaut, denn wer sie genau ansieht, gewinnt den Eindruck, es gebe ebenso viele Schauspieler wie Einwohner und möglicherweise seien gar nicht die besten von ihnen in den Theatern anzutreffen. Die Rollen werden täglich neu verteilt. Aus Betrügern werden Betrogene, aus den Mauerblumen Rosen, aus den Statisten die Helden des Stücks. Manchmal sind die Souffleure wichtiger als die Akteure. Jeder hält sich dabei an die Regel des Venedigreisenden Rousseau: *Auf der Bühne kann man alles, nur die gesunde Vernunft nicht brauchen.*

Vernunft hindert die Menschen, ihrem Trieb nachzugeben. Und Triebe bewegen die Bühnentechnik dieser Stadt. Geltungstrieb, Machttrieb, Geschlechtstrieb, Überlebenstrieb.

Welcher bringt diesen Mann dazu, an den Tisch der Diva zu treten? Er erkennt nicht nur sie, sondern auch den stämmigen kleinen Mann mit traurigem Schnurrbart und traurigen Augen, der mit ihr gegessen hat.

Herr von Sternberg? Gnädige Frau?

Seine Stimme ist tief und angenehm, sein Deutsch akzentfrei.

Niedersächsischer junger Bauernkopf, hart geschnitten, zerfurcht, blond mit blauen Augen und blonden Augenbrauen, hat Harry Graf Kessler diesen Mann namens Erich Maria Remarque beschrieben. Aber das ist acht, neun Jahre her. Die Furchen sind tiefer, das Haar und die Brauen sind dunkel geworden.

Marlene Dietrich schaut an einem großgewachsenen Herrn von um die vierzig empor. Schlank, gebräunt, in Sporthemd und Leinenhose. Lässigkeit, kontrolliert inszeniert. Jedes Journal von New York bis Paris könnte ihn als Modell für Männermode zeigen. Er wählt sein Hemd, sein Halstuch, seine Hose so aus, dass ihr gedämpftes Blau zu dem Blau seiner Augen passt. Marlene schätzt das. In ihren Mann Rudolf Sieber hatte sie sich verliebt, weil er, ein kleiner Regieassistent beim Film, angezogen war wie ein englischer Lord auf seinem Landsitz. Echter

Tweed. Sie selbst hatte damals lächerlich ausgesehen, befand Sieber. Wie ein Kind, das sich als Erwachsene verkleidet in einem schimmernden Samtmantel, über den ein roter Fuchs hing, auf dem Kopf einen Piratenhut mit Fasanenfeder und im Auge das Monokel ihres Vaters. Doch auf Sternbergs Befehl hatte sie zügig 30 Pfund abgenommen und gelernt, wie eine Göttin geht, steht, sich kleidet und schminkt. Sie selbst ist ihre beste Kostümbildnerin, Maskenbildnerin, Beraterin in allen Stilfragen. Bewegt sie sich am Strand, ist sie angezogen wie ein Modell für Strandmoden. Remarque schätzt das. Anderen Frauen musste er den Stil beibringen und die Requisiten kaufen. Die Juweliere von Sankt Moritz bis London lieben ihn dafür. Marlene besitzt schon alles.

Auch sie weiß, wen sie vor sich hat.

Die beiden sehen sich nicht zum ersten Mal. Ihr Zusammentreffen zu Beginn des Jahres 1930 in Berlin, in der Bar des *Hotel Eden*, hat sich ihr allerdings nicht besonders eingeprägt. War es, weil sie sich ihm unterlegen fühlte? Remarques Roman *Im Westen nichts Neues* hatte auf Deutsch bereits über sechshunderttausend Exemplare verkauft und war noch 1929, im Jahr seines Erscheinens, in sechsundzwanzig Sprachen übersetzt worden. Marlene Dietrich hatte nach siebzehn erfolglosen Stummfilmen in Sternbergs Tonfilm *Der Blaue Engel* die Hauptrolle der Lola Lola bekommen, auf April war die Premiere im Berliner Gloria-Palast angesetzt. Doch keiner wusste, ob diese Verfilmung von Heinrich Manns *Professor Unrat* das Publikum erobern würde. In der Bar des *Eden* waren Remarque und die Dietrich zwei Menschen, die sich um die eigene Achse drehten und nicht berührten. Doch er prägte sich ein, dass sie ein hellgraues Kostüm mit gerade geschnittenen Schultern trug. Und wunderte sich später, dass er sich das gemerkt hatte; *ich passe doch sonst auf so etwas gar nicht auf.* Er erinnert sich an sein Gefühl, dass er eigentlich hätte aufstehen sollen und zu ihr gehen und sagen: Komm mit, fort – was willst du hier?

Vor zwei Jahren sind sie einander dann im Frühjahr noch einmal in Salzburg begegnet, beide hatten bereits Deutschland verlassen, beide hatten ihren Hass auf die Nationalsozialisten offen bekundet. Im Dezember 1930 schon hatte Goebbels bei der Premiere der Verfilmung von *Im Westen nichts Neues* Störaktionen mit Stinkbomben und weißen Mäusen inszeniert und ungefähr zur selben Zeit hatte er die Dietrich beschworen, bei der UFA in Berlin und nicht bei Paramount weiterzudrehen. Vergebens. Für Remarque war der Rückweg bereits versperrt, seit am 10. Mai 1933 seine Bücher verbrannt worden waren wegen *Verrats der Soldaten des Ersten Weltkriegs.* Für die Dietrich war der Weg zurück immer noch offen, doch gehen wollte sie ihn nicht. Trotz dieser Gemeinsamkeiten war auch in Salzburg nichts geschehen. Ein paar Schritte entfernt von Remarque hatte dort die Dietrich neben Alfred Polgar im Kaffeehaus gesessen, er erinnert es genau und versteht nicht, warum er damals wieder nicht auf sie zuging und sagte: Komm mit!

Obwohl sie ihn kennt, obwohl sie längst ebenso berühmt ist wie er, überfällt Marlene Dietrich nun jenes Gefühl, das sie immer überfällt, wenn ein Mensch mit großem Namen vor ihr steht: Ohnmacht. Die Angst, vom Stuhl zu fallen.

Sie streckt ihm ihre Hand entgegen. Wird er sie zum Handkuss hochreißen und den Handrücken mit seinen Lippen berühren? Oder beherrscht er den Handkuss korrekt?

Remarque beugt sich hinab, hebt Marlenes Hand an und haucht den Kuss in die Luft darüber.

Sternberg lässt einen Stuhl bringen und lädt Remarque ein, sich zu setzen. Remarque fragt die gnädige Frau um Erlaubnis. Marlene erteilt sie ihm, lächelnd wegen der gnädigen Frau.

Nun hat sich die Dietrich gefangen. *Sie sehen viel zu jung aus, um eines der größten Bücher unserer Zeit geschrieben zu haben,* sagt sie, zieht eine Zigarette aus ihrem Etui, steckt sie zwischen die Lippen. Er springt auf, zückt sein Feuerzeug, ein echt goldenes, sie legt ihre blassen Hände um seine gebräunte Rechte.

Das Bild brennt sich ein in Marias Gedächtnis.

Vielleicht habe ich es nur geschrieben, um einmal ihre zauberhafte Stimme diese Worte sagen zu hören, antwortet Remarque.

Marlene zieht tief ein und schiebt mit der Zungenspitze

einen Tabakkrümel heraus. Sternberg zupft ihn von ihrer Unterlippe. Für Liebesszenen hat Sternberg ein untrügliches Gespür, speziell für das wortlos Vielsagende.

Auch das entgeht den Augen von Maria nicht. Ein Teenager, von der Mutter gemästet und zugleich kopfschüttelnd für zu dick befunden, der heimlich *Vom Winde verweht* liest, ist von äußerster Wachsamkeit für erotische Annäherungen.

Was wissen Remarque und die Dietrich voneinander?

Vor ein paar Monaten, am 1. April dieses Jahres, hat Remarque *The Garden of Allah* gesehen. Das hat er in seinem Tagebuch notiert, nicht aber wie ihm die Dietrich darin gefallen hat. Remarque wohnt zwar nicht in den USA, sondern in Porto Ronco, im Tessin, am Schweizer Ufer des Lago Maggiore. Doch nachdem er ein besessener Zeitungsleser ist, könnte ihm bekannt sein, dass sie sich in diesem Jahr von Douglas Fairbanks junior getrennt hat.

Sie hat vermutlich nicht erfahren, dass Remarque eine kurze Liebschaft mit Hedy Lamarr hinter sich hat; seit die vor ihrem Mann, einem mit den Nationalsozialisten flirtenden österreichischen Waffenfabrikanten, davongerannt ist, gehört sie ebenfalls zu Sternbergs Schützlingen, was freilich derzeit wenig bringt. Dass die Lamarr wie Sternberg jüdisch ist, verbindet die beiden. Ob Sternberg Marlene all das verraten hat, ist fraglich.

Mitbekommen hatte Marlene, da drehte sie noch den *Blauen Engel*, den kometenhaften Aufstieg des Erich Maria Remarque. Und auch als sie selbst über Nacht zum Idol wurde, konnte ihr die einzigartige Erfolgsgeschichte jenes Kriegsromans, der ein Antikriegsroman ist, nicht entgangen sein. Die Zeitungen waren voll gewesen mit Berichten, Interviews, Fotos über den Verfasser. Marlene weiß also, dass er eigentlich Erich Paul Remark heißt. Dass er sich erst mit zweiundzwanzig den Vornamen Maria zulegte, angeblich Rilkes wegen, weiß sie wohl kaum. Und dass er erst mit vierundzwanzig seinem Namen die französische Schreibweise gab, bei französischen Ahnen mit einer gewissen Berechtigung, ebenso wenig. Vielleicht hat sie es damals irgendwo gelesen, dass er in Osnabrück geboren worden ist als Sohn des Buchbinders und Buchdruckers Peter Franz Remark, dass er sich als Grabsteinauktionator und als Organist im Irrenhaus durchgeschlagen, Comic-Serien und Werbetexte verfasst und als Volksschullehrer in einem Kaff in der Heide gearbeitet hat. Vielleicht weiß sie auch, dass er wie sie viele vergebliche Anläufe unternommen hatte, bis der Erfolg kam, der große Erfolg. Der zu große?

Beide quält es, dass sie immer nur an diesem einen Werk gemessen werden; er mit *Im Westen nichts Neues*, sie mit *Der Blaue Engel*. Was davor war, interessiert nicht, was danach kam, zählt nicht. Beide konnten nichts nachlegen, was den Glanz dieses einen Werkes überstrahlt hätte, durch das die Welt sie kennt. Beide sind verwöhnt und reich, unterwegs dort, wo die Teppiche dick sind und niemand nach Preisen fragt. Beide haben ihre Heimat entschlossen aufgegeben und vermissen sie dennoch. Beide wissen, dass ihr Ruf nicht der Wahrheit entspricht. Er hat nie erlebt, was sein Kriegsheld erlebte, er erfuhr es im Lazarett von Kameraden, die dort lagen. Sie weiß, dass sie ein Star ist, aber keine große Schauspielerin. Er betäubt die Selbstzweifel mit Alkohol, sie verjagt sie mit soldatischer Disziplin.

Ist es die Ähnlichkeit ihres luxuriösen Leidens, das sie hier auf einmal einander nahe bringt?

Dass er Deutsch spricht, bedeutet Marlene Dietrich viel. Die Muttersprache ist in ihren Augen wichtig, viel wichtiger als üblicherweise zugegeben wird. *Diese Sprache war es hauptsächlich, die uns verband*, wird sie später sagen.

Am nächsten Vormittag geht sie durch den Sand des Lido, ein Buch unter dem Arm, auf der Suche nach einem sonnigen Platz. Üblicherweise meidet sie die pralle Sonne, aber jetzt, im September, braucht sie offenbar bereits die Wärme.

Sie ist einsvierundsechzig groß, ihre Taille misst immer noch nicht mehr als sechzig Zentimeter. Dass ihre Brüste bereits mehrmals operiert sind, weiß Tochter Maria, sie wird es aber erst 1992, kurz nach dem Tod der Dietrich, in ihren Erinnerungen an *Meine Mutter Marlene* ausplaudern. Remarque sieht eine Erscheinung, die seinem Ideal entspricht. Biegsame Eleganz.

Er kommt auf sie zu, versucht den Titel des Buches zu lesen. Rilke, *Die Aufzeichnungen des Malte Laurids Brigge.*

Ich sehe, Sie lesen gute Autoren.

Später wird sie behaupten, seine Stimme habe sarkastisch geklungen und er habe sie skeptisch angesehen.

Soll ich Ihnen ein paar Rilke-Gedichte vortragen?, fragt sie.

Sie setzen sich in den Sand, sie rezitiert ihre Lieblingsgedichte. *Der Panther. Leda. Herbsttag. Ernste Stunde. Grabmal eines jungen Mädchens. Kindheit.*

Dafür braucht sie ungefähr eine Viertelstunde. Oder länger?

Da rinnt der Schule lange Angst und Zeit
mit Warten hin, mit lauter dumpfen Dingen.
O Einsamkeit, o schweres Zeitverbringen...

So beginnt das Gedicht, das Rilke *Kindheit* überschrieben hat und das sie als Letztes rezitiert. Es endet mit den Worten: *Wohin? Wohin?*

Dass sie Rilke niemals kennengelernt hat, bedauert die Dietrich. *Aber die Gelegenheit hat sich nie ergeben. Vielleicht hätte er eine damals unbekannte Verehrerin auch gar nicht bemerkt.* Sie hätte ihn sogar hier in Venedig kennenlernen können, in der *Taverna La Fenice* vielleicht, wo er mit der Fürstin Thurn und Taxis gerne Gerichte wie *pasta e fagioli*, Nudeln mit weißen Bohnen aß – ganz der Stil von Marlenes Küche. Sie kocht deftig, nicht für sich, für andere. Die kocht sie unter den Tisch. *Champignonsuppe, Bouletten, Rührei, serbisches Reisfleisch, Marillenknödel*, wird Remarque einige Monate später den Ablauf eines ihrer Menus in sein Tagebuch notieren. Bei Rilkes letztem Venedig-Aufenthalt wäre Marlene neunzehn gewesen, angehende Konzertgeigerin mit Babyspeck. Manchmal behauptet sie, nur Rilkes wegen Schauspielerin geworden zu sein. Neunzehn Bände Rilke stehen zu Hause in ihrem Regal. Ob sie Remarque das erzählt?

Der Olymp ihrer Lieblingsschriftsteller ist dünn besiedelt: Goethe, Rilke, Hamsun, Hemingway, Remarque und Paustowski. An moderner Lyrik findet sie keinen Geschmack, obwohl sie an moderner Literatur interessiert ist. *Nach Rilke gibt es keine Lyrik mehr, die angenehm in meinen Ohren klingt, die meine Seele berührt und die mir im Gedächtnis bleibt. Außer vielleicht von Auden.*

Wie viel verrät sie ihm von ihrer Rilke-Begeisterung? Genug, dass er erkennt: diese Frau ist mit Worten zu erobern, wenn die Worte stimmen.

Gehen wir woanders hin und reden wir miteinander, sagt Remarque.

Sie steht auf.

Wohin? Wohin?

Gehen sie am Sandstrand entlang? Gehen sie nach Malamocco, wo es keine Schmuckgeschäfte gibt, keine Cafés mit Prominenz, keine Hotels wie das *Des Bains* oder das *Excelsior,* sondern schweigende Plätze, blätternde Fassaden, müde Fischer und Andachtsnischen mit kleinen Vasen und Blumensträußen in den Durchgängen? Oder führt er sie in eines der mondänen Restaurants, wo er sich mit ihr schmücken kann und sie sich mit ihm?

Als sie sich auf den Rückweg zum Hotel machen, geht bereits der Tag auf. Sternberg, Papi, Tamara, Maria, die Gouvernante und der Leibwächter sind längst im Bett.

Übrigens, damit wir das gleich klargestellt haben und es später keine dummen Diskussionen gibt – ich bin total impotent, sagt Remarque. *Aber wenn es gewünscht wird, kann ich natürlich eine bezaubernde kleine lesbienne sein.*

Sie schaut zu ihm auf. *Ach, wie wunderschön.*

Wie reagiert er darauf, dass jene Frau, die als fleischgewordene Erotik gilt, offen ihr sexuelles Desinteresse bekundet? Ahnt er, dass die erste Krise ihrer Liebe im Sommer danach durch eine Frau ausgelöst werden wird, die amerikanische milliardenschwere Lebedame Jo Carstairs?

Die Dietrich wird Remarques Geständnis nicht vergessen und auch nicht, was sie selbst bei ihrer Antwort empfand.

Ich sagte es mit einer solchen Erleichterung! Ich war so glücklich!

Wir würden einfach nur reden und schlafen und zärtlich sein, alles so wunderbar leicht.

Er nennt sie Puma, das Puma. So sagt er auch zu seinem Auto, einem Lancia.

Es wird leicht sein, in jenen Tagen auf dem Lido, weil Remarque sich als Meister der Zeremonien bewährt. Er weist sie ein in das Wissen vom Wein, klärt sie auf über Trauben, Jahrgänge, Weinherstellung, die großen Lagen, die wichtigen Namen und stellt sie von *Taittinger*-Champagner um auf *Dom Perignon*. Das wird sie ein Leben lang beibehalten.

Sie bewundert sein Benehmen, seine Manieren, seine Sprache. Es entgeht ihr nicht, wie achtsam er arbeitet. Mit scharf gespitztem Bleistift, der oft abbricht, schreibt er auf gelbes liniertes Papier in einer kleinen, akkuraten Handschrift. Doch vor allem beobachtet sie, wie genau er sie beobachtet. Das gehört zur Kunst des Zeremonienmeisters, dass er im Hintergrund steht, wenn die Zeremonien vollzogen werden. In seinen Briefen wird Remarque später feiern, was er nun in Venedig erlebt, wenn er in ihrer Suite sitzt und zusieht, beim Ausziehen, beim Anziehen, beim Schminken, beim Abschminken. *Gesicht im Spiegel! Helles, geliebtes Gesicht. Der kurze Ruck, mit dem Du das Haar zurückwirfst. … Und wenn Du die Jacken ausziehst – sie gleiten von den zurückgeneigten Schultern, als wenn ein Engel sie Dir abnähme.* Er schaut zu, wie sie sich das Haar rüde kämmt, energisch und lieblos. Er schaut zu, wie sie die Kleider auf ihr Bett legt und auswählt. Darf er ihre Reißverschlüsse hochziehen, ihre Mieder zuhaken?

Es sind weniger Handlungen, es sind vor allem die Beschwörungsformeln, mit denen der Zeremonienmeister Marlene bannt, die schlagartig im verwaisten Mittelpunkt seines Lebens steht. Welche Frau wird nicht schwach, wenn sie mit Titeln bedacht wird wie diesen: *Geduldigster aller gefallenen Erzengel. Fata Morgana Gottes? Madonna meines Blutes. Blitz der Verkündigung.*

Remarque stellt Ähnlichkeiten fest, die andere kaum erkennen würden: *… wir haben die schöne Eigenschaft, Menschen zu irritieren, obwohl uns nichts weniger liegt … Sie halten uns für ungeheuer kompliziert, und dabei halten wir uns für überaus einfach. Wir passen* *geradezu unheimlich gut zusammen. Wir sind gleich anarchistisch, gleich schlau, gleich verständig und völlig unverständig, gleich sachlich und gleich romantisch (von der restlosen begeisterten Hingabe an allen Kitsch gar nicht zu reden).*

Beide werden der Nachwelt wenig darüber verraten, was sie hier erleben. Aus Remarques Briefen an Marlene erfahren wir, dass sie abends oft aufs Wasser geschaut haben. In einem der Strandlokale auf dem Lido? Oder auf der dem Meer zugewandten Terrasse des *Hotel Des Bains?*

Wenn es dämmert, sehen sie den Booten zu. Für ihn *Schmetterlinge am abendlichen Horizont.* Oder *eine Flotte perlmuttfarbener Flamingos, die auf den süßen Wind des Abends warteten.*

Rilke, Rainer Maria ist Marlene Dietrich entgangen, der die Frauen seines Lebens und die Wirklichkeit Venedigs mit Gloriolen umgab. Hier, in Venedig nun, trifft sie zum dritten Mal auf Remarque, Erich Maria. Ihretwegen verlässt er die Präzision der Sprache und verschwimmt in Worten, die für sie wie Lyrik klingen müssen.

Ihr Abende von Venedig! Braunes Silber und der hallende Ruf der Gondoliere, das gleitend vergleitende Pastell des Canal Grande und der schwache Duft einer Lotosblüte in der Nacht; – ihr Sterne über dem weindunklen Meer.

Der Blick auf die Lagune zeitigt seine Wirkung, der Stil des Zeremonienmeisters noch mehr. Hier, wo Rilke zehn Mal zu Besuch war, der Mann, dessen Wortgewalt Marlene verehrt, hat ein Wortgewaltiger bessere Chancen als jeder andere Held.

Doch immer sind Menschen um die beiden herum. *Menschen und Dinge und Verhältnisse,* wie Remarque beklagt. Doch zu ändern vermag er daran nichts. Karin Lahl, Fotomodell der mondänsten Illustrierten, wohnt ebenfalls im *Hotel Des Bains;* sie kennt Remarque aus Berlin, aus dem Salon des Carl Vollmoeller. Für Remarque, der das Ausmaß seines Erfolges unverdient findet und meint, es hafte ihm als Makel an, Mitte zwanzig einen Essay geschrieben zu haben über das Mixen exotischer Schnäpse, ist die Freundschaft mit einem wie Vollmoeller das Ehrenzeichen der Ernsthaftigkeit. Dass er in Vollmoellers Berliner Salon am Pariser Platz eingeladen war, wo Erich Kästner und Vladimir Nabokov verkehrten, zählt für Remarque. Vollmoeller war ein Jünger des George-Kreises, zu dem Rilke keinen Zugang fand, das adelt die Mitglieder des Vollmoeller-Kreises. Jetzt, in Venedig, erfährt Remarque, dass es Vollmoeller war, der zusammen mit Carl Zuckmayer, dem Drehbuchautor des *Blauen Engel*, die achtundzwanzigjährige Dietrich für die Hauptrolle vorgeschlagen hatte. Zusammenhänge, die ihm, der an Astrologie glaubt, wie Fügungen erscheinen müssen.

Der Zeremonienmeister spürt, dass die um die zehn Jahre jüngere Karin Lahl keine Konkurrenz für Marlene Dietrich darstellt. Karin Lahl ist auf eine gesunde Weise schön, eine Diva ist sie nicht. Bereitwillig trägt sie der Diva die Schleppe. Gemeinsam besuchen die drei den Mann, der sie verbindet.

Seit 1919 hat Vollmoeller seinen Wohnsitz im *Palazzo Vendramin Calergi*, seit der Machtergreifung hat er ihn zu seinem Hauptwohnsitz gemacht, diesen Palast, in dem Wagner starb. Vollmoeller, mittlerweile fast sechzig, ist in Venedig zuhause. Er hat einige Werke von Gabriele D'Annunzio übersetzt und war dabei, als sein Verbündeter Max Reinhardt hier auf dem *Campo San Trovaso* den *Kaufmann von Venedig* im Freien aufführte.

Ist es Remarque, der Karin und Marlene auf dem Balkon des *Palazzo Vendramin Calergi* fotografiert? Vorn Karin, jung und direkt in die Kamera blickend, dahinter Marlene, den Blick ins Weite gerichtet. Eine Sphinx hinter einer Skifahrerin.

Dennoch, Remarque vermisst das Alleinsein mit Marlene, sieht er in ihr doch die Retterin, die ihn aus dem haltlosen Treiben und Trinken herausholen kann. *Es gibt keine Liebe mit Familienanschluss. Es tötet das Fliegende, es macht mich verstaubt und grau*, stellt er fest.

Nur, wenn er mit ihr tanzt im großen Saal des *Hotel Des Bains*, dann sind sie unter sich. Kein Wort, das sie dabei flüstert, vergisst er.

Ob Sternberg, abgelegter Liebhaber der Dietrich, diesen Nachfolger annimmt oder nur hinnimmt? Ob Rudolf Sieber diesen Remarque nur als einen in der langen Reihe von Marlenes Männern betrachtet oder als das, als was Remarque gern sein möchte, der letzte Liebhaber ihres Lebens? Nur Maria wird ihre Sympathien für Remarque zugeben und ihr Mitleid mit ihm, den sie warmherzig nennt, denn aus ihrer Sicht wird er Opfer ihrer kalten Mutter. Nicht Marlene, Maria wird, fast zärtlich, beschreiben, wie Remarque beim Lachen den Kopf in den Nacken warf. *Er, der das Leben selten komisch fand, lachte hemmungslos, wenn er dazu Gelegenheit fand.*

Venedig ist eine Stadt des Ephemeren, der Feste, die vorübergehen, keine Stadt des Festhaltens. Die beiden Liebenden meinen, hierherzugehören und zusammenzugehören, weil sie beide nicht an das Unbedingte glauben. Schon als ganz junger Mann hatte Remarque in sein Tagebuch geschrieben: *Ich halte das, was ich unter Liebe verstehe, nicht ausreichend und nicht dauernd für eine Ehe.* Als es um Marlene geht, sagt er: *Man kocht in einem venezianischen Glase nicht die Suppe der primitiven Besitzerwünsche.* Ein Vorsatz, nicht mehr. Er will sein *Puma* für sich, dieses *Puma*, das ihm am ersten gemeinsamen Morgen Rilkes gefangenen Panther vorführte. Er erträgt es nicht, dass sein Puma nachts auf neuen Beutezügen durch Städte streicht. Noch denkt er an so etwas nicht.

Marlene staunt später, als sie sich auf einem Foto zwischen Sternberg und Remarque sieht, dass sie nicht erkannt hatte, wie unsinnig sie damals agierte.

Ich, die ich eifersüchtige Männer nicht ausstehen kann, bin mit den zwei eifersüchtigsten Männern ausgegangen, die ich jemals gekannt habe? Sternberg und Remarque zusammen? Warum habe ich nur so eine Dummheit gemacht? Das muss ein Abend gewesen sein!

Im Herbst dieses Jahres folgt Marlene ihrem neuen Geliebten nach Paris. Als er ihr ein Jahr später, im Herbst 1938, in die USA folgt, als Deutscher offiziell ausgebürgert, da ist es nicht mehr Liebe, es ist Abhängigkeit, die ihn treibt.

Der Zeremonienmeister ist zum Liebesdiener geworden.

Er wird zwei weitere Jahre brauchen, bis er, gedemütigt und erniedrigt, seine letzten Kräfte sammelt. Und den Fängen des Puma, den Fängen der venezianischen Erinnerungen entkommt.

Abb.: Er war ein *homme à femme*, doch wie er selbst meint, aus tiefer Selbstunsicherheit heraus, er habe sich nie *lovable* gefühlt. Erich Maria Remarque (1898–1970). Seine Männlichkeit betörte Stars wie Hedy Lamarr und Greta Garbo, aber auch eine alternde *femme fatale* wie Alma Mahler. Mit seiner Impotenz war es nicht so weit her. Bereits im Dezember 1937 vermeldete er seinem *Affenkopp* Marlene: ... *na, impotent bin ich auf keinen Fall mehr.*

Abb.: Marlene Dietrich (1901–1992), lachend in Venedig vor dem *Hotel Excelsior* auf dem Lido. Ist es die Hand von Remarque, die sich ihr entgegenstreckt? Ihr Gesicht hat kaum einer besser beschrieben als er.

1945 erschien sein Exilroman *Arc de Triomphe*, mit dem er bereits 1938 begonnen hatte und endlich an den Erfolg von *Im Westen nichts Neues* anknüpfen konnte. Die Dietrich musste im Helden Ravic ein alter ego von Remarque erkennen und in der Diseuse Joan Madou ihr eigenes Spiegelbild: *Eine aufregende und verlorene Schönheit mit hohen Brauen und einem Gesicht, dessen Geheimnis seine Offenheit war. Es versteckte nichts und gab dadurch nichts preis. Es versprach nichts und damit alles.*

Abb.: Remarque und die Dietrich in einem Restaurant. Ein Traumpaar? In den Augen Remarques gewiss. *Wir sind so gleich …. Wir leben unter den gleichen Sternen. Du bist Ende Dezember geboren und ich Ende Juni. In der Astrologie korrespondieren immer Zeiträume von sechs Monaten, – der Januar und der Juli, der Juni und der Dezember. Sie haben die gleichen Sternbilder – und ähnliche Schicksale. Wir sind die unruhigen Schützlinge Jupiters am Rande der Dunkelheit des Saturns.*

Orte

Als Erich Maria Remarque im *Hotel Des Bains* gastierte, verbanden viele Besucher dieses Haus bereits mit Thomas Mann, ein Schriftsteller, mit dem die Dietrich wenig anfangen konnte, und der über Remarque genau das äußerte, was der am meisten fürchtete. Nach einem abendlichen Gespräch über Kollegen im Familienkreis schrieb Mann in sein Tagebuch: *Über die Schriftsteller Zweig, Ludwig, Feuchtwanger u. Remarque. Welchem die Palme der Minderwertigkeit zu reichen?* Marlene und Remarque passten aus seiner Sicht zusammen. Nach einem Lunch in den Studios der *Warner Brothers*, bei dem Thomas Mann mit beiden am Tisch saß, hält er seinen Eindruck mit wenigen Worten fest: *Remarque und die Dietrich, minderwertig.* Sein Bruder Heinrich war Remarque betreffend ähnlicher Meinung, er schrieb den Sensationserfolg des

Kollegen einem *dominierenden diffusen Publikumsgeschmack* zu. *Hotel Des Bains*, Lungomare Marconi 17, FON 041/526 59 21.
www.sheraton.com/desbains

Der *Lido*, heute für Venedig-Reisende mit seinem Autoverkehr erschreckend laut und banal, besaß in den 1930er Jahren noch das Erlesene, das auch Thomas Mann begeistert hatte. Dennoch, der Lido ist heute nach wie vor eine grüne Gegenwelt zum steinigen *centro storico* auf *San Marco*. Die zwölf Kilometer lange Landzunge, von der so viele Strände ihren Namen haben, wird zu Recht als Gartenstadt Venedigs bezeichnet: Palmen, Zypressen, Platanen, Bougainvillea und Hibisken in einer leichten Brise, das ist Urlaub für Kulturmüde. Der heutige *Palazzo del Cinema*, ganz in der Nähe des *Hotel Des Bains* 1952 erbaut, hat, auch wenn die Stars ihn bei den Filmfestspielen mit ihrem Glanz zu erhellen versuchen, nichts von der Grandezza des ursprünglichen Baus. Der Abriss dieses Gebäudes ist nun bereits beschlossene Sache. Wer hier noch so authentisch essen will, wie es zur Zeit von Dietrich & Remarque leicht möglich war, reserviere frühzeitig bei der *Trattoria Andri*, Via Lepanto 21, FON 041/52 65 482.

Die Bedeutung, die der *Palazzo Vendramin Calergi* dadurch bekommen hatte, dass Richard Wagner darin starb, hat wohl auch Karl Gustav Vollmoeller bewogen, ausgerechnet hier sein venezianisches Domizil aufzuschlagen. Der Stuttgarter, von Beruf Archäologe und Philologe, Dramatiker und Lyriker, Übersetzer und Drehbuchautor, Pilot und Rennfahrer, Flugzeugkonstrukteur und Pionier im Automobilbau wie im Stummfilm, Tonfilm und Sprechtheater, war bereits in jungen Jahren in Oberitalien unterwegs. 1902 schloss er sich hier zwei Automobilfabrikanten an. Nachdem er im Ersten Weltkrieg seine italienischen Wohnsitze in Florenz und Sorrent aufgeben musste, pachtete er 1919 den ganzen *Palazzo Vendramin Calergi*, wo er, wenn er nicht in Hollywood war, sein Leben verbrachte. *Palazzo Vendramin Calergi*, Cannaregio 2040, Campiello del Ponte Storto 2040.

Rainer Maria Rilke & Adelmina Romanelli
Die Kunst des Manövrierens

Es sind nur wenige, die das Geheimnis ergründen wollen. Die meisten liefern sich willig aus, ohne sich oder anderen Fragen zu stellen.

Sie hören den Ruf *Gondola, Gondola*, melodisch und melancholisch, folgen ihm, besteigen eines dieser schlanken, schwarz lackierten Boote und gleiten darin durch die Kanäle, schwerelos, lautlos, widerstandslos. Es interessiert sie nicht, wie der Mann, der im Heck steht und in Fahrtrichtung schaut, es bewältigt, die knapp elf Meter lange Gondel um die Ecken der Häuser und Paläste zu manövrieren, unter niedrigen Brücken hindurch. Es interessiert sie nicht, wie er mit dem Wellenschlag der Motorboote zurechtkommt, den Gondeln der Kollegen ausweicht, niemals die Balance verliert und mit einem einzigen Ruder das schmale Boot in völligem Gleichmaß zu bewegen vermag. Für diejenigen, die nur flüchtig hinschauen, wirken die Bewegungen des Gondoliere selbstverständlich. Ihnen fällt selten auf, dass die Gondel, einen Meter zweiundvierzig schmal, asymmetrisch gebaut ist, damit sie geradeaus fährt, obwohl der Mann im Heck nur auf einer Seite sein Ruder ins Wasser taucht, und sie könnten im Nachhinein kaum sagen, wie er dieses Ruder bewegt hat.

Diejenigen, die sich dem Zauber anheimgeben und nicht wissen wollen, welche Technik und wieviel Berechnung sich dahinter verbergen, sind in der Überzahl. Sie wollen sich ihre Illusionen bewahren und nicht ernüchtert werden.

Der einunddreißigjährige Rainer Maria Rilke, der am 19. November 1907 in Venedig ankommt, steht den Gondoliere vor

Ort in nichts nach. Er gleitet durchs Leben ohne anzuecken, vermeidet Kollisionen, indem er gekonnt ausweicht, er kommt überall durch, egal, wie eng oder heikel es ausschaut. Er wahrt sein labiles Gleichgewicht, weil er über die geeigneten Methoden verfügt. Rilke ist ein Meister des Manövrierens. Diesem Talent verdankt er es, dass er weit über seinen Verhältnissen reisen, leben, residieren kann, dass er aufbrechen kann, wann und wohin er will und mit wem er will, dass er von ehemaligen Geliebten noch immer geliebt wird, Mäzene und Mäzeninnen findet, die ihm helfen, über die Runden zu kommen.

Finanziell völlig abgebrannt, hat es ihn diesen Spätherbst mit aller Macht nach Venedig gezogen, in die Stadt, die ihm mehr bedeutet als alle anderen Städte Italiens. Vor zehn Jahren, 1897, war Rilke zum ersten Mal nach Venedig gereist, nur für ein Wochenende, seither ist er dieser Stadt verfallen. Sämtliche Bekannten in Paris hat er nun abgeklappert, um an eine Bleibe zu kommen, die seinen Ansprüchen gerecht wird. Schließlich war er an Piero Romanelli geraten, einen Kunsthändler, der aus Venedig stammt. Rilke hat ihn auf dem *Salon d'Automne* kennengelernt. Seine beiden Schwestern bewohnen ein Haus direkt an den *Fondamenta Zattere* im *Sestiere Dorsoduro*. Keine vornehme Gegend, aber für Kulturreisende gut gelegen, unweit der *Accademia*; außerdem sind die Übernachtungen dort preisgünstiger als in den Häusern rund um *San Marco*, weshalb auch der Baedeker sie empfiehlt.

Rilkes Talent zum Manövrieren hat sich im Vorhinein bereits darin gezeigt, wie er, der vermeintlich weltferne Dichter, es geschafft hat, einen Sonderpreis in der Pension Romanelli aushandeln zu lassen, obwohl Anna und Adelmina Romanelli ohnehin dafür bekannt sind, für sehr wenig Geld zum gepflegten Logis auch noch gute Kost zu bieten.

Als Rilke am Dienstagvormittag den Hauptbahnhof, die *Stazione di Santa Lucia* verlässt, ist er erschöpft. Er hat in Paris den Nachtzug genommen, ein komfortables Schlafwagenabteil hatte er sich jedoch nicht leisten können. Die Fahrt über den *Canal*

Grande aber lässt ihn wie jeden Reisenden die Strapazen der Anfahrt vergessen.

Er ist dem entkommen, was er hasst: in anderer Menschen Sorgen und Seelennöte hineingezogen zu werden. Seine Reise nach Venedig in diesem Spätherbst ist eine Flucht aus Paris und vor den Schwierigkeiten dort, die ihn in den letzten Monaten zunehmend bedrängten. Dass sie mit seiner eigenen Vergangenheit und seinen eigenen Fehlentscheidungen zu tun haben, hat das Ganze erschwert.

Die Malerin Paula Modersohn-Becker war einst die engste Verbündete von Clara Westhoff, die später Rilkes Frau wurde. Vor einem Jahr ist sie von Worpswede nach Paris geflüchtet, um der Enge und ihrem Mann zu entkommen. Der versteht weder sie noch ihre Bilder. In Paris hat Paula sich von einem, dem sie nie zuvor begegnet war, schwängern lassen, denn sie wollte unbedingt ein Kind. Wohl nur deshalb hatte sie Otto Modersohn geheiratet. Aber der ist impotent. Rilke hatte sich Paula in Paris vom Hals zu halten gewusst. Seit er im April 1901 überstürzt die drei Jahre jüngere Clara Westhoff geheiratet hat, eine Bildhauerin mit kräftigen Händen, herb und nordisch, die dem zartgebauten Rilke, für alles Südländische schwärmend, gar nicht liegt, hat die Freundschaft zwischen den beiden Frauen einen Riss bekommen. Dieser Riss ist stetig gewachsen, längst scheint er unüberbrückbar. Ausgesprochen haben Clara und Paula sich nie, Rilke und Paula ebenso wenig. Hatte er Clara geheiratet, weil sie schon schwanger war? Oder weil Paula ihn abwies? Geschwärmt hatte auch sie einmal für den Dichter, der Poesie und Hoffnung ins karge Worpswede zu den beiden weißgekleideten Mädchen brachte, die inmitten der Moore von einer helleren Welt träumten. Bewunderungstrunken war Paula nie gewesen. Alles verzeihend wie Clara war sie ebenfalls nie. Als Rilke ihr wehtat, hatte Paula aufgeschrieen. *Und ich glaube auch, dass keine Macht der Welt Ihnen die Erlaubnis gibt, dies Herz zu treten.* Schmerzensschreie setzen Rilkes Nerven zu, er ist deshalb abgetaucht mitten in Paris. Paula ist hier jedoch auch ohne ihn aufgeblüht, hat Cézanne, Rodin und andere Künstler kennengelernt, die wie sie Konventionen missachten, hat sich verstanden und zuhause gefühlt. Doch im letzten Oktober bereits war Otto Modersohn angereist, hatte sich direkt neben Paula eingemietet, entschlossen, nicht ohne seine Frau den Heimweg anzutreten. An Ostern 1907 wollte er mit ihr im Zug gen Norden sitzen. Mehr der Ehre als der Liebe wegen?

Rilke war bewusst, dass sich Paula von ihm, dem verlorenen Freund, nun wenigstens Rückendeckung erwartet hatte. Er musste sie doch verstehen. Er, dessen Ehe mit Clara Westhoff erst sechseinhalb Jahre alt ist, der aber bereits im Jahr nach der Hochzeit nach Paris übersiedelt war. Er, dessen Frau im fernen Westerwede sitzt, der weder von ihr noch von der Tochter behindert werden will in der Freiheit des Schaffens. Er musste nachempfinden können, welcher Albtraum für Paula die erzwungene Rückkehr war, dass sie befürchtete, in Modersohns Nähe zu ersticken.

Doch Rilke ist ein Meister des Manövrierens, auch darin, sich jeder Verantwortung zu entziehen.

Noch bevor er im späten Herbst dieses Jahres 1907 nach Venedig aufbricht, hat er am 6. November ein Telegramm nach Worpswede geschickt, nicht an Paula, sondern an Otto, in dem er zum neugeborenen Kind gratuliert. Hat er damit zeigen wollen, dass er sich an keinerlei Versprechen Paula gegenüber gebunden sieht?

Fühlt er sich deshalb so wohl in Venedig, weil das eine Stadt der sichtbaren Unverbindlichkeit ist?

Nur drei Brücken führen über den langen *Canal Grande*, der *Ponte degli Scalzi* am Hauptbahnhof, der *Rialto* in der Mitte und der *Ponte dell'Accademia* gegen Ende des Kanals. Die Fremden finden, das erschwere ein Dasein in Venedig, die Einheimischen finden das nicht, denn sie schätzen das Unverbindliche und scheuen es, einander wirklich nahe zu kommen.

Nicht weit von der *Accademia*-Brücke betritt Rilke den *Dorsoduro* und wandert nach Süden, hinüber zu der *Fondamenta delle Zattere Ponte Lungo*, wo sich das Haus der *Sorelle* Romanelli befindet. Der kürzeste Weg dorthin führt über den *Campo San Trovaso,* vorbei an der Bootswerft, dem *Squero San Trovaso,* und dann hinaus auf die *Zattere,* deren Zusatzbezeichnungen von Westen nach Osten mehrfach wechseln. Seinen Namen hat der befestigte Uferkai am *Canale della Giudecca* von den Flößen, den *Zattere*; lange nutzten die Venezianer ihn als Hauptanlegestelle für die Lieferanten von Holz, Holz unterschiedlichster Herkunft, mit dem auf den Werften Schiffe und Gondeln gebaut wurden.

Elegant oder gar mondän ist er nicht, dieser breite Kai, doch wer ein anderes Venedig sucht als jenes der Postkarten und Veduten, findet es hier. Die baumbestandene Uferstraße führt zum Handelshafen, die Geräusche der Boote sind Tag und Nacht zu vernehmen. Der Blick geht hinüber zu den Gärten der Giudecca und der Spaziergang gen Osten, zur Spitze des *Dorsoduro,* seines Bodens wegen als *harter Rücken* bezeichnet. Dort endet er beim langgestreckten Bau der *Dogana da Mar,* dem Hauptzollamt, mit seiner noch im Novemberdunst leuchtenden goldenen Kugel. All dies besitzt einen Reiz, dem Rilke sich kaum entziehen kann. Verachtet er doch die Touristen, die hastig nur die üblichen Attraktionen absolvieren und die leisen Schönheiten dazwischen übersehen.

Das Haus der Romanelli-Schwestern ist wie die meisten Häuser in dieser Ecke bescheiden. Drei niedrige Etagen hat es, das Erdgeschoss ist mit Marmor verkleidet, im zweiten Stock hängen kleine Schmiedeeisenbalkone vor den Fenstertüren. Sonst aber ist die Fassade schmucklos und blau gestrichen. Am Kai vor dem Haus haben Passagierdampfer festgemacht, am Ufer der Giudecca gegenüber ragt ein mächtiger Zweckbau auf, aus Ziegeln errichtet, eine Architektur, wie sie im *centro storico* nirgendwo zu finden ist.

Eine Magd öffnet. Sie führt Rilke in den ersten Stock. Kleine Zimmer, angefüllt mit antiken Möbeln und Gemälden; vor allem venezianische Meister. Die beiden Schwestern können nicht verheimlichen, dass der Anblick Rilkes sie überrascht. Es ist nicht sein Aussehen, es ist sein Geschlecht. Rainer ist ein Vorname, der Italienern wenig sagt. Aber Maria heißen hier nur Frauen.

Trotzdem darf er bleiben. Und er bleibt gerne. Sie servieren ihm ein Abendessen nach seinem Geschmack, rein vegetarisch, denn Rilke meint, das versetze ihn in einen geläuterten Zustand, dazu anregende Unterhaltung auf Französisch und nach dem Essen Hausmusik. Nichts Dilettantisches: Mimi Romanelli hat bei Ferruccio Busoni studiert. Aber sie könnte auch klimpern wie ein Barpianist, es wäre dennoch Sirenengesang für den Gast. Mimi Romanelli ist das Gegenstück zu Clara Rilke. Das Haar braunschwarz und üppig, die Augen groß und dunkel, der Mund voll, die Haut des Gesichts, der Schultern, der Arme weiß leuchtend. Eine Erscheinung von vollendetem Ebenmaß. Wenn sie am Klavier sitzt, erblickt Rilke eines jener Bilder, für die er Venedig liebt: die Madonnenbildnisse der einheimischen Künstler, die nicht nur ihn auf unheilige Gedanken bringen. Rilke verfolgt die Madonnen in ganz Venedig, in der *Accademia* und dem *Museo Correr*, auf den Altarblättern der Kirchen und auf Deckenfresken. Ein Mann braucht kein Dichter zu sein, um diesen Schönheiten zu erliegen, die ihren Vorbildern im venezianischen Alltag ähneln und sich in den jungen Frauen der *Serenissima* spiegeln, in einer wie Mimi Romanelli. Kein Wunder, dass Rilkes Kollege D'Annunzio, ein Madonnenanbeter auch er, sich um diese Madonna aus Fleisch und Blut bemüht, angeblich bislang ohne Erfolg.

Gut, dieser D'Annunzio sieht nicht gewinnend aus. Und Rilke?

Sein Hals ist dürr, die Schultern hängen, die Augäpfel stehen vor, der Schädel fällt hinten flach ab, die Haut ist unrein und grau, das Kinn fliehend, die Nase, weil er oft verschnupft ist, geschwollen. Doch er ist ein Gondoliere, er beherrscht die Kunst, Menschen mit jener Illusion zu beschenken, die sie sich wünschen. Mit Anfang dreißig versteht er es längst, sich selbst zu inszenieren, wie nur wenige Dichterkollegen. Manches an diesen Ritualen hat er selbst erdacht, vieles von einem Mann gelernt, der ihn nicht in die Schar seiner Jünger aufnahm, von Stefan George. Auch im Hause der Romanelli-Schwestern macht Rilke jede Lesung aus seinen Gedichten zur Weihestunde und sich selbst zum Priester höherer Glückseligkeiten. Er verfügt wie ein Gondoliere über technische Kenntnisse und arrangiert den Auftritt von der Kerzenbeleuchtung bis zu der Bewegung, mit der er seine Handschuhe ablegt, perfekt. Es ist nicht nur der Ausdruck seiner tiefblauen Augen, der Mimi Romanelli betört. Rilke weiß, dass eine Frau nichts stärker verführt, als von einem Künstler dem Alltag enthoben zu werden. Ob er sie porträtiert, in einem Gedicht, seinem Roman verewigt oder ihr Briefe schreibt, in der er ihre Bedeutung für ihn beschwört: Er ermöglicht es ihr, an etwas Größerem teilzuhaben. Eben das beschwichtigt die Angst vor Endlichkeit und Bedeutungslosigkeit, von der gerade schöne Frauen gepeinigt werden, wenn sie spüren, dass der Zenit ihrer Schönheit bald überschritten sein wird.

Ich bin voll Erwartung, schreibt Rilke aus dem Haus der Romanellischwestern an seine Frau Clara, mit der er vor vier Jahren zum ersten und letzten Mal gemeinsam Venedig besucht hatte. Ob Clara ahnt, welcher Art diese Erwartung ist?

Am Mittwoch, dem 20. November, stirbt in Worpswede Paula Modersohn-Becker an einer Embolie. Noch weiß Rilke davon nichts. Am Donnerstag, dem 21. November, bedenkt Mimi den Gast mit einem Porträt von sich. Weitere vier Tage später gesteht Rilke ihr: *Ich erfahre Ihre Schönheit wie ein Kind, dem man eine schöne Geschichte erzählt.* Das rührt sie offenbar mehr als D'Annunzios Draufgängertum. Ein Kind braucht sie. Rilke als Meister des Manövrierens weiß, dass es Frauen zärtlich stimmt, wenn ein Mann seine Hilfsbedürftigkeit zu erkennen gibt. Auch das ist durchaus venezianisch; Venedig wird zu Rilkes Zeit bereits umso mehr geliebt, als dauernd sein baldiger Untergang angekündigt wird. *Rette mich,* stöhnt die Stadt. Ein Seufzer, der sie noch begehrenswerter macht.

Es ist kein Hindernis, es ist ein Vorteil, dass Rilke hier, wo die Restaurantbesitzer stolz sind auf ihre Gerichte aus Fisch-

und Meeresfrüchten, zugibt, sich vor Fisch und Meeresfrüchten zu ekeln und lieber Gemüse aus der Konserve zu sich nimmt.

Mimi Romanelli verrät ihm, dass in den Grand Hotels leichter gekocht wird als in den alten Osterien; dort erstaune es das Personal auch nicht, wenn ein Gast wie Rilke den Wein ablehnt und Wasser oder Tee trinken möchte. Mimi geleitet ihn durch das spätherbstliche Venedig. Mimi zeigt ihm vor allem ihre Gegend, in der Fischer, Zimmerleute, Schreiner, Werftarbeiter, Netzeflicker und Drechsler wohnen, dazwischen ein paar Maler und Komponisten. Mimi führt Rilke Venedig von der Rückseite vor und gewährt ihm Einblick in die Machanismen, die Venedig in Gang halten. Das genau sucht er.

Rilke ist kein Dichter des Diffusen. Er arbeitet präzise, wenn er neue Räume im Innern seiner Sprache errichtet. Wer Illusionen erliegen will, muss Details übersehen, wer sie heraufbeschwören will, hat sie zu kennen. Ob es um ein Gemälde von Tintoretto oder um den Bau einer Gondel geht: Rilke schaut aufmerksam hin. Ihn muss es interessieren, wie hinter dem Haus der Romanelli-Schwestern auf der Werft von *San Trovaso* eine Gondel gebaut wird, wie sie zusammengesetzt wird aus 224 Einzelteilen, die aus mindestens acht verschiedenen Holzarten gefertigt sind; Eiche, Kirsche und Nussbaum sind obligat. Erst Jahre später wird Rilke seine Bewunderung für die Meisterschaft der Gondelbauer und der Gondoliere formulieren, in diesem Herbst des Jahres 1907 aber kommt er in Berührung mit ihrer Technik. Er gehört zu den wenigen, die der Funktionsweise des Geheimnisvollen auf den Grund gehen wollen. Rilke ist ein Venedig-Tourist, der unermüdlich nach dem Unbekannten sucht. Selbst die kleinsten Privatsammlungen, die verborgenen Paläste der Stadt kennt er, auch den *Ghetto*, an dem das Gros der Touristen vorbeispaziert, dem er jedoch schon eine kleine Erzählung gewidmet hat. Mimi Romanelli aber kann sogar ihm neue Welten eröffnen. Sie kann ihm den befremdlichen Bau am Ufer gegenüber erklären, bei den Venezianern *Mulino Stucky* genannt, eine Kornmühle mit angebauter Nudelfabrik, 1885 von einem Schweizer für seinen Sohn errichtet und vor gut zehn Jahren nach einem Brand erweitert. Sie führt ihn auf die Erberia am *Rialto*, wo Rilke sich in die Idee hineinsteigert, es sei durchaus ein Beruf für ihn, jeden Tag Früchte kunstvoll zu dekorieren, wie es die Markthändler können. Stundenlang fährt Mimi mit Rilke in der Gondel durch stille Kanäle.

Diese Madonna verdient Anbetung. Rilke kniet sich auf den Boden des Bootes und erklärt ihr seine Liebe.

Mimi Romanelli wird das niemals vergessen und später bereitwillig erzählen.

Bis dahin hat Adelmina Romanelli alles richtig gemacht, nun begeht sie einen Fehler: sie entflammt. Noch schlimmer: sie gibt zu, entflammt zu sein. Leidenschaft fürchtet Rilke. Er hat Mimi doch gesagt, dass er sie aus der Perspektive eines Kindes bewundert. Ein Kind sucht eine mütterliche Geliebte, die ihm die Richtung weist und ihm Wärme schenkt, keine, die ihn verwirrt und mit ihrer Glut versengt. Er sucht die Mütterliche umso mehr, als die vierzehn Jahre ältere Lou Andreas-Salomé, die ihn mit zweiundzwanzig in die Liebe einwies, die ihm den Namen Rainer gab, die ihn täglich eine bessere Handschrift trainieren und seinen Weg als Lyriker suchen hieß, ihn aus ihrer intimen Nähe verstoßen hat. Im letzten Jahr ist Rilkes Vater gestorben, den Phia, seine Ehefrau als Versager ins Abseits verbannt hatte. Nun hat Rilke nur noch diese Mutter, die im Frost ihres Ehrgeizes erstarrt, eine Mutter, die nie eine war.

Mimi kann all das nicht wissen. Könnte sie es spüren?

Sie macht ihren Besucher mit einer anderen leidenschaftlichen Frau bekannt, die in derselben Pfarrei um *San Trovaso* wie die Schwestern Romanelli lebt, mit einer Dichterin, die das Handwerk der Liebe gelernt und damit ihren Lebensunterhalt verdient hat.

Mimi Romanelli kennt die Gedichte dieser Gaspara Stampa, nicht allein deswegen, weil sie aus der direkten Nachbarschaft stammt: Gaspara ist eine Seelenverwandte. *Ardo – Ich brenne*, heißt die Kurzformel ihres Empfindens, die in den Sonetten und Madrigalen, Kanzonen und *Capitoli* ständig wiederkehrt. Wie Mimi war auch Gaspara von den Eltern eigentlich zur *vir-*

tuosa bestimmt, zur Berufsmusikerin, führte ihre Talente dann aber nur in privaten Zirkeln vor. Gelebt hat sie allerdings radikaler als die Nachbarin Mimi. Das ist nachzulesen. Es ist bekannt, dass die *Rime d'amore* der Gaspara Stampa Protokolle ihres Liebeslebens sind. Ein Aufbegehren gegen die Gleichgültigkeit und gegen das, was ein venezianischer Mann von seiner Frau erwartet: *Che la piasa, che la tasa e che staga* – dass sie gefällt, dass sie schweigt, dass sie im Haus bleibt. Mimi Romanelli hat sich daran bisher weitgehend gehalten, Gaspara Stampa hatte das nie getan.

Mit fünfundzwanzig hatte sie sich kurz vor Weihnachten im Haus des Domenico Venier verliebt in einen Mann, so jung wie sie, so schön wie sie, in den Grafen Collaltino di Collalto. Von Anfang an war ihr bewusst, dass die Liebe zu dem Grafen nicht standesgemäß war, ohne jede Aussicht, zu einem legalen Verhältnis zu gedeihen, denn Gaspara hatte weder Adel noch Geld zu bieten. Mit sieben Jahren schon hatte sie ihren Vater verloren. Nur durch ihr Charisma, ihre Bildung, ihr virtuoses Lautenspiel und ihre Stimme, die Gerolamo Parabesco, der Organist von *San Marco*, die eines Engels nannte, war sie zum Mittelpunkt eines elitären Zirkels geworden. Zu einer, die man *la divina* nannte, die Göttliche. Aber nicht einmal die Gefahr, mit dieser Affäre ihren Ruf zu ruinieren und der Leichtfertigkeit bezichtigt zu werden, hatte Gaspara daran gehindert, sich dem Grafen ganz hinzugeben. Es kümmerte sie nicht, dass andere es gotteslästerlich finden könnten, wenn sie ihren Liebsten mit Christus verglich. Als Collaltino nach Frankreich aufbrach, entlud sich Gasparas Trennungsschmerz in Gedichten, die keinen Hehl daraus machten, dass sie vor Begierde glühte. Auf ihre *Rime d'amore*, die sie dem Geliebten mit einem Begleitschreiben zusandte, reagierte er nicht. Zurückgekehrt nach Venedig gab Collalto zu erkennen, dass er andere Interessen und Damen verfolgte. Gasparas Gesundheit wurde schwächer, ihre Worte erstarkten dabei. Sie litt und sie stand dazu. *Gebt mir mein Herz zurück, erbarmungsloser Tyrann*, forderte sie von dem Ungetreuen. Schließlich hatte sie einen Nervenzusammenbruch erlitten, die

Kraft zur Loslösung gefunden, die Beziehung zu Collalto entschlossen beendet und sich, nach einer kurzen frommen Besinnungspause, mit Andrea Viscardo getröstet, jünger als sie, danach mit Bartolomeo Zen.

Ist es die Risikobereitschaft dieser Dichterin, die Mimi Romanelli ermutigt, Rilke zu zeigen, dass sie für ihn brennt? Ist es das Beispiel der Gaspara Stampa, das sie alle Zurückhaltung vergessen lässt?

Von Rilke ist bekannt, dass er und Gabriele D'Annunzio, nicht nur was Mimi Romanelli angeht, denselben Geschmack haben. Auch D'Annunzio schwärmt für die Dichterin vom *Campo San Trovaso*, die er als eine Mischung aus Frost und Glut bezeichnet. Auch er hält Gaspara Stampa für eine große Liebhaberin und hat diese Bewunderung in seinem Roman *Il Fuoco – Das Feuer* ausgebreitet, ein Erfolgsroman, den Rilke kennt. Auch er fängt Feuer für diese Frau.

Rilke wendet sich Gaspara zu und von Mimi ab. Die Stampa, nicht die Romanelli, wird in den Roman eingehen, an dem er seit drei Jahren schreibt, *Die Aufzeichnungen des Malte Laurids Brigge*, Aufzeichnungen eines Mannes, der liebend nicht lieben kann. Sie, die Dichterin, nicht die Pianistin, wird er darin feiern als *Große Liebende*. Gaspara, nicht Adelmina wird genannt in der ersten seiner *Duineser Elegien*, denn sie verfügt über einen entscheidenden Vorteil: sie kann ihm nicht zu nahe kommen. Sie ist tot. Begraben liegt sie in *San Trovaso*. Am 23. April 1554 war Gaspara Stampa mit nur einunddreißig Jahren gestorben. Als Todesursache nennt der Nekrolog *mal de mare* und *mal colico*, vage Bezeichnungen für Frauenleiden und Unterleibsschmerzen, die freilich Vergiftungssymptome mit einbeziehen können. Die Nachwelt gefiel sich darin, Gaspara zum Opfer eines Giftmords zu stilisieren und die Behauptung zu verbreiten, die Familie Collalto habe sie aus dem Weg räumen wollen. Man übertönte mit solchen Spekulationen das Eigentliche – Gasparas Sonette, das Tagebuch einer leidenschaftlichen Liebe zu einem unerreichbaren Mann.

Mimi Romanelli gegenüber verhält sich Rilke wie der Graf Collalto Gaspara Stampa gegenüber. Ihn ängstigt die Leidenschaftlichkeit, ihn verschreckt die Bereitschaft, der Liebe alles zu opfern. Wie Collalto vor der glühenden Gaspara ergreift Rilke die Flucht vor der glühenden Adelmina. Zehn Tage nachdem er das Haus an den *Zattere* zum ersten Mal betreten hat, verlässt er es. Nicht etwa, um nach Paris zu fahren. Er bricht auf zu Clara, seiner Frau, nach Westerwede in die Heide, wo es um diese Jahreszeit trostlos ist, umso mehr, als der Tod von Paula Modersohn-Becker die Stimmung verdunkelt.

Auf dem Weg zum Bahnhof am frühen Morgen des letzten Novembertages stößt der Gondoliere wie gewohnt, als er in einen anderen Kanal einbiegt, einen Ruf aus, der auf einen Gegenruf wartet. Rilke kennt diese Dialoge, unverständlich für Fremde, aber beruhigend. Ein Echolot im Labyrinth. Doch keiner antwortet dem Fährmann. Rilke wird es nicht vergessen, dass dieser Ruf, was er noch nie erlebt hatte, *unbeantwortet verhallte wie im Angesicht des Todes.*

Es ist etwas gestorben und Rilke scheut sich, dem ins Gesicht zu sehen: seine Leidenschaft für Mimi Romanelli. Es fällt ihm wohl weniger schwer, sich von dieser Frau zu verabschieden, als von der Vision einer Liebe, die so vollendet schön zu Venedig passt. Noch will er sie nicht ganz aufgeben. Von unterwegs schreibt er am 1. Dezember einen Brief an Mimi, der das Vergangene beschwört. *Mein Wort fährt fort, Sie kniend zu betrachten. Ich liebe Sie.*

Das Wort fährt fort, sie zu betrachten, nicht er. Mimi versteht das offenbar falsch. Sie hört nicht auf, ihn mit Bekenntnissen ihrer Liebe zu bedenken. Rilke hört nicht auf, ihr seinen Abstand deutlich zu machen. *Meine Frau ist eins mit mir im Bewundern, wir verbringen Stunden vor Ihrem schönen Porträt,* behauptet er. Clara Rilke weiß davon nichts. Mimi hat ihre Schuldigkeit getan: von seiner Frau nach einer Grippe gesund gepflegt, ist Rilke im Frühling und Sommer des folgenden Jahres so produktiv wie schon lange nicht mehr. Ein Venedig-Gedicht nach dem anderen entsteht, nicht in Venedig, sondern fern von

Mimi, in Paris und auf Capri. Ob Rilke den Dogen besingt, einen Morgen in Venedig oder eines der Gemälde, die ihn bannen: die Gedichte gelingen ihm meisterlich in jenem hohen Ton, mit dem er wie fast jede Frau auch Mimi für sich gewann. Auf dieser Italienreise nach Capri im Jahr 1908 hat er einen weiten Bogen um den Ort der Bedrängnis gemacht, um das Haus an den *Zattere*, um Mimi. Dass sie auf seinen Vorschlag, mit ihm einmal gemeinsam die *Rime d'amore* der Stampa zu lesen, nicht eingegangen ist, kann er nicht verstehen. Sie beide waren ihm Inspiration, das muss doch genügen.

1910 weilt Rilke im Mai erneut in Venedig und schickt an Mimi Romanelli einen Brief durch die Stadt. Auch im Frühling 1911 stillt er seine Sucht nach Venedig, wohnt im *Grand Hotel Luna* bei *San Marco*, zehn, fünfzehn Minuten Fußweg von dem Haus der Romanelli entfernt, und lässt Mimi das wissen.

Sie muss doch endlich verstanden haben, wie eine Frau mit ihm umzugehen hat. Gaspara hat es vorgelebt, hat ihren Grafen losgelassen und doch weiterhin aus der Ferne angebetet. In der ersten *Duineser Elegie* hat Rilke bekundet, was für ihn an dieser Stampa bewundernswert ist, nachahmenswert für andere Frauen.

… Hast Du der Gaspara Stampa
denn genügend gedacht, dass irgend ein Mädchen,
dem der Geliebte entging, am gesteigerten Beispiel
dieser Liebenden fühlt: dass ich würde wie sie?
Sollten nicht endlich uns diese ältesten Schmerzen
fruchtbarer werden? Ist es nicht Zeit, dass wir liebend
uns vom Geliebten befrein und es bebend bestehn:
Wie der Pfeil die Sehne besteht, um gesammelt im Absprung
mehr *zu sein als er selbst. Denn Bleiben ist nirgends.*

Viereinhalb Jahre nach der ersten Begegnung mit Mimi Romanelli, Mitte Mai 1912, mietet Rilke sich jedoch wieder an den *Zattere* ein. Er steckt in einer Schaffenskrise, die Arbeit an den Elegien stagniert, der *Malte* ist vollendet, Rilke innerlich leer. Er braucht Anregung, also Anbetung. Das Haus, in dem er ein möbliertes Zimmer nimmt, ist aber nicht das der Romanelli-

Schwestern, es liegt weiter östlich am Kai, nahe dem *Ponte Calcina*, und verfügt weder über willige Schönheiten noch über Charme. Rilkes Versuche, es sich schön zu reden, bleiben erfolglos.

Ein Glück, dass es in Venedig eine neue Freundin gibt, 1909 hat Rilke sie in Paris kennengelernt. Auch sie war anfangs abgestoßen von Rilkes Äußerem, ihm dann jedoch so rasch verfallen wie Mimi Romanelli. Der erste Vorteil der neuen Freundin: sie hat eine mütterliche Natur. Der zweite: sie ist vermögend, eine der reichsten Frauen Österreichs. Dass die Fürstin Marie von Thurn und Taxis-Hohenlohe aus einer der ältesten Adelsfamilien Österreichs stammt, macht sie noch attraktiver, denn von der verhassten Mutter hat Rilke vieles übernommen, die Kultivierung eines mondänen Kleidungsstils ebenso wie die Vorliebe für Aristokraten und die Begabung, sich ohne jegliches schlechte Gewissen aushalten zu lassen. Wochenlang hat er in diesem Jahr bereits auf dem Besitz der Fürstin im Friaul, dem Schloss Duino, an seinen Elegien gearbeitet und das Personal genervt mit seinen Sonderwünschen. Nun hat die Fürstin ihm das *Mezzanin*, ihr venezianisches Domizil angeboten. Rilke kennt es bereits, aber er lehnt ab. Die Angst vor Nähe kann der Grund nicht sein, die Fürstin ist nicht vor Ort. Befürchtet er, sie könnte sich benutzt fühlen?

Rilke versucht, der Erbärmlichkeit seines Quartiers zu entkommen, doch es hilft nichts, in Kirchen und Museen zu fliehen: Rilkes Ansprüche an Ästhetik beugen sich der Wirklichkeit ungern. Nach zwei Wochen des Zögerns nimmt er das Angebot der Fürstin an und lässt seine Sachen in ihre Wohnung im *Palazzo Valmarana à San Vio* mit Blick auf den *Palazzo Corner* und auf *Santa Maria della Salute* bringen.

Flieht er die Nachbarschaft zu den Romanelli-Schwestern? Fürchtet er, Mimi unversehens über den Weg zu laufen?

Wohl kaum. Denn der Palazzo, in dem die Fürstin ihre venezianische Residenz eingerichtet hat, liegt ebenfalls im *Sestiere Dorsoduro*, unweit der *Zattere*.

Das wegen seiner halben Geschosshöhe so genannte *Mezza-*

nin ist niedrig, aber schön in den Proportionen und erlesen in der Einrichtung. Am 1. Juni zieht Rilke ein. Er benimmt sich sofort, als wäre er zu Hause, benutzt Silberschalen aus dem Service, um Rosen in sie zu betten, stellt Möbel um, baut sich einen Arbeitsplatz mit ausreichend Fläche und spannt Gigia, die Hausangestellte der Fürstin, für seine Umräumaktionen ein.

Rilke gibt unumwunden zu, wie wohl er sich hier fühlt, inmitten der Aquarelle, Pastelle, Stiche, die meisten mit venezianischen Motiven oder von venezianischen Meistern, dem antiken Mobiliar, auch das großenteils venezianisch, den sechzig in weißes Leder gebundenen Büchern mit italienischer Literatur vom späten 18. Jahrhundert, aus der Zeit, als die Republik Venedig ihrem Ende entgegentaumelte. Die österreichische Fürstin wurde noch im österreichischen Venedig geboren und sammelt mit Inbrunst alles, worin oder worauf die Stadt zu erkennen ist.

Eines jedoch fehlt der Sammlung: Veduten von Michele Marieschi, einem Zeitgenossen der berühmteren Maler-Kollegen Canaletto und Bellotto. Unter Kennern sind seine Gemälde gesucht wegen ihrer Bühnenhaftigkeit. Marieschis Ansichten von den Sehenswürdigkeiten der *Serenissima* sind nicht nüchtern realistisch, sie sind theatralisch stimmungsvoll.

Rilke weiß, wo Veduten von Marieschi zu haben sind: In den Salons der Schwestern Romanelli hängen einige. Dass die Schwestern Geld brauchen, weiß er auch. Was die Bilder wert sind, dürfte Nana und Mimi bekannt sein, ihr Bruder Piero, der Kunsthändler, über den Rilke die beiden kennengelernt hatte, macht in Paris gerade mit venezianischer Malerei gute Geschäfte. 17 000 Francs hat Piero im Namen der Schwestern gefordert.

Zu viel, lässt Rilke, der sich aus freien Stücken als Agent verdingt, die Fürstin wissen. 15 000 seien mehr als genug. Außenstehenden erscheint es kaum nachvollziehbar, dass er der Fürstin, einer immens vermögenden Frau, Geld sparen will auf Kosten der schlecht gestellten Schwestern, zumal er in Mimis Schuld steht. Doch er möchte sich wohl bei der Fürstin erkenntlich zeigen für die Gastfreundschaft, in der seine beiden

ersten *Duineser Elegien* entstanden sind, auch für die Gastfreundschaft im *Palazzo Valmarana* und das kann er nun, indem er den
Preis für die Gemälde in ihrem Sinne aushandelt. Mit Argumenten wird er den Preis schwerlich drücken können, denn
Piero ist Experte, doch ein Meister des Manövrierens weiß, wie
er Hindernisse umgeht und elegant zum Ziel kommt.

Rilke wärmt Mimis Gefühle wieder auf. Sie lebt wie eine
Nonne in der Bruderschaft des heiligen Rainer Maria, allein-
stehend, keusch, im Geiste mit ihm, dem Retter, vermählt, der
immer wieder errettet werden muss. Er hat in den letzten Jahren
seine Technik verfeinert, hat Frauen unterschiedlichsten Alters
und unterschiedlichster Herkunft zu seinen Geliebten gemacht:
eine neue Ersatzmutter ebenso wie eine Ersatztochter, eine intellektuelle Salonlöwin ebenso wie eine kindliche Fabrikarbei-
terin, und ist sie gekonnt wieder losgeworden. Auch ein Gondoliere braucht, bis er souverän ist, nach der Ausbildung noch
Jahre der Erfahrung. Wendigkeit ist keine Hexerei, sie erfordert
nur Übung darin, rasch zu reagieren und die Kunst, das Ruder
nie zu tief einzutauchen. Ein Gondoliere weiß, wann er in die
Knie gehen muss und wann er aufrecht stehen kann. Rilke ist
nun siebenunddreißig. Er beherrscht die Finessen.

Denn Bleiben ist nirgends.

Piero, Nana und Mimi Romanelli zeigen sich verhandlungs-
bereit und schlagen vor, sich in der Mitte zu treffen. Dort aber
stünde Rilke nicht als Sieger da, der sich um die Interessen der
Fürstin verdient gemacht hat.

Die Gondoliere bewegen ihr Ruder in einer Schleife, deren
Anfang und Ende nicht auszumachen ist, eine Figur ohne Kanten, die sich der genauen Beschreibung entzieht.

Rilke verspricht und verheißt, ohne sich festzulegen.

Die Bilder des Michele Marieschi gehen für 15 000 Francs
an die Fürstin. Bevor Mimi Romanelli Rilke nötigen konnte,
etwas von seinen Versprechungen einzulösen, reist er ab.

Längst ist er unterwegs zu neuen Ufern. Längst hat er in Venedig ein Zuhause, für das er nicht mit Nähe bezahlen muss.
Marie von Thurn und Taxis-Hohenlohe ist eine Dame, die ver-

gessen kann, dass sie eine Frau ist. Hier muss er sich nicht mit Potenzschwäche herausreden, Ausflüchte werden ihm erspart. Die Fürstin fühlt sich von dem allwissenden Seraphen, der an der Spitze der lyrischen Engelschöre steht und den sie *Dottore Serafico* nennt, ausreichend beschenkt, wenn er ihr bekundet, sie habe Anteil am Gedeihen seines Werkes. Sie lässt ihn ziehen, Mimi hingegen will ihn noch immer nicht loslassen.

Einem Mann, der ihr nach wie vor Briefe schreibt in singenden Sätzen, dem kann sie doch nicht gleichgültig sein.

Da wird Rilke deutlich.

Ich bitte alle diejenigen, erklärt er Mimi Romanelli schriftlich, *die mich lieb haben, doch auch meine Einsamkeit lieb zu haben, weil ich mich andernfalls selbst vor ihren Augen und Händen verbergen müsste wie ein wildes Tier vor den Feinden, die ihm nachstellen.*

Er braucht Mimi Romanelli nicht, er braucht nur immer wieder eine wie sie. Unverzichtbar ist sie für Rilke nicht.

Jeder aufmerksame Beobachter kann herausfinden, was für einen Gondoliere unverzichtbar ist. Verlässt er sein Boot, nimmt er eines immer mit: ein schweres Gebilde aus Nußbaumholz. Denn all seine Kunst ist nichtig, verfügt er nicht über jenes Gelenk, das seine Beweglichkeit ermöglicht, diese Halterung, auf der sein Ruder liegt und die auf jede seiner Besonderheiten eingeht. *Forcola* heißt diese Dolle, in der das Ruder bei den unterschiedlichsten Manövern Rückhalt findet. Für jeden Gondoliere wird die *forcola* anders gebaut. Sie muss zu ihm passen wie maßgeschneidert, kommt es doch nicht nur auf die Körpergröße des Ruderers, sondern auch auf seine individuelle Technik und darauf an, wo er unterwegs ist. Ob vor *San Marco* an der *Riva degli Schiavoni*, wo die Wellen höher schlagen, oder beim *Rialto*, wo das Wasser ruhiger ist. Je enger die Kanäle sind, desto steiler hat der Gondoliere das Ruder zu halten. Die *forcola* ist es, Herzstück jeder Gondel, die das Bremsen oder Rückwärtsrudern, scharfe Linkswendungen oder seitliches Verschieben ermöglicht. Jeder Gondoliere hütet seine *forcola* wie seinen Augapfel, denn er weiß, was sie für sein Dasein bedeutet.

Rainer Maria Rilke weiß, was er an Marie von Thurn und

Taxis hat, die ihm eine Beweglichkeit in alle Richtungen möglich macht, ihm dorthin verhilft, wo er hin will, in die Salons der *nobili* Venedigs und in die *Casetta Rossa*, das rotgestrichene Haus am *Canal Grande*, das ihrem Bruder, dem Prinzen Federico von Hohenlohe gehört. Treffpunkt einer Gesellschaft, die Rilke mehr bringt als die der Schwestern Romanelli.

Den meisten Ruhm unter seinen Gedichten auf die *Serenissima*, alle aus jenem Besuch im November 1907 erwachsen, erntet das mit dem Titel *Spätherbst in Venedig*.

Seine letzten drei Worte lauten: *strahlend und fatal*.

Abb.: Die erotische Vita des Rainer Maria Rilke (1875–1926) war in Venedig nicht allzu lebhaft. Eleonora Duse, die er 1912 in Venedig kennenlernte, hatte er lange aus der Ferne verehrt, verehrte sie hier anfangs auch aus der Nähe, wurde jedoch bald ernüchtert; selbst für eine mütterliche Geliebte war sie ihm zu traurig, zu krank und zu überdreht. Eine Frau, die vom Schrei eines Pfaus einen Nervenzusammenbruch erleidet, wie die Duse

auf einem venezianischen Ausflug mit Rilke und der Fürstin von Thurn und Taxis, war im wirklichen Leben nichts für ihn. Als literarische Inspiration durchaus. Wie Gaspara Stampa beeindruckte die Duse ihn als tragisch Liebende.

Abb.: Die Venezianerin Adelmina Romanelli, genannt Mimi, Schwester eines in Paris agierenden Kunsthändlers, lernte Rainer Maria Rilke im November 1907 kennen. Nur zehn Tage währte die Romanze zwischen den beiden. Briefe allerdings schrieb er ihr noch Jahre danach. Die musikaliche Begabung Mimis lag in der Familie, zu der Rocco Romanelli, genannt *Il Grande*, Geiger und Begleiter von Enrico Caruso und Nellie Melba, ebenso

gehörte wie der Dirigent und Geiger Luigi Romanelli. Mimi musizierte nur privat.

Orte

Das Haus *Zattere Ponte Lungo 1471*, in dem Anna und Adelmina, genannt Nana und Mimi Romanelli, wohnten, ist heute nicht mehr blau, sondern in einem ausgeblichenen Terracottaton gestrichen. Wer bei Romanelli übernachten will, muss sich allerdings eine andere Adresse suchen, sehr viel feiner und auch teurer: Das junge Ehepaar Romanelli führt einen Albergo eine Viertelstunde von hier entfernt. Ist dieses Ehepaar tatsächlich mit Mimi verwandt? Alle Romanelli in Venedig sind verwandt, heißt es. *Albergo Novecento*, San Marco 2683, 30124 Venezia, FON 041/24 13 773. www.novecento.it

Die Kirche *Santa Maria del Rosario ai Gesuati* im *Sestiere Dorsoduro*, an der *Fondamenta delle Zattere ai Gesuati* gelegen, also östlich der einstigen Pension Romanelli, wurde im 18. Jahrhundert errichtet, ist jedoch kunsthistorisch durchaus zu übergehen. Wegen der Lage genießt sie als Hochzeitskirche bei den Venezianern große Beliebtheit, denn auf den *Zattere* verschönt die Brise auch an heißen Tagen das Flanieren. Hat Mimi Romanelli, die einen Steinwurf weg entfernt wohnte, davon geträumt, hier Signora Rilke zu werden?

Bei seinem Venedigaufenthalt 1912, der am 9. Mai begann und erst im September endete, hatte Rilke sich zuerst an den *Zattere* eingemietet, denn er hatte wieder kein Geld. Diesmal im Haus *Zattere Ponte Calcina 775* in einem möblierten Zimmer, an dem nur die Aussicht überzeugend war. Am 1. Juni packte er seine Sachen und zog in den *Mezzanin* der Fürstin.

Die Muttergottes im Garten, die *Chiesa Santa Maria dell' Orto*, an den *Fondamenta* desselben Namens im *Sestiere Cannaregio* gelegen, liebte Rilke wegen des Tintoretto-Gemäldes, das die *Presentazione di Maria al Tempio* zeigt, die Darstellung der kleinen Maria im Tempel; es befindet sich über dem Eingang zur Maurus-Kapelle. Wie frei von Angst sich das kleine Mädchen auf diesem Gemälde benimmt, beschrieb Rilke beeindruckt in einem Gedicht. Im Alltag waren unerschrockene Frauen für ihn oft ein Problem.

232

Abb.: *San Giorgio Maggiore*, die einzige Kirche, die Venedigs konservative Herren dem auswärtigen Genie Andrea Palladio ohne Beihilfe anderer für diese Stadt zu entwerfen erlaubten, liegt außerhalb des Zentrums, auf

einer kleinen Insel. Für Rilke befand sich dieser Bau dennoch in der Mitte: in seinem Gedicht *Venezianischer Morgen* hat er sie verewigt.

... wie eine Nymphe, die den Zeus empfing.
Das Ohrgehäng erklingt an ihrem Ohre;
Sie aber hebt San Giorgio Maggiore
Und lächelt lässig in das schöne Ding.

Rilke empfahl Freunden und Bekannten, so auch Gisela von der Heydt, *San Giorgio Maggiore* am Abend zu besuchen, wenn die Kirche im Mondlicht leuchtet, und möglichst am letzten Tag ihres Aufenthaltes in Venedig.

Abb.: Vom *Mezzanin* der Fürstin Marie von Thurn und Taxis aus konnte Rilke *Santa Maria della Salute* sehen, den wirkungsmächtigen barocken Kirchenbau des Venezianers Baldassare Longhena.

Die Erscheinung, der die Kirche *Santa Maria Formosa* ihre Existenz und ihren Namen verdankt, hätte Rilkes Frauenideal kaum entsprochen: die Muttergottes soll der Legende nach in Gestalt einer dicken Matrone dem Bischof Magnus von Oderzo im 7. Jahrhundert erschienen sein und ihn beauftragt haben, hier eine Kirche zu errichten. Bereits mit Mimi Romanelli hatte Rilke die Kirche am *Campo Santa Maria Formosa* besucht. Mit der Fürstin war er vier Jahre später dort, am 3. April 1911; diesmal gingen die Erlebnisse in die erste der *Duineser Elegien* ein; die beiden dort erwähnten Grabtafeln rahmen das Südportal im rechten Querschiff.

234

Dass sich die *Galleria dell'Accademia* in nächster Nähe zu den *Fondamenta delle Zattere*, also zu Mimi Romanellis Pension befand, war Rilke nicht unwichtig. Zu Tizians Gemälde *Mariae Tempelgang*, das ihn zu einem formal höchst ungewöhnlichen Gedicht anregte, wallfahrte er. Heute hängt es im Saal 24 und wird selten von Dichtern belagert. *Galleria dell' Accademia*, Dorsoduro 1050, Campo della Carità. Tickets reservieren unter 041/520 03 45. www.gallerie.accademia.org.

Bei seinen insgesamt zehn Aufenthalten in Venedig wollte Rilke die Stadt möglichst intim kennenlernen. Wohl deshalb besuchte er so oft die versteckte *Pinacoteca Querini-Stampaglia*, die erst in den letzten Jahren chic wurde. Denn viele der Gemälde dort eröffnen mehr oder weniger indiskrete Einblicke ins Alltagsleben der Venezianer. Auch Mimi Romanelli faszinierte ihn als ein Stück echt gelebtes Venedig. *Pinacoteca Querini-Stampaglia*, Castello 5252, Campo Santa Maria Formosa, 041/271 14 11. www.querinistampaglia.it.

Die *Casetta Rossa*, auch *Casetta delle Rose*, fällt auf, weil sie so unauffällig ist. Sie liegt zwar direkt am *Canal Grande*, aber hinter einen Garten zurückversetzt und ist völlig schmucklos. Die Frau des Besitzers, Friedrich Prinz von Hohenlohe, eine Italienerin namens Donna Zina, musste für Rilke auch den Schlüssel für den *Mezzanin* im *Palazzo Valmarana*, Residenz der Fürstin, abholen, als er bei dem streitbaren Aufenthalt 1912 dort einzog. In der *Casetta Rossa*, Domizil von Federico Prinz von Hohenlohe, kreuzen sich die Spuren von Eleonora Duse, Rilke und D'Annunzio. Als Rilke ein letztes Mal die geliebte Stadt aufsuchte, hatte D'Annunzio das Haus von seinem Freund Friedrich gemietet, denn mit dem Krieg war der Österreicher zum Staatsfeind der Italiener geworden.

Der *Squero San Trovaso*, die kleine Werft auf dem *Dorsoduro*, am *Campo San Trovaso* gelegen, ist noch immer in Betrieb. Unweit davon liegt die Tramontinische Gondelwerft. Gondeln werden hier hergestellt, nicht aber *forcole*. Das ist und bleibt Sache von Spezialisten, die ungefähr eine Woche lang an einer dieser Rudergabeln mit unterschiedlichsten Instrumenten, mit Zieheisen und breiten Messern, feinen Messern und einer Rahmensäge arbeiten müssen. Dann ist aus einem Nussbaumklotz von etwa 50 Kilogramm ein Objekt geworden, das Kunstsammler sich als Skulptur aufstellen. Der wie ein Zauberer verehrte Altmeister Giuseppe Carli lebt nicht mehr, seinen Nachfolger hatte er selbst bestimmt und in alle Feinheiten eingewiesen; auch Paolo Brandolisio fertigt maximal fünfzehn *forcole* pro Jahr. *Squero San Trovaso*, Dorsoduro 1097; die Tramontinische Gondelwerft Dorsoduro 1542 kann besichtigt werden. Paolo Brandolisio, Sotoportego Corte Rota, Castello 4725, FON 041/52 24 155.

Wer sich an Gondeln nicht sattsehen kann und mehr darüber erfahren will, kann die Wissbegierde stillen in der Gondelsammlung des *Museo Storico Navale*, Castello 2148, 30122 Venezia, FON 041/52 00 276. Öffnungszeiten: Montag bis Freitag von 8.45 Uhr bis 13.30 Uhr, Samstag bis 13 Uhr, am Sonntag geschlossen.

Im Nordosten Venedigs, weitab von seiner Wohnung bei den Romanelli-Schwestern, liegt die von Rilke geliebte Kirche *Madonna dell'Orto*, so genannt, weil sie früher in einem ausgedehnten Nutzgarten lag. Was Rilke dort hinzog war weniger die Architektur, als ein Gemälde im Inneren: Die Darstellung *Mariae im Tempel* von Tintoretto, das ihn zu einem Gedicht mit diesem Titel anregte. Ein Gedicht, das nicht nur seine Begeisterung für dieses Bild überträgt, sondern dem Leser hilft, es zu verstehen und zu durchdringen. Es gehört zu dem Zyklus *Marienleben*, heute bei weitem nicht mehr so bekannt wie andere Zyklen Rilkes, in dem er in dreizehn Gedichten nach der mittelalterlichen *Legenda Aurea* die einzelnen Lebensstationen Mariens von der Geburt bis zum Tod beschwört.

Abb.: Ob Jacopo Robusti, wie oft behauptet, wegen seiner tintig-dunklen Schatten Tintoretto genannt wurde, oder ob man ihn «kleiner Färber» nannte, weil er der Sohn eines *tintore*, eines Färbers war, ist strittig. Sicher ist, dass sein künstlerischer Eros größer war als sein wirtschaftliches Denken. Venezianische Künstlerkollegen wie Tizian verachteten ihn, weil er die Preise verdarb. Erst im Jahr 1574, mit 56 Jahren, konnte sich der mit Aufträgen überhäufte Maler ein angemessenes eigenes Haus leisten, nicht weit von der Kirche *Santa Maria dell'Orto*. Der schmale gotische Palast, bis heute ungeschändet, war dem Tintoretto-Verehrer Rilke immer einen Besuch wert. *Casa Tintoretto*, Fondamenta di Mori 3399. Von hier aus pilgerte Rilke zur Kirche *Santa Maria dell'Orto* und notierte stolz, sich dabei kein einziges Mal verlaufen zu haben.

Im *Mezzanin* des *Palazzo Valmarana*, private Mietwohnung von Marie Fürstin von Thurn und Taxis, wohnte Rilke von Juni bis September 1912 und dann nochmals bei dem letzten seiner zehn Venedig-Besuche im Jahr 1920. Heute läuft der Palast unter der Bezeichnung *Palazzo Valmarana-Cini*. Er liegt zwar ebenfalls auf dem *Dorsoduro*, aber auf der teuren Seite, zum *Canal Grande* hin. Rilke betätigte sich hier ungefragt als Florist: ... *Die Rosen sind schon eingewöhnt; auf dem kleinen Balkon des Vorsaals habe ich Hortensien installiert und Epheu, der vom Gesims herunterhängt.* Pumpgenie, das er war, pflückte er die Blumen meist in den Gärten ihm geneigter Damen, bevorzugt im Garten der Prinzessin Titi hinter dem *Palazzo Bembo*. Zu den Besitzern, Gräfin Giustina Valmarana und ihrer Tochter, der Contessina Pia, pflegte Rilke ein enges Verhältnis, aß fast täglich dort zu Abend, bezeichnete und benahm sich als *Kind vom Hause* und bedankte sich mit Büchern, die er aber selten schenkte sondern meist nur auslieh. Als er den Band mit Gedichten Gaspara Stampas von Pia zurückverlangte, weil er die *Rime d'amore* übersetzen wollte, verstummte die Contessina. *Palazzo Valmarana-Cini*, Dorsoduro 864. Öffnungszeiten sind vor Ort zu erfragen.

Der *Campo San Vio* mit seiner alten Zisterne ist die befestigte, der *Rio San Vio* die Wasserseite, zu der sich der *Palazzo Valmarana* wendet. Der *Rio San Vio* war nachts still, der Platz aber bis tief in die Nacht von Geräuschen erfüllt, die Rilke hasste, weil sie seine Konzentration beeinträchtigten. Er war eben doch nur ein Wahl-Venezianer.

Einstieg ganz oben: Schon bei seinem ersten Venedigbesuch als Student residierte Rilke vornehm im *Hotel Britannia*, einem der teuersten Häuser Venedigs mit Lift, Zentralheizung und Blick auf den *Canal Grande*. Finanziert hatte ihm die Reise ein Mäzen, der Amerikaner Nathan Sulzberger, den er in München kennengelernt hatte. Heute gehört das Hotel unter anderem Namen nach wie vor zu den besten Adressen der Stadt. *Europa e Regina Grandhotel*, San Marco 2159, Calle Larga XXII Marzo, FON 041/520 04 77.

Abb.: Bei seinem Besuch im Jahr 1900 wanderte Rilke lange durch den *Ghetto*. Aus einer erdachten, im Märchenton erzählten Liebesgeschichte zwischen dem venezianischen *nobile* Marcantonio zu der schönen Jüdin Esther und seinen sehr exakten Beobachtungen und Beschreibungen schmolz er die Erzählung *Eine Szene aus dem Ghetto in Venedig*. Dass Rilke darin genau erklärt, wo der Zugang zum *Ghetto* zu finden sei, hat Gründe; damals verirrten sich nur wenige Touristen in dieses schon architektonisch völlig andere Venedig mit seinen steilen, schmalen, oft verschachtelten Hochhäusern, deren Geschosse weit niedriger waren als in Venedig üblich: Die Juden mussten den geringen Platz nutzen, der ihnen dort zugewiesen worden war, wo giftige Bleigussreste – *gettare* heißt gießen – gelagert worden waren.

Am 12. April 1911, einem Sonntagmorgen, schrieb Rilke vom *Hotel Luna* aus an Mimi Romanelli. Zeit für Spaziergänge mit ihr nahm er sich nur, wenn sie ihn nötigte. Er widmete sich lieber Exkursionen mit Marie von Thurn und Taxis, seiner Mäzenin. Ob sie auch die Nächte im damals bereits kostspieligen Hotel finanzierte, ist nicht belegt. Dichter von heute brauchen jedenfalls einen Sponsor für so viel Luxus. *Luna Hotel Baglioni*, San Marco 1243, 30124 Venezia, FON 041/52 89 840. www.baglionihotels.com

Nicht allein die Begeisterung für Mimi Romanelli und Gaspara Stampa, auch die *Antica Locanda Montin* verbindet D'Annunzio und Rilke. Ob Rilke hier oft mit Mimi Romanelli gesessen hatte, wissen wir nicht, sicher aber üblicherweise in Gesellschaft. Denn am 23. Juni 1920, am ersten Tag seines letzten Venedigaufenthaltes, vermeldete er missgelaunt: *Nur traurig ists [sic], allein am langen Tisch bei Montin zu sitzen.* *Antica Locanda Montin*, Dorsoduro, Fondamenta Eremite (Fondamenta Borgo), FON 041/522 71 51. www.locandamontin.com

In seiner Kritik der Italienreisenden insgesamt und der Venedig-Touristen insbesondere, die nur zu den Hauptsehenswürdigkeiten rennen, von denen sie enttäuscht sind, jedoch *blind an tausend leisen Schönheiten vorbei laufen,* meint Rilke abschließend in seinem *Florenzer Tagebuch: Fast würde ich denen den Vorzug geben, welche von Venedig als erste, weit überragende Erinnerung mitbringen: das gute Cotelett, welches sie bei Grünwald und Bauer gegessen haben; denn sie bringen doch wenigstens eine aufrichtige Freude mit, etwas Lebendiges, Eigenes, Intimes.* Und das aus dem Munde eines Vegetariers.

Der *Mulino Stucky* auf der Giudecca, zwischen 1894 und 1895 im Auftrag des Schweizers Giovanni Stucky vom Architekten Ernst Wullekopf (1858–1927) erbaut, 1954 stillgelegt, sollte nach einem Plan der Stadtväter Wohnraum für Venezianer schaffen. Nach dem verheerenden Brand im Jahr 2003 wurden die Pläne jedoch geändert: der Hotel-Konzern Hilton beschloss, sich um die Nutzung zu kümmern, wohl weniger im Interesse der Einheimischen, die weiter gen Mestre abwandern. Am 1. Juni 2007 wurde das Luxushotel mit angeschlossenem Kongresszentrum eröffnet. Auch einstige Gegner geben zu, dass der Blick vom Pool auf dem Dach aus unvergleichlich ist. www-mulinostuckyhilton.com

Lord George Byron, Marianna Segati, Margherita Cogni & Teresa Contessa Guiccioli
Die Alchemie der Liebessucht

Wir bewundern ihn, weil er nicht aufgibt. Am Boden zerstört, steigt er aus eigener Kraft wieder empor: der Phönix und jener *Gran Teatro* in Venedig, der seinen Namen trägt.

Venedigs letztes noch immer berühmtes Theater, der *Gran Teatro La Fenice*, heißt zu Recht nach dem mythischen Vogel. Anstatt des bis auf die Grundmauern niedergebrannten *San Benedetto* war das Theater 1773 entstanden und seither mehrmals vom Feuer vernichtet und wieder aufgebaut worden.

Vielleicht bannt das Schicksal des *Gran Teatro La Fenice* uns deswegen, weil es wie der Phönix für den Menschheitstraum steht, den Tod zu überwinden. Weil es für den Mut steht, einen Neubeginn zu wagen.

Der Engländer, der an einem Regentag Anfang November 1816 mit einem Koffer voller Tafelsilber, einem Feldbett und einer Bibliothek in Venedig ankommt, fasziniert aus ganz ähnlichen Gründen. Das weiß zu diesem Zeitpunkt jedoch keiner in der *Serenissima*. Nicht einmal er selbst. Lord George Gordon Byron ist erst achtundzwanzig Jahre alt, aber die Stadt tut sich nicht leicht, ihn zu überraschen. In London geboren, im schottischen Aberdeen aufgewachsen, nach England zurückgekehrt, ist er von dort aus nach Griechenland und in die Türkei gesegelt, von Lissabon nach Cádiz geritten und durch die Sierra Morena nach Sevilla. Auf einem Kriegsschiff ist er von Malta nach Westgriechenland gereist, hat sich über unwegsame Gebirgsstraßen drei Tage lang bis Janina durchgeschlagen und ist dort von Ali Pascha, dem türkischen Herrscher über Albanien und das westliche Griechenland, mit Konfekt verwöhnt worden. Er hat in glühender Hitze Patras erkundet, den Parnass erstiegen, Delphi erlebt, Theben und Athen besichtigt. In einer Stunde und zehn Minuten ist er von Sestos nach Abydos über den Hellespont geschwommen. Auf eigene Faust hat er zu Fuß, zu Esel und zu Pferd Konstantinopel erkundet, hat sich über Ruinenfelder wandernd in die Vergangenheit von Troja und Smyrna vertieft. Und das alles mit einer schweren Behinderung: er ist mit einem verkrüppelten rechten Fuß zur Welt gekommen. Einem Bocksfuß, wie er selbst sagt.

Dass dieser junge Mann, trotz seiner Schüchternheit Fremden gegenüber, bereits in vielen Kreisen eher berüchtigt als berühmt ist, verdankt er jedoch weniger diesen Reisen und sportlichen Rekorden als seinen Werken und seinem Lebenswandel. Was die Werke angeht, könnten ihn die Venezianer brauchen; so viele große Musiker und Maler die Stadt hervorgebracht hat, so wenige große Dichter hat sie vorzuweisen, von Theaterautoren wie Goldoni oder Gozzi abgesehen. Byron war achtzehn, als seine erste Gedichtsammlung erschien, mittlerweile hat er zahlreiche Verssatiren und Versepen nachgelegt. Was den Lebenswandel betrifft, muss er sich in der Stadt Casanovas heimisch fühlen. Es ist nicht bekannt, wie viele Frauen und Männer, verheiratete und unverheiratete, reife und halbwüchsige, steinreiche und bettelarme, bezahlte und unbezahlte, gebildete und solche, die des Lesens und Schreibens nicht kundig sind, er bereits auf sein Register setzen kann. Das, was bekannt ist, hat aber ausgereicht, um ihn überstürzt aus England fliehen zu lassen. Nicht genug, dass er seine sexuellen Abenteuer in seinen Geschichten beschreibt, er hat sich auch auf eine Affäre eingelassen, wie sie nur in Mythen und Märchen geduldet wird: gerade erst verheiratet und Vater einer Tochter, ist sein Verhältnis mit Augusta, mehrfache Mutter, Gattin eines Oberst und Byrons Halbschwester, öffentlich geworden.

Bei Inzest versagt nicht nur der britische Humor.

Über Genf, Lausanne und Mailand ist der Lord nun nach Venedig gekommen. Seit der Kindheit ist diese Stadt Ziel seiner Sehnsucht.

Als Kind schon liebt ich es; Venedig lebte
In meiner Brust wie eine Feenstadt.

Zieht es Byron dorthin, weil er ahnt, wie sehr er den Sitten und Unsitten der *Serenissima* entspricht? Weil er sich spiegelt in der Stadt der Spiegel?

Venezianisches Glas, das wegen der Brandgefahr durch die Öfen seit mehr als sechshundert Jahren nicht in der Stadt, sondern draußen auf Murano hergestellt wird, ist in der Welt ein Begriff. Viele wissen auch, wie erbittert die Geheimnisse der Glasherstellung gehütet werden. Damit sie keiner außerhalb Venedigs erfährt, dürfen die Glasbläser niemals die Stadt verlassen und erwarten das Todesurteil, sollte ihnen ein Verrat nachgewiesen werden; nachgesagt werden, genügt oftmals bereits. Wenige wissen jedoch, dass dieses venezianische Glas aus dem Geist der Alchemie geboren wurde. Den Stein der Weisen haben die Alchemisten auch hier nicht gefunden, jedoch Rezepturen für so dünnwandige Gefäße, wie sie anderswo keiner zustande bringt. In Venedig ist die Alchemie zu Hause; die *Biblioteca Marciana* hütet einen griechisch geschriebenen Kodex, der die älteste Textsammlung alchemistischen Inhalts umfasst, Ende des 10. Jahrhunderts entstanden. Das alchemistische Rezeptbuch der Venezianerin Isabelle Cortese, *I Secreti medicinali artificiosi et alchemici* aus dem 16. Jahrhundert, wird unter Kennern hoch gehandelt. Longhi und andere Maler des alltäglichen Lebens haben noch im letzten Jahrhundert die Laboratorien der Alchemisten in Gemälden festgehalten, amüsiert über diese Wunderlinge. Doch was jene Geheimwissenschaft nach wie vor für Venedig bedeutet, ist kaum jemandem bewusst. Auch Lord Byron nicht.

Von aufgeklärten Geistern als abergläubisch verlacht, von inquisitorischen Dinosauriern als Hexenmeister verfolgt, ging es den Alchemisten ursprünglich nicht darum, Gold herzustellen. Gold war nur ein Symbol für das Edle und Reine, das in einem Läuterungsprozess gewonnen wird aus all dem, was an unedler und unreiner Materie im Schmelztiegel zusammengekommen war.

Die wirkliche Entdeckung eines Rezepts stand für den Eingeweihten immer im Hintergrund, im Vordergrund stand die eigene Läuterung. Aus der *materia prima* zu guter Letzt die *quinta essentia*, die fünfte Essenz, die Quintessenz, das Wesentliche also zu gewinnen. Ein mühsamer Vorgang mit vielen Rückschlägen. Auch Venedig versucht seit Jahrhunderten, die Besitzgier in ein Streben nach Höherem zu verwandeln und statt Kunsträubern Mäzene zu stellen. Die großen Maler haben dazu beigetragen, die *Serenissima*, jahrhundertelang vor allem Zentrum der wirtschaftlichen Macht, zu einem Zentrum der Künste zu veredeln. Bellini, Giorgione und Tizian, Carpaccio, Tintoretto und Tiepolo ist es zu verdanken, dass Venedig nicht versumpft ist in Geldgeilheit und Hurerei. Dass es nicht nur die Gewinnsüchtigen und Vergnügungssüchtigen hierhertreibt, sondern auch die Bildungsreisenden.

Venedig ist eine Stadt, die selbst ständig die Gestalt gewechselt hat und die wie der Phönix des *Gran Teatro La Fenice* immer wieder aus Niederlagen siegreich aufstieg.

Es ist die richtige Stadt für einen Lord Byron, der bei strömendem Regen an einem Spätherbsttag am Festlandshafen in Mestre ankommt und sich fragt, wohin mit seinen Pferden und seinem Wagen, einer Kutsche, die der Napoelons nachgebaut worden ist. Viele Verwandlungen hat er hinter sich. Die, von einem ärmlichen Kind aus der Provinz in einen Mann, der mit elitärem Geschmack glänzt, vom braven Sohn eines halbkriminellen Lebemanns und Berufsspielers zum belesenen Sprachartisten. Dick und banal hatte er ausgesehen, bis er sich durch eine radikale Hungerkur in einen romantischen Helden verwandelt hatte, dem die Frauen zu Füßen liegen. Aus einem scheuen Zweifler ist ein selbstbewusster Abenteurer geworden, der nichts und niemanden fürchtet. Doch zu veredeln ist an ihm selbst einiges.

Noch wissen die Venezianer nichts von dem, wofür er in seiner Heimat berühmt ist. Byron, ein verarmter Hochadliger, ist König der Londoner Salons, denn er liefert den gelangweilten Menschen, den Altreichen und den Neureichen, die mit

Kohle, Eisen, Steingut oder einer eigenen Bank zu ihrem Vermögen gekommen sind, das, was sie vermissen: den Skandal. Die Venezianer wissen nicht, dass er hier an einem Werk weiterarbeiten will, das sich *Childe Herold's Pilgrimage* nennt und dass die ersten beiden Gesänge des *Childe Herold*, die Byron vor vier Jahren veröffentlicht hatte, innerhalb von drei Tagen ausverkauft waren, weil die Leser überprüfen wollten, wie viel von Byrons sexuellen Abenteuern in die Gedichte eingegangen war. Er ist schamlos, haltlos, grenzenlos in seinem privaten Dasein, nur wenn er arbeitet beweist er die Disziplin eines alten Soldaten und übt die Askese eines Eremiten.

Der Gondoliere bringt Lord Byron zum *Hotel de la Grande Bretagne* in der Nähe des Rialto. Was Byron auf der Fahrt dorthin sieht, hat nichts zu tun mit dem, was er von den Veduten eines Canaletto, eines Bellotto, eines Guardi aus Englands Museen kennt. Als die Österreicher die Stadt vor zwei Jahren übernommen haben, waren die Schatzkammern geplündert, die Werften verwahrlost, die Manufakturen ruiniert. Es ist ein trüber Tag, an dem Byron zum ersten Mal durch den *Canal Grande* gerudert wird. Putz, Mörtel, Ziegelsteine und Marmorbruchstücke bröseln von den Palästen und füllen die Kanäle mit Schutt. An den Kais verrotten Schiffe und Boote. Er sieht rostige Kräne, morsche Stege, Schmutzberge und Ratten auf den Straßen. Bettler empfangen den Dandy, als er aus der Gondel steigt. Die Bevölkerung der Stadt ist um ein Drittel von 150 000 auf 100 000 zurückgegangen, mehr als 55 000 Arme sind eingetragen. Helfen kann ihnen keiner: die einst berühmten wohltätigen Einrichtungen Venedigs sind bankrott. Das einzige Gewerbe, das einen Zuwachs verzeichnen kann, ist das horizontale; 20 000 Prostituierte sind offiziell gemeldet.

Doch es ist Byrons Stadt. Er sieht in ihr, was er sehen will. Eine Stadt, in der aus den Ruinen Phantasien wuchern, in der auf dem Zerfall Romantik gedeiht und aus der Verwahrlosung neue Lüste sprießen. Die schwarze Gondel, die manchen Besucher mit Todesahnungen erfüllt, ist für ihn das phallische

Emblem der *Serenissima*. Venedig enttäusche ihn nicht, schreibt er nach Hause, *obzwar sein offenkundiger Verfall vielleicht auf andere diese Wirkung ausüben könnte. Aber ich bin schon zu lange mit Ruinen vertraut, um Missfallen an Verwüstung zu finden.* Ruinenexperte ist Byron wirklich. Nach dem Tod eines Cousins, als Kind von zehn Jahren zum Erben des 5. Lord Byron geworden, hatte er nach dessen Tod beschlossen, die zerfallene Abtei zu beziehen, in der sein Vorgänger gehaust hatte. Dass dessen Leiche wochenlang in diesen Räumlichkeiten vor sich hin verwest war, weil das Geld zur Beerdigung fehlte, konnte ihn davon so wenig abhalten, wie die Unwirtlichkeit der Unterkunft. Der Zerfall schreckte ihn nicht; wie ein Phönix erstieg aus der Abtei ein Schloss von nächtlicher Eleganz. Nur vor dem Durchschnittlichen graust es seiner Lordschaft. Ruinen reizen seine Schaffenskraft.

Am vierten Tag seines Gastspiels in Venedig mietet Byron sich eine eigene Gondel samt Gondoliere. Angesichts seiner finanziellen Lage eine riskante Entscheidung. Zuhause wartet auf ihn eine Ehefrau, die ihn in Abwesenheit verklagt, eine geschändete Halbschwester, eine Tochter, ein nach der Restaurierung von Gerichtsvollziehern frequentierter Herrensitz Newsted Abbey und eine sitzengelassene Geliebte, die er kurz vor der Flucht noch geschwängert hat.

Auch hierin ist er Venedig ähnlich, dieser Metropole der Bedenkenlosigkeit.

Byron interessiert das Leben der Menschen hier, der weiblichen vor allem, die Hintergründe interessieren ihn nicht. Dass die Stadt ausblutet, weil 65 % der venezianischen Einkünfte nach Wien fließen, dass Presse wie freie Rede zensiert und behindert werden, behelligt ihn als Engländer nicht. Und dass sich hier in Kirchen, Salons, Spelunken und Cafés die Spione herumtreiben, tut ihm nicht weh, solange sie nicht hinter ihm her sind.

Byron richtet sich schnell in Venedig ein. Er stellt seine Pferde in einem Stall auf dem Lido unter, wo Ausritte an den menschenleeren Sandufern den Tieren genügend Bewegung bieten, und wandert wohnungssuchend durch die *Frezzeria*, jene Gasse, die ihre Haken schlägt zwischen *San Marco* und *San Moisè*. In der *Calle della Piscina* 1673 findet er, was er sucht: geräumige, schön möblierte Zimmer im Haus eines Tuchhändlers namens Segati, der im Erdgeschoss sein Geschäft führt, eines, das nicht riecht. *Al Cervo – Zum Hirschen* heißt das Haus, und der ist mit mächtigem Geweih auch auf dem Ladenschild abgebildet.

Signore Segati ist verheiratet und bewohnt mit seiner Frau Marianna und der gemeinsamen Tochter die Wohnung im ersten Stock. Der junge Mann, den sie als Mieter annehmen, scheint ein Glücksfall zu sein. Seine vollendeten Manieren überzeugen, obwohl die Vermieter nicht wissen, dass er auf dem *Trinity College* in Cambridge studiert und als Einundzwanzigjähriger mit einer Rede im Oberhaus brilliert hat. Sein Äußeres ist ungewöhnlich, aber vornehm. Signora Marianna Dolci Segati wird ihn etwas genauer mustern. Die klare Stirn, die rötlichbraunen Locken, gekonnt drapiert, die leuchtend blauen Augen. Byron hat etwas Kühnes. Der Schwung seiner Brauen, die Entschlossenheit seines Kinns, diese Nase mit den ausgeprägten Nüstern: das ist ein Mann, der auffällt in Venedig, obwohl er schlank, fast schmächtig ist. Mit fünfzehn schon hatte er seiner Mutter verkündet: *Der Weg zu Reichtümern, zur Größe liegt vor mir. Ich kann, ich werde mir einen Pfad durch die Welt bahnen, oder zugrunde gehen.*

Signore Segati hätte den neuen Mieter wohl kaum aufgenommen, wüsste er mehr von dem bisherigen Verlauf dieses Pfades. So aber bietet er dem Mieter, was der sucht: engen Familienanschluss und lockeren Umgang mit seiner Ehefrau. Dass die Nachbarn bald über sein gehörntes Ladenemblem lästern, bemerkt Signore Segati nicht oder er überhört es.

Kurz nach seinem Einzug, am 17. November, vermeldet Byron dem Vertrauten Thomas Moore, er sei *der Liebe verfallen, was gleich nach einem Fall in den Kanal (was zwecklos wäre, da ich schwimmen kann) das Beste oder das Schlimmste ist, was ich tun könnte.*

Liebe macht ihn aber nicht blind, sie schärft seinen Blick für jedes Detail, zur Freude seiner Leser. *Ich habe ein paar außerordentlich gute Räume in dem Haus eines ‹Kaufmanns von Venedig›, der von*

seinen Geschäften sehr in Anspruch genommen ist und eine Frau hat,
die in ihrem zweiundzwanzigsten Jahr steht. Marianna Segati (das ist
ihr Name) gleicht in ihrem Äußeren ganz und gar einer Antilope. Sie
hat die großen, schwarzen orientalischen Augen, mit dem besonderen
Ausdruck, den man selten bei Europäerinnen – und selbst selten bei
Italienerinnen findet … Diesen Ausdruck hat sie von Natur, – und
noch etwas mehr. Kurz, ich kann die Wirkung eines solchen Auges –
wenigstens auf mich – nicht beschreiben. Ihre Züge sind regelmäßig und
etwas adlerhaft – kleiner Mund – reine und weiche Haut mit einer Art
hektischer Färbung – bemerkenswert gute Stirn; ihr Haar hat den
dunklen Glanz, die Locken und die Farben von Lady Jersey: ihre Figur
ist schlank und hübsch, sie ist eine famose Sängerin, und zwar nach al-
len Regeln der Kunst; ihre natürliche Stimme (in der Unterhaltung,
meine ich) ist sehr süß; und die Naivität des venezianischen Dialekts
klingt immer hübsch im Mund einer Frau.

Byrons rasche Auffassungsgabe ist bekannt. Auch die sexuellen Spielregeln Venedigs begreift er innerhalb kürzester Zeit.
Seiner Halbschwester Augusta erklärt er am 19. Dezember bereits: *In der Tat ist hier jeder so verderbt, dass man einer Dame mit nur*
einem Liebhaber nicht vorhält, die Anstandsregeln der Ehe überschrit-
ten zu haben – das ist ganz normal; – einige haben zwei – drei – und
so weiter bis zwanzig, über die hinaus sie nicht weiter zählen – aber im
allgemeinen beginnen sie mit einem. – – Die Ehemänner gehören
natürlich allen anderen Frauen – außer der eigenen.

Auch seine gegenwärtige Geliebte sei natürlich verheiratet.
Dass sie nie weiter als bis Mailand gekommen ist, macht den
weitgereisten Mieter noch interessanter für sie, denn ihr Mann,
fünf Jahre älter als Byron, ist das, was neben ihm nur anöden
kann: *ein ungemein gutartiger Mann*, urteilt Byron vernichtend.
Dekadenz, nicht Gutartigkeit kommt gut an bei diesen Damen.
Byron ist ein Magier für sie, ein Alchemist der möglichen
Wunder. Einer, der ihren rechtwinkligen Alltag in ein roman-
tisches Reich zu verwandeln vermag. Die Frauen Venedigs re-
den über ihn. Über seine Galoppritte durch die Wüsteneien des
Lido, über seine Exkursionen auf dem verfallenen jüdischen
Friedhof dort drüben, auf dem doch die Geister ihr Unwesen

treiben, über seine Geschenke aus fernen Regionen, über seine exotischen Kostüme. Auch darüber, dass er nicht davor zurückschreckt, nachts über einen Kanal zu einer Angebeteten zu schwimmen und durchs Fenster in ihr Haus einzudringen, wenn die Eltern den Zugang versperren.

Wie der Liebhaber einer verheirateten Frau genannt wird, hat Byron ebenfalls schon erkundet – *Amoroso, Cicisbeo* oder *Cavaliere servente*, dienender Kavalier. Diese dritte Bezeichnung lässt einen wie ihn nervös werden. Vorbeugend erklärt er seiner Schönen, dass Dienstbarkeit ganz und gar nicht sein Fall sei und er davon nichts hören wolle. Ob es ein Missgeschick war oder Demonstration seiner mangelnden Eignung zum Dienen, dass er die Dame, der er nachts beim Besteigen der Gondel helfen sollte, ums Haar in den Kanal befördert hätte? *Ich vergesse doch ständig, dass die Straßen Kanäle sind*, kokettiert er.

Die Hauswirtin selbst lässt es an Dienstbarkeit nicht fehlen. Jederzeit ist sie zu einem Liebesspiel mit dem Mieter bereit und bewundert an ihm alles, was zu bewundern ist, vermutlich auch das, was es nicht ist. *Ihr größtes Verdienst aber ist es, meine Verdienste herauszufinden – es gibt nichts Liebenswürdigeres, als solchen Scharfsinn.*

Doch eine einzige Frau kann diesem Mann nicht genügen, der meint, sich mit jeder neuen Affäre neu zu erfinden und hofft, irgendwann werde die Macht der Liebe ihn läutern.

An einem Abend Ende Januar 1817, als die Segatis ausnahmsweise einmal zusammen ausgehen, erhält Byron ein Billet. Er wird offenbar beobachtet. Die Frau, die es geschrieben hat, will sich mit ihm verabreden, entweder in einer Gondel oder auf der Insel *San Lazzaro*. Byron lehnt beide Treffpunkte ab. Auch die notwendige Vorsicht hat er rasch gelernt. Er schlägt vor, entweder gegen Mitternacht die Dame maskiert auf einem Ball zu treffen – es ist Karnevalszeit – oder sie um zehn Uhr abends allein bei sich zu Hause zu erwarten.

Um zehn Uhr betritt eine appetitliche Frau seine Wohnung, dunkelblond und jung, noch keine zwanzig. Sie sei mit dem Bruder seiner Geliebten verheiratet und wolle sich mit Byron unterhalten.

Wenige Minuten später steht die vermeintlich aushäusige Marianna im Zimmer, macht einen Knicks vor Byron und vor ihrer Schwägerin, packt diese bei den Haaren und verdrischt sie. Schreiend und weinend flieht die Versucherin, doch das Problem ist nicht aus der Welt: Marianna Segati kreischt und zuckt in Byrons Armen. Er redet ihr gut zu, gibt ihr Eau de Cologne, Essig, Wasser, Wein, Sedativa, aber bis Mitternacht gelingt es ihm nicht, sie zu beruhigen. Da kommt Signore Segati herein, sieht seine Frau, von den hysterischen Anfällen erschöpft, wie eine Tote auf dem Sofa liegen und fordert eine Erklärung. In jeder anderen Stadt ein Skandal, der mit einem Duell endete. Nicht in der *Serenissima*. *Eifersucht ist nicht mehr an der Tagesordnung in Venedig und Dolche sind nicht mehr in Mode,* schreibt Byron an Moore.

Er redet von der Eifersucht der Männer. Die der Frauen hat er hier noch nicht zu spüren bekommen.

Marianna ist ihm willkommen, weil sie zwar mit ihm fremd gehen, aber nicht ausgehen darf. Er will keine offizielle Gefährtin an seiner Seite, die ihm verwehren würde, andere Damen zu verkosten. Sie den Männern auszuspannen, fällt ihm leicht; die Venezianer, Engländer und Österreicher hier sind Modegecken, die ihr Äußeres mehr interessiert als ihre Wirkung auf Frauen. Wohl fühlt sich Byron, Mittelpunkt bei den *conversazione* der adligen Venezianerinnen, dennoch nicht. Selbst die Empfänge bei Isabella Teotocchi Albrizzi, einer in Venedig bewunderten Gräfin griechischer Abkunft, sind ihm zu steif. Nur große Mengen Rumpunsch sorgen für Lockerung. Außerdem lohnen die Damen der guten Gesellschaft seine Anstrengungen nicht. *Hässlich wie die Tugend*, lautet Byrons Einschätzung. Er erweitert seinen Radius, erwirbt Theaterabonnements, auch eines für den *Gran Teatro La Fenice* und macht im Schutz der Maske seine Streifzüge durch die Spielcasinos und Ballsäle. Byron bemerkt, wie seine Affäre mit Marianna bieder, seine Leidenschaft lauwarm, sein Geist träge wird.

Ausgebrannt will der Phönix sich auf einer höheren Ebene erneuern. Italienisch spricht er längst, mit stark venezianischer

Färbung, weil Marianna Segati seine Lehrerin ist. Auf zu neuen Ufern, ist sein Vorsatz. Die Ufer liegen nah, im Westen des Lido, auf einer kleinen Insel, die sich *Isola di San Lazzaro degli Armeni* nennt. Erst seit hundert Jahren heißt sie so, denn damals hat Mechitar von Sebasteia mit siebzehn seiner Getreuen die Anlage, ursprünglich ein Leprakrankenhaus, dann Dominikanerkloster, übernommen und es zum Mutterhaus seines Ordens gemacht. Jeden Morgen in aller Frühe lässt Byron sich die zwei Kilometer zu den Mechitariten-Brüdern hinüberrudern, um Armenisch zu lernen, Schrift, Hochsprache, Umgangssprache und die Kulturgeschichte des Landes. Siebzig Mönche leben hier mittlerweile und betreiben eine Missionarschule mit vierzig Schülern. Dass sie über eine grandiose Bibliothek von 200 000 Bänden verfügen, über kostbare Handschriften und Inkunabeln, interessiert in Venedig keinen. Dieser Engländer zeigt sich beeindruckt und er beeindruckt die Mönche. Sie stellen ihm ein getäfeltes Studierzimmer zur Verfügung, von dem der Blick weit hinaus auf die Lagune geht. Braucht Byron Ruhe, kann er direkt aus diesem Studiolo in die Gärten hinaustreten, unter Bäumen, durch Laubengänge und Rabatten wandern. Weil die Brüder kein Geld annehmen wollen, arbeitet Byron an einer englisch-armenischen Grammatik mit und bietet an, ihre Drucklegung zu finanzieren.

Hat der Phönix sich erhoben aus dem Morast? Ist er dabei, sich zu läutern?

Es sieht so aus. Im November 1816 erscheint der 3. Gesang des *Childe Harold* bei Murray, im Dezember folgen andere Werke und Byron beginnt, sich seines Marktwertes bewusst zu werden. Statt der 150 Pfund, die der Verleger geboten hatte, holt sein Agent Lord Kinnaird 2000 heraus. Byrons Haltung gegenüber Geld verändert sich. Er will seine englischen Schulden abtragen und achtet auf seine Ausgaben. Doch seine Liebessucht bringt die Vorsätze zum Einsturz. Für die ganze Karnevalssaison mietet Byron eine Loge im *Teatro La Fenice* und ergibt sich dem Rausch, in dem sich hier alle befinden, vom Bettler bis zur Fürstin. Der Phönix hat es nicht geschafft, sich aus dem Schlamm zu erheben.

Er versinkt in Eskapaden, treibt es mit Straßenmädchen und Gelegenheitsbekanntschaften, doch die Läuterung des alchemistischen Adepten ist ja auch von Rückschlägen gekennzeichnet. Klar behält Byron sein Ziel vor Augen, sich als Dichter weiter zu entwickeln. Sein Ton gewinnt an Timbre, seine Sprache an Farbe, sein Stil an Größe, selbst wenn seine Verse eine Geschwisterliebe feiern, die den Engländern bekannt vorkommen dürfte.

Marianna lässt ihm Freiheiten, aus Angst, ihn zu verlieren. Sie weiß, dass es Byron nach Rom zieht, dass er fliehen will vor dem Typhus, der in Venedig grassiert, und vor den Frauen, die ihn verfolgen, vor den Verstrickungen, die ihn fesseln. Er will nur noch abwarten, bis Rom *nicht mehr von dieser englischen Pest erfüllt ist – einem Haufen von glotzenden Trotteln, die mit aufgerissenen Mäulern herumlaufen und gleichzeitig billig und großartig leben wollen.*

Bändigt Marianna ihre Eifersucht, damit Byron sie mitnimmt nach Rom, auf die erste große Reise ihres Lebens? Sie ahnt nicht, dass er seine Freunde bereits beruhigt, er werde sich mit Sicherheit kein *fleischliches Gepäck* aufhalsen.

Dann aber liegt er im Bett, seine Haut brennt, sein Herz pocht, sein Schädel schmerzt, er deliriert und wird von Unterleibskoliken gequält – die Symptome des Typhus. Die Antilope, die er zum fleischlichen Gepäck herabgewürdigt hat, pflegt ihn mit Gerstenwasser, Diät und Hingabe. Am 17. April bricht Byron nach Rom auf, via Ferrara und Bologna, ohne Marianna. Und ohne sich zu kümmern um seine zweite Tochter, von der seine sitzengelassene Geliebte in England im Januar entbunden worden ist.

Wird er in Rom endlich, mit neunundzwanzig Jahren, das Leben aufgeben, das seinem Körper sichtbar zusetzt? Im Gepäck hat er wie immer sein englisches Medikament gegen Geschlechtskrankheiten und eine Phiole mit Schierling.

Zurück aus Rom zieht er in Venedig zwar wieder bei den Segatis ein, doch er nimmt Mariannas Liebesbeweise als Hausmannskost zu sich. Etwas Schärferes hat seinen Appetit geweckt.

Am Strand von Dolo reitend, hat er sie entdeckt, die Venezianerin mit dem Rabenhaar, die er als Zigeunerin bezeichnet, dunkel die Haare, dunkel die Haut, dunkel die Absichten und der Lebenswandel. Margherita Cogni heißt sie. *Fornarina*, wie Raffaels unsterbliche Schönheit nennt er sie, weil ihr Mann ein *fornaio*, ein Bäcker ist. Die *Fornarina* kann nicht lesen und schreiben, doch sie beherrscht mit ihren zwanzig Jahren alle Methoden, einen Mann süchtig zu machen. Sie ist käuflich, sie braucht Geld, doch sie versteht sofort, dass sie einem wie Byron dann nichts wert wäre. Sie bekäme Münzen und Mitleid, Liebe jedoch nicht. Die *Fornarina* heizt seine Gier so gekonnt an, dass Byron nicht bemerkt, wie er in ihre Abhängigkeit gerät. Sie inszeniert Dramen, in denen ihr Mann als Rächer das Leben der untreuen Frau bedroht. Sie gibt sich als Opfer und macht Byron zu einem. In den Briefen an die Freunde besingt er diese Amazone mit einem Körper, *wie gemacht, um Gladiatoren daraus zu züchten*. Doch präzise verrät er, was sie für ihn anziehend macht. Es ist das göttlich Verwegene einer Frau aus dem Volk, das Gerissene einer Analphabetin, das Unverbrauchte einer Arbeiterin, die noch nicht geboren hat und mit einem straffen Körper lockt, einer Seltenheit hier, *wo sie schon bald nach dem Gebären bequem und teigig und plump werden*. Es ist die Raffael-Schönheit in billigstem Gewand.

Die Kanäle Venedigs transportieren alles, Salzwasser und Süßwasser, Fäkalien und Gerüchte. Marianna Segati erfährt es von Margherita Cogni. Und Byron erfährt, dass die Eifersucht in Venedig keineswegs aus der Mode ist.

Marianna stellt die Rivalin in Byrons Gegenwart zur Rede. Doch die *Fornarina* ist nicht einfach eine Geliebte, sie ist eine Darstellerin von antiker Wucht. Sie baut sich vor der Segati auf und schlägt mit großer Geste den *fazziolo*, das weiße Kopftuch der venezianischen Arbeiterinnen, zurück. Und Byron hört einen Monolog, wie er ihn noch nie vernommen hat: *Du bist nicht seine Frau. Ich bin nicht seine Frau – du bist seine* donna *– und ich bin seine* donna *– du hast deinem Mann Hörner aufgesetzt – ich meinem ebenso. Und was den Rest betrifft – mit welchem Recht be-*

schimpfst du mich? Wenn er das Meinige dem Deinigen vorzieht, ist das meine Schuld?

Byron hört, wie die Frau aus dem Volk die Frau des Tuch-händlers verhöhnt wie eine Göttin eine Hausfrau. *Wenn du ihn sicher haben willst — binde ihn an dein Schürzenband — aber glaube bloß nicht, dass ich mich scheel ansehen lasse, nur weil du reicher bist als ich.*

Byron brennt. Er brennt für diese Tigerin, nicht mehr für die Antilope. Verbrennen will er nicht, dieser Mann, der an sei-nem neunundzwanzigsten Geburtstag bereits Zweifel hegte, ob ihm noch weitere zehn Jahre vergönnt seien. Ist es Zufall, dass er Scharlachrot und Gelb zu seinen Lieblingsfarben erkoren hat? Fällt ihm auf, dass der Name des Phönix, dessen Theater er zu seinem Salon gemacht hat, sich vom griechischen Wort für die Farbe des Feuers herleitet?

Und doch beweist Byron ständig, wie kalt er zu sein ver-mag.

Die Shelleys, seine besten Freunde, wollen vermitteln zwi-schen Byron und der Mutter seines unehelichen Kindes, weil die der Ansicht ist, ihre Tochter habe es besser, wenn sie beim Vater groß werde, der über Geld, Ansehen, Bildung, Stil und die wesentlichen Kontakte verfügt.

Mary und Percy Shelley, beide puritanisch und monogam, meinen, Byron zu kennen. Doch hätten sie Einblick in seinen derzeitigen Lebenswandel, verfielen sie schwerlich auf die Idee, die Tochter Alba, die nun auf Byrons Wunsch Clara Allegra heißt, sei bei ihm gut untergebracht.

Eine Hure liegt zu meiner Rechten, / denn am besten reim ich in den Nächten, / Wenn mein Gänskiel etwas zum Tunken hat / ließ er seinen Verleger eben erst wissen.

Nun, gerade dreißig, hat er ihm angekündigt: *Aus dem Rest meiner Jugend werde ich das Bestmögliche herausholen.* Ein riskantes Vorhaben. Denn es ist klar, was Byron für das Bestmögliche hält. Als er sich bei einer gewissen Elena da Mosta ansteckt, sagt er, das sei die erste Gonorrhoe, für die er nicht bezahlt habe. Sein Dauerverhältnis mit der Antilope hat er mit dem Ende der Karnevalsaison im Februar nach siebzehn Monaten aufgegeben, doch er habe seine *Hurenhaltung über die Maskensaison beträchtlich ausgeweitet*, beruhigt er die Briefpartner in England. Allerdings mit Vorsicht, seit er weiß, dass die *Fornarina* eine Furie ist. Empfängt er einzelne Besucherinnen, dann nur solche, die für Beobachter von der Ferne aussehen wie sie. Keiner soll der Hochgewachsenen mit dem Rabenhaar von kleinen dicken Blondinen erzählen. Verhindern kann das nicht, dass sich über seine venezianischen Affären sogar die englischen Landsleute das Maul zerreißen. Welcher englische Besucher auch immer mit ihm unterwegs ist in Venedig, er trägt den neuesten Klatsch als Souvenir nach Hause. Auch Lord Lauderdale, dem Byron hier die Türen und Betten geöffnet hat.

Lauderdale hat also eine Geschichte erzählt! – das ist vermutlich der Dank dafür, dass ich ihn bei der Gräfin Benzone eingeführt – und ihm jede mögliche Aufmerksamkeit erwiesen habe. – Welches ‹Weibstück› meint er denn? – seit dem letzten Jahr bin ich Spießruten gelaufen; – ist es die Taruscelli – die Da Mosti – die Spineda – die Lotti – die Rizzato – die Eleonora – die Carlotta – die Giulietta – die Alvisi – die Zambieri – die Eleonora da Bezzi – (die die Mätresse des Königs von Neapel Gioschino war – oder wenigstens eine davon); – die Theresina von Mazzurati – die Glettenheimer – & ihre Schwester – die Luigia & ihre Mutter – die Fornaretta – die Santa – die Caligari – die Portiera [Vedova?] – die Bologneser Ballerina – die Tentora und ihre Schwester – cum multis aliis? – einige davon sind Gräfinnen – & einige von ihnen Schustersfrauen – einige nobel – einige mittelmäßig – einige niedrig – & alle Huren – welche meint nun der verdammte alte ‹Ladro- & porco fottuto›? – ich habe sie alle gehabt…

Sein Verhältnis mit Aparlice Taruscelli, einer Opernsängerin, für Byron *die hübscheste Bacchantin der Welt und ein Weib, in dem man vergehen könnte*, ist Stadtgespräch in Venedig. Ahnen die Shelleys, die ihn so viele Jahre aus nächster Nähe erlebt haben, nicht, dass seine Sprache für eine Kindererziehung ungeeignet ist? Kein käufliches Mädchen in Venedig kennt derbere Worte als Byron. Der Lord, der seiner kleinen Tochter eine große Zukunft bescheren soll, ist ausschließlich mit seiner eigenen

Gegenwart beschäftigt. Gutes Geld verdient er, wie er es anlegen will, ist kein Geheimnis. *Was ich mit meinem Kopf einnehme, – das will ich für meinen Schwanz ausgeben, solange ich noch einen Heller oder einen Hoden übrig habe. – ich werde nicht lange leben – und aus diesem Grund – muss ich leben, solange ich kann.*

Ist das seine Art, die Lehren der Alchemie umzusetzen? Jedes Element, glauben die Alchemisten, kenne seine eigene *quinta essentia*, das Beste, was dieses Element hervorbringen könne: die Luft den Adler, das Wasser den Delphin, das Feuer den Phönix, die Erde den Menschen.

Byron will alles sein, Adler und Delphin, Phönix und Mensch. Er steigt auf zu den Gipfeln der Dichtung, gewinnt einen Schwimmwettstreit vom Lido durch den ganzen *Canal Grande*, er verbrennt als schillernder Vogel seine Energien und ist Mensch mit allen Schwächen und Lastern dieser Spezies.

Menschlich ist er nicht.

Am 2. Mai treffen die Shelleys, ihr schweizerisches Kindermädchen Elise und Byrons achtzehn Monate alte Tochter Clara Allegra in Venedig ein. Sein Bastard, vermeldet er Hobhouse, sei ihm *sehr ähnlich, gesund, laut und kapriziös.* Doch Clara Allegra interessiert ihn weniger als das, was sich an Absichten hinter der Aktion verbergen könnte. Er hält das Kind für ein Trojanisches Pferd, über das sich die abgelegte Geliebte erneut Zugang in sein Leben verschaffen will.

Die kleine Clara Allegra aber betört in Venedig alle mit ihrer Schönheit und ihrem Charme. Auch den Vater. Vermag die Liebe zu diesem Kind Byron zu läutern?

Man könnte es meinen. Seine derzeitige Behausung ist einem Kind nicht zuzumuten, Geld für ein größeres Domizil besitzt er, denn seine Abtei in England wurde endlich verkauft.

Byron schließt einen Mietvertrag auf drei Jahre ab im *Palazzo Mocenigo*, direkt am *Canal Grande*, oberhalb der Rialtobrücke gelegen. Der *Palazzo* besteht aus drei Gebäuden, alle drei gehören dem jungen Alvise Francesco Mocenigo. Byrons neues Domizil ist der *Palazzo Nuovo*, der mehr Eindruck macht als die beiden anderen Paläste. Die Shelleys müssen meinen, er lasse sich die

Liebe zu seinem Kind etwas kosten. 200 Pfund Miete pro Jahr, hinzu kommen hohe Kosten für das Personal, denn es braucht einen Tross von Dienstboten, um einen Haushalt in diesem Palast zu betreiben. Nach einem Monat Vorbereitung, während der er Allegra zu seinen Freunden gibt, dem britischen Konsul Belgrave Hoppner und seiner schweizerischen Frau, zieht Papa Byron im Juni ein. In der obersten Etage, im Winter eiskalt, im Sommer glühend heiß, werden die vierzehn Dienstboten einquartiert. Der Palast ist düster. Lustig könnte es für Clara Allegra dennoch werden. Im Erdgeschoss hausen zwei Affen, fünf Katzen, acht Hunde, eine Füchsin, ein Wolf, Krähen und Papageien, im *piano nobile* ist die *Fornarina* unterwegs, selbst kinderlos, verliebt in Clara Allegra, der Schrecken des Personals und damit eine gute Haushälterin. Eine Venezianerin aus dem Volk weiß eben, was, wie und wo venezianische Dienstboten stehlen. Seit die *Fornarina* sich um den Alltag im *Palazzo Mocenigo* kümmert, spart Byron die Hälfte seiner Lebenskosten ein. Wird er solide? Wird aus dem Liebessüchtigen ein Liebesfähiger? Ist dieses Kind die Ingrediens, die seine Läuterung bewirkt?

Byron verjagt solche Befürchtungen rasch. Während Mary Shelley die Oper im *Teatro la Fenice* besucht, erfährt Percy Shelley, was sein Freund treibt.

Er verkehrt mit Elenden, die menschliche Gestalt & Antlitz schon fast verloren zu haben scheinen & ohne Skrupel Praktiken anwenden, die in England nicht nur keinen Namen besitzen, sondern die man sich wohl kaum vorstellen kann.

Es ist Byron mittlerweile anzusehen. Das Gesicht bleich, aufgedunsen, teigig, der Leib dick, die Schultern breit und die Knöchel seiner Hände verschwinden im Fett. Er ist reizbar, kaut ständig an den Fingernägeln und um das Zurückweichen seines Haaransatzes auszugleichen, trägt er das Haar lang, was ihn noch ungepflegter wirken lässt. Kein romantischer Verführer mehr, nur noch ein verwahrloster Verlierer. Dennoch überlassen die Shelleys ihm die Kleine.

Worauf hofft Byron? Noch immer auf die Verwandlungskraft der wahren Liebe?

Ihm geht es in den *Salotti* der prominenten Venezianierinnen längst nicht mehr um den geistigen Austausch, er verkehrt dort, wo die beste frische Ware zu erwarten ist und vielleicht eine Frau, die unreine Materie zu reiner veredelt, schiere sexuelle Unersättlichkeit in tiefe Empfindung. Wohl nur deshalb ist er aus dem Salon der Isabella Teotocchi Albrizzi im Sestriere *San Moisè*, einer erlesenen Schönheit aus Korfu, zu dem der Marina Querini Contessa Benzon übergewechselt; einer Frau von zwielichtigem Ruf, die den Sturz der *Serenisima* mit vierzig Jahren fast nackt auf der *Piazza* tanzend gefeiert hatte, und deren Sohn Vittore angeblich Frucht ihrer Liebe zum eigenen Bruder war. Mittlerweile ist sie äußerlich so verkommen, dass sie *stramazzo despontà* genannt wird – aufgeplatztes Sofakissen. Animiert es Byron, dass diese Gastgeberin selbst mit Inzest Erfahrung hat? Oder gefällt ihm ihre geistige Nähe zu Sektieren, Freimaurern und Alchemisten?

Er ist bereits einunddreißig, als er zu Beginn des Jahres 1819 im Salon dieser Marina Benzon eine Frau wiedersieht, der er im Jahr zuvor schon einmal begegnet ist, im Salon der Albrizzi. Damals war sie achtzehn und auf Hochzeitsreise mit ihrem fast vierzig Jahre älteren Mann. Entflammt hatte sie Byron damals nicht. Kurz gewachsen und keineswegs androgyn gebaut, mit allzu großen Brüsten gesegnet, nicht südlich dunkel, sondern englisch hell mit blauen Augen und rotblonden Locken entspricht sie seinem Frauenideal keineswegs. Vielleicht war er im vergangenen Jahr auch noch zu sehr besetzt von seiner Tigerin, die er inzwischen endgültig aus seinem Haus verbannt und bei ihrem angetrauten Bäcker abgeliefert hat. *Ich habe das Konkubinat völlig aufgegeben*, meldet er nach England.

Nun erscheint ihm, der am Rand des Abgrunds balanciert, diese Teresa Ghisella Gamba Contessa Guiccioli wie die Verkörperung der Reinheit.

Nie würde eine wie sie, belesen, gebildet und in einer der besten Klosterschulen Italiens erzogen, wie die *Fornarina* Briefe vernichten, nur weil die Form der Handschrift eine Frau vermuten lässt. Nie würde sie wie die *Fornarina* eine Glastür zerschmettern, ihn beim Essen aufstören und mit einem Messer bedrohen. Nie würde sie wie die *Fornarina* lächerlich wirken mit eleganten Hüten. Vielleicht ist es auch die Trauer, die Teresa Guiccioli für Byron so begehrenswert macht, weil das den im Fett versackten Romantiker zu neuem Leben erweckt. Sie hat im vergangenen Jahr ein Kind, ihre Mutter und eine ihrer Schwestern verloren.

Byrons Bericht in die Heimat liest sich wie üblich spöttisch.

Sie ist hübsch – hat aber keinen Takt – antwortet laut – wenn sie flüstern sollte – spricht vom Alter zu betagten Damen, die für junge gehalten werden wollen – und an diesem gesegneten Abend heute schockierte sie eine gepflegte Gesellschaft bei den Benzonas – als sie mir in vernehmlichem Ton ‹mio Byron› zurief, unter dem tiefen Schweigen der anderen Schwatzbasen.

Den Briefempfängern wird dennoch dämmern, dass es Byron erwischt hat.

Diese Frau stellt Bedingungen und Byron beugt sich.

Diese Frau, klein und kindlich, macht ihm Angst, vor Liebe klein zu werden.

Eine ihrer Vorbedingungen ist, dass ich Italien niemals verlassen darf; – ich habe kein Verlangen, es zu verlassen – doch ich möchte höchst ungern zu einem regelrechten Cicisbeo gestutzt werden. – Was soll ich tun? Ich bin verliebt – und des wahllosen Konkubinats überdrüssig & habe jetzt eine Gelegenheit, mich fürs Leben einzurichten.

Den Ehemann Teresas sieht Byron nicht als Hindernis an. Er fürchtet ihn nicht, noch nicht, weil er von ihm nichts weiß. Alessandro Graf Guiccioli ist für die Tochter eines mittellosen Adligen eine gute Partie, nur das sieht Byron. Teresas Vater, mit fünf Töchtern und zwei Söhnen gesegnet, muss dankbar sein für einen Schwiegersohn, der vom Vatikan bis zum Wiener Kongress seine Fäden spinnt, der in sechsspänniger Kutsche vorfährt und einen der größten Paläste in Ravenna besitzt.

Der Prozess der Läuterung wird in Gang gesetzt bei George Lord Byron.

Das Verwerfliche widert ihn auf einmal an. Venedigs Gesicht

gerinnt ihm zur Fratze, die *Serenissima* wird für ihn zum *Meeres-Sodom*.

Er will Retter Teresas sein, die ihm gesteht, ihr Mann sei gewalttätig; Teresa will Retterin Byrons sein, der ihr gesteht, in welchen Niederungen er gelandet ist.

Der Graf ahnt wohl nach einigen Wochen, wie diese Rettungsaktionen aussehen. Er überrascht seine Frau mit der Nachricht, am nächsten Morgen von Venedig abzureisen – mit ihr.

Es gehört zu den alchemistischen Rätseln Venedigs, wie sich in dieser Stadt Geschichten verdichten, überlagern, wiederholen. Im *Teatro la Fenice* wird Rossinis *Otello* gespielt, als Teresa während der Aufführung durch das Theater hastet, auf der Suche nach Byron, um ihm die Entscheidung des eifersüchtigen Gatten mitzuteilen. Und als sie Byron findet, findet der Graf die beiden.

Er zeigt seine Macht, indem er es Byron erlaubt, am Tag darauf seiner Frau in die Gondel zu helfen. Teresas Macht über Byron belegt der Ton seiner Briefe an sie. Da ist nichts Vulgäres, nichts Direktes. Da ist keine Stärke mehr und keine Überlegenheit. *Du meine einzige und letzte Liebe, meine einzige Wonne, Freude meines Lebens – Du meine Hoffnung – Du, die Du – wenigstens für einen Augenblick – ganz die Meine warst – Du bist fortgegangen – und einsam und verzweifelt bleibe ich zurück*, steht in seinem ersten Brief an sie.

Wenige Monate später reist er ihr nach, lebt in Ravenna, nur ihretwegen und nur für sie. Doch nachdem er die Stadt der alchemistischen Wunder verlassen hat, verblasst auch die Hoffnung, mit der Liebe zu Teresa die Rezeptur gefunden zu haben, die den Wüstling erlöst. Die Wirklichkeit verhindert die mythische Neugeburt des Phönix. Byron erfährt täglich mehr über die Vergangenheit des Grafen Guiccioli. Angeblich hat er seine beiden ersten Ehefrauen ermordet, die erste des Geldes wegen, nachdem sie ihr Testament zu seinen Gunsten gemacht hatte, die zweite der Freiheit wegen, nachdem sie ihm sieben Kinder geboren hatte. Sicher ist, dass er in der Engelsburg eingekerkert gewesen war wegen zwielichtiger Geschäfte, und dass sein Ankläger kurz nach der Freilassung des Grafen auf offener Straße ermordet worden war. Der Phönix kann sich nicht erheben zu einem besseren zweiten Leben mit der Geliebten, denn die Geliebte will nicht frei sein. Teresa ist dem Grafen hörig. Und Byron ihr. *Ich will werden, was Du wünschest – vielleicht glücklich in Deiner Liebe, aber nie mehr in Frieden mit mir selber. Du hättest mein Herz nicht wiedererwecken sollen, denn (wenigstens in meinem eigenen Lande) ist meine Liebe für jene, die ich liebte – und für mich selber – verhängnisvoll gewesen. Aber diese Überlegungen kommen zu spät.*

Im Juli 1820 wird die Ehe von Teresa durch ein päpstliches Dekret aufgelöst.

Zu spät. Die Fluchtpläne sind aufgegeben, ein Kind, wohl von Byron, ist tot geboren worden, die Stilisierung seines Kultes, die Byron seine Potenz verleiht, hat in Ravenna nicht interessiert, der Graf als Bedroher nicht mehr erregt. Der Phönix hat die Kraft zum Flug verloren. Teresa hat ihm die Flügel beschnitten. Er flieht vor seiner Abhängigkeit nach Pisa, und er flieht vor der Wirklichkeit in die Dichtung. Byrons vergessene Tochter Clara Allegra bettelt um Papas Besuche, will mit ihm auf den Jahrmarkt gehen. Er antwortet nicht, sie stirbt mit sechs Jahren in einem Kloster.

Die Flucht vor der gescheiterten Hoffnung treibt ihn noch weiter weg. Das Laboratorium der Liebesalchemie hat seine Magie verloren. Nüchtern blickt Byron mit sechsunddreißig Jahren auf die Scherben und tritt den letzten Fluchtweg an. Er führt ins Heldentum. Im Freiheitskampf der Griechen gegen die Türken stirbt der Romantiker in Missolunghi an Malaria perniciosa.

Nicht die Liebe, der Tod hat ihn erlöst, und erst nach diesem realen Ende ersteigt er wie der Phönix aus der Asche. Als Mythos, dem der Morast nichts anhaben kann. Auch nicht der Sumpf seiner venezianischen Affären.

Abb.: George Gordon Noel Lord Byron (1788–1824) hat öfter als jeder andere Dichter Venedigs Zauber besungen, seine Dekadenz und seine Lüsternheit beschworen, am eindringlichsten im 4. Gesang seiner Dichtung *Childe Harold's Pilgrimage*. Dass er auch die weiblichen Schönheiten Venedigs detailgenau beschreiben konnte, verdankte er seinem Charisma und seinem romantischen Nimbus. Der italienische Maler Vincenzo Camuccini hat in diesem Porträt, um 1807 entstanden, einiges davon eingefangen.

Abb.: Nirgendwo lernt sich eine fremde Sprache besser als in den Armen eines Geliebten oder einer Geliebten. Byron absolvierte seinen Sprachkurs in Venezianisch am Busen der Marianna Dolci Segati (1794–?), hier in einem Porträt von unbekannter Hand mit Byron zu sehen. Der Kurs fand im Haus von Mariannas Ehemann Pietro Segati und mit dessen Einverständnis statt. Dass der Hausherr sogar Zuträger des Mieters war, belegen Byrons dankbare Randbemerkungen zu seinem Werk *Beppo. A Venetian Story*. Die pikante Geschichte verdankt er im Kern der Mitteilungsfreude des Pietro Segati.

Abb.: Dass sie unvergessen ist, verdankt Margherita Cogni (1795-?) Byron, der sie in einigen Briefen porträtierte. Die große, schlanke Bäckersfrau mit dem Rabenhaar, *Fornarina* genannt, begeisterte Byron immer wieder mit ihrem venezianischen Witz und dem Talent, ihn mit kleinen spontan improvisierten Szenen zum Lachen zu bringen. Als er die Analphabetin im Streit *vacca* – Kuh nannte, knickste sie anmutig und lächelte: *La Sua vacca, ‹Cellenza›* – Ihre Kuh, Exzellenz. Das Außergewöhnliche ihres Gesichtes, das Byron mehrmals schildert, wird auf dieser Radierung des Briten H. T. Ryall nach einem Gemälde seines Landsmannes G. H. Harlow, spürbar.

Abb.: Teresa Gamba Ghiselli Contessa Guiccioli (1800-1873). Tochter des aus der Romagna stammenden Grafen Ruggero Gamba, war eines von sieben Kindern, fünf davon Mädchen. Stolz auf die geistigen Interessen seiner Tochter Teresa, behauptete Ruggero Conte Gamba oft, sie sei mit einem Buch in der Hand zur Welt gekommen. Fortschrittlich eingestellt

schickte er Teresa auf die damals wohl beste Schule Italiens für höhere Töchter, die Napoleon in Faenza, im ehemaligen Kloster *Santa Chiara*, eingerichtet hatte. Mit achtzehn bereits wurde sie Ehefrau von Allesandro Graf Guiccioli. Nach dem Tod ihres berühmten Geliebten George Lord Byron verfasste sie ihre Erinnerungen auf Französisch; sie erschienen unter dem Titel *Vie de Lord Byron en Italie*. Alexandre Dumas verewigte Byrons letzte Liebe in der Gestalt der Baronin Danglars in seinem Roman *Der Graf von Monte Christo*.

Orte

Der *Palazzo Mocenigo*, gegenüber der Anlegestelle *San Tomà* gelegen, besteht aus drei, eigentlich vier unterschiedlichen Gebäuden. Ältester Palast ist die *Casa Vecchia,* 1579 erbaut, ein stilreines Beispiel der venezianischen Spätrenaissance. Im 17. Jahrhundert wurde der *Palazzo Mocenigo-Nero* errichtet. An ihn schließt sich der langgestreckte Doppelpalast aus dem 18. Jahrhundert an, der von der Wasserseite her mit seinen Bogenfenstern im *piano nobile* am meisten beeindruckt; er war Wohnsitz von Byron zwischen 1810 und 1820. Auch Thomas Moore, Freund, Kollege und späterer Biograph Byrons, lebte zeitweise hier und bezeichnete Byrons Haushaltsführung knapp als Harem. Da Byrons Residenz wie die übrigen Palastbauten der Familie Mocenigo gehörte, die sieben Dogen gestellt hatte, war der große Salon, in dem Byron arbeitete, mit den Porträts der unerbittlich dreinblickenden Ahnen dekoriert. Vielleicht hat er, der Haremsfürst, deshalb hier auch seine Vision des Jüngsten Gerichtes niedergeschrieben. Dass in diesem Gebäude zudem Byrons *Beppo. A Venetian Story* entstand, ist auf der Gedenktafel am Haus nachzulesen. Trotz der Ablenkung durch ungezählte Damen schuf Byron hier auch noch *Die beiden Foscari* und das Versepos *Don Juan*, das bis heute Byrons Ruhm rechtfertigt. Fast so exzentrisch wie Lord Byron war Lady Mary Wortley Montagu, die ebenfalls von hier aus Venedig erkundete. *Palazzo Mocenigo*, San Marco 3328, Casa Vecchia 3348; die Fassaden der Paläste sind vom *Canal Grande* aus sehr schön zu sehen.

Über die *Bocca di Piazza*, dann rechts Richtung *Rialto* führt der Weg zur *Frezzeria*, wo die *Calle della Piscina* abgeht. Im Haus Nr. 1676 hatte sich Lord Byron bei einem Tuchhändler namens Pietro Segati eingemietet.

Als Byron die *Frezzeria* fast täglich durchschritt, wurden dort längst nicht mehr *frecce*, auf Venezianisch *frezze*, auf Deutsch Pfeile geschnitzt, dennoch besitzt der Name eine schöne Symbolik für ihn, der so viele

ins Herz traf und in Venedig selbst getroffen wurde. Wohnhaus Lord
Byron, Calle dell Piscina 1676.

Dass sich Byron nicht im *Palazzo Albrizzi* verliebte, verwundert:
Isabella Teotocchi Albrizzi entsprach durchaus seinem Geschmack.
Geboren auf Korfu, heiratete sie 1776, noch keine sechzehn, Carlo
Antonio Manin, alt, gebrechlich, hässlich, aber reich. Nur so konnte sie
nach Venedig kommen. Erst zwanzig Jahre später, 1796, heiratete sie
zum zweiten Mal. In der Zwischenzeit hatten sich die Anträge ge-
häuft, die sittlichen wie die unsittlichen, aber erst spät annullierte der
Vatikan Isabellas erste Ehe. Der neue Gatte hatte zwar ein gutes Aussehen, aber einen ungemütlichen Beruf: Giuseppe Albrizzi war Inquisitor. Das dürften die meisten der Gäste nicht gewusst haben, die in
Isabellas Salon verkehrten: von Madame de Staël über den Bildhauer
Antonio Canova bis hin zu Lord Byron. Ihr schöner Kopf mit großen
dunklen Augen und blonden langen Locken hatte auch inwendig
einiges zu bieten: Isabella Teotocchi verfasste die *Vita di Vittoria
Colonna*, eine Lebensgeschichte der legendären Liebeslyrikerin.
    Der Palast, von außen streng und schmucklos, zeigt im Inneren noch
zwei gut erhaltene, durch einen Maler des späten 18. Jahrhunderts mit
Fresken dekorierte Säle. Weil die *Associazione Culturale Italo-Tedesca*
(ACIT) in diesem Palast regelmäßig Ausstellungen deutscher zeitgenös-
sischer Künstler veranstaltet, können die Räume, in denen Byron die
Salons der Isabella Teotocchi Albrizzi besuchte, noch besichtigt werden.
Auch während des Karneval finden hier Bälle und andere Veranstaltun-
gen statt. Der Weg zum *Palazzo* führt entweder durch die *Calle stretta*,
die enge Gasse oder am Ufer entlang über die *Calle e Fondamenta
Tamossi. Palazzo Albrizzi*, Cannaregio 4117, Fondamenta San Andrea
Nr. 1940. www.acitwe.com

Zu den aktenkundlich verbürgten Gästen des *Caffè Florian* gehörte
auch Lord Byron, der in seinen oft theatralischen Kostümierungen
hier, an der *Piazza di San Marco*, sicher am wenigsten auffiel, denn sie
war Bühne rund um die Uhr. *Caffè Florian* (s. o).

Ihr Ruf war zweifelhaft, ihr Erfolg als Salondame unbestritten: in jungen
Jahren hatte Marina Querini Contessa Benzon sich ihren Ruf als das er-
worben, was in Venedig galante Dame genannt wurde. Sie hatte es immerhin dazu gebracht, in einem Lied besungen zu werden, das zum Gas-
senhauer der *Serenissima* aufstieg: *La biondina in gondoleta* [sic] – *Die kleine
Blonde in der Gondel*. Obwohl oder gerade weil sie als Revoluzzerin galt,

die für Napoleon schwärmte, verkehrte künstlerische Prominenz in ihrem
Palast. Der Bildhauer Antonio Canova war Stammgast. Kunsthistoriker
zwingt der Palast nicht unbedingt in die Knie. Die Fassade ohne große
Reize, nur bis auf halbe Höhe mit Marmor verkleidet, leidet unter der
späteren Aufstockung. *Palazzo Querini Benzon*, später *Vianello Valuta*, San
Marco 3927. Das Haus ist Privatbesitz und nur von außen zu besichtigen.

Abb.: Zuerst hatte Lord Byron den Dogenpalast, wie viele berühmte
Denkmäler, weiträumig umgangen. Doch nach seinem ersten Besuch
wollte er sofort ein venezianisches Gedicht schreiben, das ein Gemälde
dort zum Gegenstand haben sollte, ein verwirrendes Gruppenbild, auf

dem das Gesicht des Marino Falier mit einem schwarzen Schleier über-
malt ist. Die einheimischen Freunde hatten Byron darüber aufgeklärt,
dass dieser Marino Falier auf der *Scala dei Giganti*, der sogenannten
Treppe der Giganten im Innenhof des Dogenpalastes, 1355 wegen Verrats enthaupt worden war. Üblicherweise wurde diese Treppe zu freund-
licheren Zwecken genutzt: auf der obersten Stufe wurden nach altem
Ritus die Dogen mit der Mütze gekrönt, die Nonnen von *San Zaccaria*
bestickt hatten. Den Namen hat die Treppe von den beiden Kolossalsta-
tuen des Mars und des Neptun, die Venedigs Herrschaft zu Lande und
zu Wasser darstellen, von Jacopo Sansovino für diesen Platz geschaffen.
Byron bat seinen englischen Verleger Murray um historisches Material
zu Falier, vor Ort sei nichts aufzutun; den venezianischen Chronisten
habe die Angst einen Maulkorb verpasst. Doch nicht in Venedig, erst
viele Jahre später schrieb Byron die Tragödie des Marino Falier. *Scala dei
Giganti*, Innenhof des Dogenpalastes, *San Marco*.

Was die Malerei angeht, waren Venedigs Schätze an dem Banausen
Byron verschwendet. *Sie dürfen nicht vergessen, dass ich von Malerei
nichts verstehe – & dass ich sie verabscheue – es sei denn, sie erinnert
mich an etwas, das ich gesehen habe oder das zu sehen ich für möglich halte,*
hatte er bekannt. Erst als sein Freund Dr. Pildori in Venedig auf-
tauchte, ließ sich Byron in die Gemäldesammlung im *Palazzo
Manfrin* locken. Dort bannte ihn ein Bild, das lange als Giorgiones
La Tempestà identifiziert wurde, was die Forschung heute für einen
Irrtum hält. Bei dem Gemälde, das er ausführlich schilderte, handelt es
sich wohl um das Werk eines Tizianschülers, das mittlerweile in
Warwick-Castle hängt, denn die Sammlung des Tabakindustriellen
Gerolamo Manfrin, zu der Giorgiones berühmtes Werk mit einer
Gewitterszene tatsächlich gehörte, wurde in alle Winde zerstreut.
Palazzo Manfrin, Cannaregio 343; schön zu sehen ist die Fassade vom
Canale di Cannaregio aus.

Abb. S. 268: Die Insel *San Lazzaro degli Armeni* ist von *San Marco* aus
leicht zu erreichen. Auf der Insel der armenischen Mönche befindet
sich eine bedeutende Bibliothek, durch einen Brand 1975 teilweise
vernichtet, und ein Museum mit Büchern, Kultgegenständen, Plasti-
ken, Stoffen und Teppichen, die zeigen sollen, was die Kultur der
Armenier ausmacht. Obwohl Lord Byron keinerlei armenisches Blut
hatte, sind dort auch Stücke zu sehen, die an ihn erinnern; 1817 fuhr
er regelmäßig von *San Marco* aus hierher, um sich von den Mönchen
in armenischer Sprache unterrichten zu lassen. *San Lazzaro degli*

Armeni, Isola San Lazzaro degli Armeni; das Kloster mit seinen Gärten
kann täglich von 15.30 Uhr bis 17.30 Uhr besichtigt werden, jedoch
nur in Begleitung des offiziellen Führers.

Der *Palazzo Zenobio*, ein lang gestreckter, in seiner Schlichtheit raffinierter Bau, ist ein Werk von Antoni Gaspari, errichtet im späten
17. Jahrhundert. Vor allem die Gartenanlage des *Palazzo Zenobio* war
berühmt. 1850 wurde der Palast an die katholischen Patres aus Arme-
nien verkauft, die darin noch immer ein Erziehungsheim betreiben.
Bereits im 15. Jahrhundert hatten die Armenier ihre Kirche in Venedig. Auch im *Palazzo Zenobio* verkehrte der des Armenischen kundige
Lord Byron. *Palazzo Zenobio*, Dorsoduro, Rio dei Carmini.

Der Lido, auf dem Byron oft stundenlang am Ufer entlang galoppierte,
auch um seine Pferde – in Venedig begreiflicherweise selten – und
seine Reitkünste vorzuführen, erinnert vor allem auf dem *Cimitero
israelitico*, dem Alten Jüdischen Friedhof, an Byron. Der Friedhof
besitzt auch heute noch, in restauriertem Zustand, etwas vom Charisma des Zerfalls, das Byron begeisterte. Er liegt bei der Kirche *San
Nicolò*, bereits 1044 gegründet, jedoch im Barock umgestaltet; der
katholische Friedhofswärter hat den Schlüssel zu dem wild wuchern-
den Terrain mit seinen Grabsteinen aus istrischem Kalkstein, deren
Inschriften er jedoch nicht lesen kann. Den Standort einiger berühm-
ter Gräber wie dem Grab der Dichterin Sara Coppio Sullàm muss der
interessierte Besucher selbst finden.

Wer auf dem Lido im Geiste des Dichters nächtigen will, findet im *Albergo Hotel Byron* eine allerdings von jeder Dekadenz bereinigte schöne Unterkunft. *Cimitero israelitico* bei der Kirche *San Nicolò*, Lido. Anlegestelle *San Nicolò*. *Albergo Hotel Byron*, Via Marcantonio Bragadin 30, 30126 Venedig, FON 041/52 600 52. www.byron-hotel.com

Die Geschichte des *Gran Teatro La Fenice* begann feurig: 1773 brannte der *Teatro San Benedetto* bis auf die Grundmauern nieder, bis dahin Venedigs führendes Opernhaus. Die Betreibergesellschaft des Theaters und seine Eigentümer, die berühmte Familie Venièr, gerieten daraufhin derart in Streit über einen Neubau, dass sie am 10. Juni 1787 beschlossen, auf dem *Campo San Fantin* ein eigenes Opernhaus zu errichten. Weil es all die Querelen überstanden hatte und strahlend aus der Asche hervorging, hieß es *Der Phönix*. Im Italienischen ist dieses Fabelwesen allerdings weiblich. Deshalb reden Einheimische von der *Fenice*. Dass der Phönix auch Symbol der Freimaurer ist, dürfte spätestens die Salonière Marina Benzon ihrem Gast Lord Byron verraten haben. *Gran Teatro La Fenice*, Campo San Fantin.

Flem, Lydia: Casanova oder die Einübung ins Glück. Biographie. Aus dem Französischen übersetzt von Angelika Hildebrandt. Hamburg 1998

Goldoni, Carlo: Goldoni über sich selbst und die Geschichte seines Theaters. Aus dem Französischen übersetzt und mit einem Nachwort versehen von G. Schaz, 3 Bände. Leipzig 1788

Gozzi, Carlos: Unnütze Erinnerungen. Leipzig 1986

Gugitz, Gustav: Giacomo Casanova und sein Lebensroman. Historische Studien zu seinen Memoiren. Wien, Prag und Leipzig 1921

Hösle, Johannes: Carlo Goldoni. Sein Leben, sein Werk, seine Zeit. München 1993

Riedt, Heinz: Carlo Goldoni. Velber bei Hannover 1973

Schäfer, Thomas: Casanova. Magier, Gelehrter, Abenteurer. Eine Biographie. Leipzig 1998

Scheible, Hartmut: Mythos Casanova. Texte von Heine bis Buñuel. Leipzig 2003

Ders.: Carlo Goldoni. Reinbek bei Hamburg 1993

Zu Thomas Mann & Wladyslaw Moes

Adair, Gilbert: Adzio und Tadzio. Wladyslaw Moes, Thomas Mann, Luchino Visconti: *Der Tod in Venedig.* Zürich 2002

Bahr, Erhard: Thomas Mann. Der Tod in Venedig. Erläuterungen und Dokumente. Stuttgart 1991

Baron, Frank und Gert Sautermeister (Hrsg.): Thomas Manns *Der Tod in Venedig.* Wirklichkeit, Dichtung und Mythos. Lübeck 2003

Bumm, Peter: August von Platen. Eine Biographie. Paderborn 1990

Mann, Katia: Meine ungeschriebenen Memoiren, hrsg. von Elisabeth Plessen und Michael Mann. Frankfurt am Main 1974

Mann, Thomas: Briefe 1889–1936. Hrsg. von Erika Mann. Frankfurt am Main 1962

Ders.: Notizbücher 7–14. Hrsg. von Hans Wysling und Yvonne Schmidlin. Frankfurt am Main 1992

Platen, August von: Venezianische Sonette. Leipzig 1910

Zu Richard Wagner & Carrie Pringle

Carr, Jonathan: Der Wagner-Clan. Geschichte einer deutschen Familie. Hamburg 2008

Cormack, David: ‹Wir welken und sterben dahinnen›: Carrie Pringle and the solo Flowermaidens of 1882. In: The Musical Times, Spring 2004, S. 16–31

Dieckmann, Friedrich: Richard Wagner in Venedig. Eine Collage. Leipzig 1983

Giroud, Françoise: Cosima Wagner. Mit Macht und mit Liebe. Eine Biographie. München 1998

Gregor-Dellin, Martin: Richard Wagner. Sein Leben. Sein Werk. Sein Jahrhundert. München 1980

Grieser, Dietmar: Das späte Glück. Große Lieben großer Künstler. Wien 2003

Mayer, Hans: Richard Wagner. In Selbstzeugnissen und Bilddokumenten. Reinbek bei Hamburg 1970

Lehmann, Lilli: Mein Weg. Leipzig 1920

Pachl, Peter P.: Siegfried Wagner – Genie im Schatten. München 1988

Scholz, Dieter David: Ein deutsches Missverständnis. Richard Wagner zwischen Barrikade und Walhalla. Berlin 1997

Spencer, Stewart: ‹Er starb – ein Mensch wie alle›. Wagner und Carrie Pringle. In: Jahrbuch der Bayreuther Festspiele 2004, hrsg. von Peter Emmerich, Bayreuth 2004, S. 86–101

Sutherland, Douglas: Cosima. Eine Biographie. Tübingen 1970

Wagner, Cosima: Die Tagebücher. Band II, 1878–1883, ediert und kommentiert von Martin Gregor-Dellin und Dietrich Mack. München und Zürich 1977

Wagner, Gottfried: Wer nicht mit dem Wolf heult. Autobiographische Aufzeichnungen eines Wagner-Urenkels. Köln 1997

Wagner, Richard: Das braune Buch. Tagebuchaufzeichnungen von 1865 bis 1882. Vorgelegt und kommentiert von Joachim Bergfeld. Zürich und Freiburg im Breisgau 1975

Ders.: Mein Leben. Vollständige, kommentierte Ausgabe, hrsg. von Martin Gregor-Dellin. München 1976

Westernhagen, Curt von: Wagner's Last Day. The Musical Times, CXX 1979, S. 395–397

Zu Antoni Vivaldi & Anna Girò

Antonicek, Theophil und Elisabeth Hilscher: Vivaldi. Graz 1997

Goldoni, Carlo: Geschichte meines Lebens und meines Theaters. München 1968

Heller, Karl: Antonio Vivaldi. Leipzig 1991

Kolneder, Walter: Antonio Vivaldi. Wiesbaden 1965

Ders.: Vivaldi-Lexikon. Bergisch-Gladbach 1984

Riedt, Heinz: Carlo Goldoni. Hannover 1973

Scheible, Hartmut: Carlo Goldoni. Reinbek bei Hamburg 1993

Stegmann, Michael: Vivaldi. Mit Selbstzeugnissen und Bilddokumenten. Reinbek bei Hamburg 1998

Talbot, Michael: Antonio Vivaldi. Der Venezianer und das barocke Europa. Leben und Werk. Stuttgart 1985

Zu Eleonora Duse & Gabriele D'Annunzio

Balk, Claudia: ‹Femme fragile›. Eleonora Duse. Der Star entschwindet. In: Claudia Balk: Theatergöttinnen. Inszenierte Weiblichkeit. Clara Ziegler. Sarah Bernhardt. Eleonora Duse. Frankfurt am Main 1994, S. 130–188

Endres, Ria: Wie viele Sonnenuntergänge habe ich versäumt, weil ich ins Theater gehen musste. Die Tragödin Eleonora Duse. In: Theaterfrauen. Hrsg. von Ursula May. Frankfurt am Main 1998, S. 45–61

Maurer, Doris: Eleonora Duse. Mit Selbstzeugnissen und Bilddokumenten. Reinbek bei Hamburg 1995

Resnevic-Signorelli, Olga: Eleonora Duse. Das Leben und Leiden der großen Schauspielerin. Berlin 1940

Rheinhardt, Emil A.: Das Leben der Eleonora Duse. Berlin 1928

Ross, Werner: Die Tragödin und der Faun. Eleonora Duse und Gabriele D'Annunzio. In: Venezianische Promenaden. Berlin 1996, S. 193–237

Schneider, Eduard: Eleonora Duse. Erinnerungen, Betrachtungen und Briefe. Leipzig 1927

Zu Ernest Hemingway & Adriana Ivancich

Burgess, Anthony: Ernest Hemingway. Leben und Werk des großen amerikanischen Erzählers. München 1987

Cipriani, Arrigo: Harry's Bar. Eine venezianische Legende. Stories, Drinks und Rezepte. München 1999

Hemingway, Ernest: Über den Fluss und die Wälder. Reinbek bei Hamburg 1961

Hotchner, Ann E.: Hemingway und seine Welt. München 1990

Ders.: Papa Hemingway. Ein persönliches Porträt. Aus dem Amerikanischen von Paul Baudisch. München 1999

Zu George Sand & Alfred de Musset

Cate, Curtis: George Sand. London 1975

Cavazzano, Cesira: Cassandra Fedele eudita veneziana del Rinascimento. Ateneo veneto, 29. 2. Venedig 1906

Fidelis, Cassandra: Epistolae et orationes pothumae. Recensuit Jac. Phi-
    lippus Tomasinus. Patavium 1636
Fusco, Nicola: Elena Lucrezia Cornaro Piscopia. 1646–1684. The United
    States Commitee for the Elena Lucrezia Cornaro Piscopia Tercente-
    nary. Pittsburgh 1975
King, Margaret L.: Frauen in der Renaissance. München 1991
Maurois, André: Das Leben der George Sand. Übersetzt von Wilhelm
    Maria Lüsberg. München 1992
Mayer, Thomas: The Rhetorics of Life-Writing in early modern Europe.
    Forms of biography, from Cassandra Fedele to Louis XIV. Ann Arbor
    1995
Osols-Wehden, Irmgard: Lucretia Marinella. In: Frauen der italienischen
    Renaissance. Dichterinnen, Malerinnen, Mäzeninnen. Darmstadt 1999
Probst, Ernst: Superfrauen, 5. Wissenschaft. Mainz-Kostheim 2001
Robin, Diana: Cassandra Fedele's Epistolae (1488–1521). Biography as
    Effacement. In: Mayer, Thomas (Hrsg.): The Rhetoric of Life-Wri-
    ting in the Renaissance. Ann Arbor 1994
Sand, George: Les lettres de George Sand à Saint-Beuve, hrsg. von Östen
    Södergard. Genf und Paris 1964
Dies.: Nimm Deinen Mut in beide Hände. Briefe. Übersetzt und hrsg.
    von Annedore Haberl. München 1990
Dies.: Geschichte meines Lebens. Auswahl aus ihrem autobiographi-
    schen Werk. Ausgewählt und mit einer Einleitung versehen von Re-
    nate Wiggershaus. Frankfurt am Main 1978
Dies. und Alfred de Musset: Correspondance. Journal intime de George
    Sand (1834), hrsg. von Louis Evrad. Monaco 1956
Santi, Antonio de: Elena Lucrezia Cornaro Piscopia. Nuove ricerche. In:
    La Civiltà cattolica, Band 17, Heft IV und V, 1898 und 1899.
Strohmeyr, Armin: George Sand. Eine Biographie. Leipzig 2004
Tonzig, Maria Ildegarde (Hrsg.): Elena Lucrezia Cornaro Piscopia. Prima
    donna laureata nel mondo. Terzo Centenario de dottorato. Vicenza
    1980
Wiggershaus, Renate: George Sand. Reinbek bei Hamburg 1982

Zu Marlene Dietrich & Erich Maria Remarque

Dietrich, Marlene: Ich bin, Gottseidank, Berlinerin. Aus dem Französi-
    schen von Nicola Volland. Frankfurt am Main und Berlin 1987
Fuld, Werner und Thomas F. Schneider (Hrsg.): «Sag mir, daß Du mich
    liebst …» Erich Maria Remarque – Marlene Dietrich. Zeugnisse
    einer Leidenschaft. Köln 2001

Riva, Maria: Meine Mutter Marlene. München 1992
Sternburg, Wilhelm von: «Als wäre alles das letzte Mal». Erich Maria Remarque. Eine Biographie. Köln 2000

Zu Rainer Maria Rilke & Adelmina Romanelli

Buddeberg, Else: Rainer Maria Rilke. Eine innere Biographie. Stuttgart 1954
Decker, Gunnar: Rilkes Frauen oder Die Erfindung der Liebe. Berlin 2006
Freedman, Ralph: Rainer Maria Rilke. Der Meister. 1906 bis 1926. Frankfurt am Main 2002
Haustedt, Birgit: Mit Rilke durch Venedig. Literarische Spaziergänge. Frankfurt am Main 2006
Thurn und Taxis, Marie Fürstin von: Erinnerungen an Rainer Maria Rilke, Frankfurt am Main 1966

Zu Gaspara Stampa

Bassanese, Fiora A.: Gaspara Stampa. Twayne's world authors series, 658. Boston 1982
Cesareo, Giovanni Alfredo: Gaspara Stampa. Donna e poetessa. Biblioteca della «rassegna», 1. Neapel 1920
Reichenbach, Giulio: Gaspara Stampa. Roman. Rom 1923
Stampa, Gaspara: Sonette. Italienisch-Deutsch. Ausgewählt und übersetzt von Christoph Ferber mit einem Nachwort von Georges Güntert. Mainz 2002

Zu George Lord Byron, Marianna Segati, Margherita Cogni & Teresa Contessa Guiccioli

Byron, George Gordon Lord: Sämtliche Werke. In den Übertragungen von Otto Gildemeister, Alexander Neidhardt, Adolf Seubert u. a., 3 Bände, Düsseldorf und Zürich 1996
Eisler, Benita: Lord Byron. Der Held im Kostüm. Aus dem Amerikanischen von Maria Mill. München 2001
Müller, Hartmut: Lord Byron. Sein Leben in Selbstzeugnissen und Bilddokumenten. Reinbek bei Hamburg 1981
Romanelli, Giandomenico, Giuseppe Pugliese, José Sasportes und Patrizia Veroli: Gran Teatro La Fenice. Köln 1999

Schütt, Hans-Werner: Ein verborgener Schatz Venedigs. Der alchemische Kodex 299 aus der Biblioteca Marciana. Venedig 1996

Ueding, Gert: Lord Byron. Ein Lesebuch. Frankfurt am Main und Leipzig 1999

Zorzi, Alvise: Österreichs Venedig. Das letzte Kapitel der Fremdherrschaft 1798 bis 1866. Düsseldorf 1999

Bildnachweis

Dr. Bezold: S. 17

Imagno Bildarchiv, Wien: S. 18, 45, 46, 48, 49, 50, 72 unten, 94, 95, 96, 97, 98, 117, 140, 163, 165, 194, 210, 231 oben, 233 unten, 234, 238, 264, 266

akg-images: S. 44, 99, 139 unten, 191, 209 oben

akg-images/Bianconero: S. 166

akg-images/Cameraphoto: S. 233 oben, 268

akg-images/Bildarchiv Monheim: S. 236

zit. n. Gilbert Adair: Adzio und Tadzio. Zürich 2002: S. 68

Thomas Mann Archiv der ETH Zürich/Keystone: S. 69

zit. n. Dorothea Ritter: Venedig in historischen Photographien. München [4]2006: S. 70, 92

zit. n. Reinhard Pabst: Thomas Mann in Venedig. Frankfurt 2004: S. 72 oben, 120, 193

zit. n. David Cormack: «Wir welken und sterben dahinnen»: Carrie Pringle and the solo Flowermaidens of 1882, Musical Times, Bd. 146, 1890 (2005): S. 93

Deutsches Theatermuseum München: S. 139 oben

zit. n. Birgit Haustedt: Mit Rilke durch Venedig. Frankfurt/Leipzig 2006): S. 143, 144

zit. n. Gisela Schlientz: George Sand. Leben und Werk in Texten und Bildern. Frankfurt 1987: S. 192

zit. n. Maria Riva: Meine Mutter Marlene. München [3]1992: S. 209 unten

zit. n. Ingeborg Schnack: Rainer Maria Rilke. Leben und Werk im Bild. Frankfurt 1973: S. 231 unten

zit. n. Doris Langley Moore: Lord Byron. Accounts rendered. London 1974: S. 262 oben

zit. n. Peter Brent: Lord Byron. London 1974: S. 262 unten

Ortsregister

282

285

Personenregister

294